集刊

集人文社科之思　刊专业学术之声

集 刊 名：中文论坛
主办单位：湖北大学文学院
主　　编：聂运伟

Forum of Chinese Language and Literature vol. 10

总第10辑

集刊序列号：PIJ-2017-195

中国集刊网：www.jikan.com.cn

集刊投约稿平台：www.iedol.cn

中文论坛

湖北大学文学院

《中文论坛》编辑委员会 编

总第10辑

FORUM OF CHINESE LANGUAGE AND LITERATURE

vol. 10

社会科学文献出版社
SOCIAL SCIENCES ACADEMIC PRESS (CHINA)

卷首语

本该在2019年下半年出版的《中文论坛》总第10辑，因故延至现在方与读者见面。在此，《中文论坛》编辑部谨向我们的作者和读者表示深深的歉意。

本卷有两个栏目的编辑设想及组稿，说明如下。

一是“曹禺史料研究”栏目。

20世纪80年代以来，中国当代文学研究在经历了“方法热”“理论热”“文化热”之后，一种从史料出发、重返文学现场的新的研究取向逐渐加强，由此开启了建构“当代文学史料学”的尝试。正是基于中国现当代文学研究对史料的重新重视和整理，湖北大学文学院和长江出版社共同策划并启动了大型横向课题“曹禺研究资料长编”（总十一卷，后简称“长编”）的编选工作，希望从史料的角度对中国现当代经典作家曹禺的研究资料做一次全面的梳理与整合。为了展示“长编”阶段性的工作成果，《中文论坛》在第8辑（2018年第2辑）开辟了“本刊特稿”专栏，推出了5篇文章：《“众声喧哗”论〈雷雨〉——〈《雷雨》研究资料〉导言》《暗夜里的流萤引我们迫近清晨的太阳——以〈《日出》研究资料〉为考察对象》《八十载风雨〈原野〉路——曹禺〈原野〉研究述评》《在争议中沉淀与丰富——曹禺〈北京人〉研究述评》《“剧情”的开始与落幕——〈曹禺其他作品研究资料〉导言》。

本辑再次推出4篇文章：《史料与现实的关系——“曹禺研究资料长编”丛书总序》《曹禺戏剧比较研究概述——曹禺比较研究〉导言》《多元文化视域下的曹禺研究》《经典在民间——曹禺剧作改编研究概述》。以展现“长编”编纂团队最新的工作成果。

二是“出版与文化”栏目。

湖北大学文学院编辑出版学系成立于2013年，2014年开始招收编辑出版学专业本科生。编辑出版学是应用文科，需要理论支撑，更强调实践操作。在新技术、新经济、新业态下，如何以“大编辑”的理念培养不同于以往概念的编辑出版人才，是一个全新的话题。本栏目的作者皆是这一领域的开拓者和探索者。周百义先生堪称出版界的翘楚。周先生 1987 年从武汉大学毕业时，已是小有名气的作家，可他心中认为“编辑工作是一件十分神圣的事业”，毅然投身出版业，一干就是三十多年。在他的职业生涯中，带领长江文艺出版社成为国内顶尖出版社，担任《雍正皇帝》《张居正》的责编，引领长篇历史小说新风尚，作为编辑与作家二月河长久的私人友谊，等等，都已成为业界流传甚广的佳话。这些不凡经历正好说明了他成为优秀出版家的原因。本专栏刊发的湖北大学文学院编辑出版学系青年教师张晓蒙拜访周百义先生的访谈录，翔实记录了周百义先生投身出版业的经历。眉睫是出版企业转型后成长起来的优秀青年编辑，2014 年被评为“中国好编辑”，2018 年荣获“中国出版新星”称号。《为重写中国儿童文学史做准备——“中国儿童文学大视野丛书”漫谈》是他为自己主编的“中国儿童文学大视野丛书”写的出版漫笔，文章呼吁从儿童本位论、泛儿童文学论出发，重新检视百年中国儿童文学史。这些工作充分显示出他不仅是深入的思考者，也是积极的实践者；既展现了作为一个优秀编辑应该具备的素养，客观上也促进了出版与学术的良性互动。何国梅《早期商务印书馆责任竞争力分析》一文，是研究商务印书馆的佳作。文章从市场竞争力核心要素之一的责任竞争力出发，分析了商务印书馆在办社宗旨、出版主业、经营手段、企业管理等方面的成功因素，论证了商务印书馆作为物质产品和精神产品的生产者、传承者，如何平衡出版的文化属性和经济属性，成长为近代出版史上最著名的社会效益、经济效益俱佳的“双效”企业，为今天的出版业界提供了很好的启发。胡涛的《我国基础教育阶段移动教辅产品发展历程探析》，聚焦中国基础教育阶段的移动教辅产品，分析了这些产品发展的历程及存在的问题，并结合当前科技界热门的人工智能、AR/VR 技术，对移动教辅产品未来的发展方向进行了大胆的猜想。

另外，“中国诗学”栏目刊发的刘尊明先生的《柳永词用调数量和成就的统计分析》、何新文先生的《“莫嗟白日依山尽，且看黄河入海流”——张国光先生先秦文史研究的学术特色及其启示》、“语文教学研究”栏目刊发的何永生先生的《召唤与应答：中学语文教材建设70年的创新路径——以教科书制度为视角》等，均为作者用心之作，值得一读。

编　者

目录
CONTENTS

总第 10 辑

曹禺史料研究

中国诗学

出版与文化

语言学研究

语文教学研究

CONTENTS

Research on Chinese Language Teaching

曹禺史料研究

主持人语

文学史料之于中国现当代文学研究的意义不言而喻。20 世纪 30 年代，由赵家璧主编、上海良友图书出版公司出版的《中国新文学大系》（十卷本）开了中国现代文学史料建设的先河，意义重大，影响深远。20 世纪 80 年代，由中国社会科学院文学研究所主持编选的大型资料丛书《中国现代文学史资料汇编》（甲、乙、丙三种，出版近 100 种）以及《1913—1983 鲁迅研究学术论著资料汇编》（中国文联出版社，五卷本，1000 余万字）等，也为中国现代文学"史料学"建设上做出了积极探索。20 世纪 80 年代以来，中国当代文学研究在经历了"方法热""理论热""文化热"之后，从史料出发、重返文学现场的研究趋向逐渐加强，由此开启了建构"当代文学史料学"的尝试。

正是基于中国现当代文学研究对史料的重新重视，湖北大学文学院和长江出版社共同策划并启动了大型横向课题"曹禺研究资料长编"（总十一卷，后简称"长编"）的编选工作，希望从史料的角度对中国现当代经典作家曹禺的研究资料做一次全面的梳理与整合。曹禺，祖籍湖北潜江，出生于天津，20 世纪 30 年代因《雷雨》而成名，后又因创作了《日出》《原野》《北京人》等戏剧作品，而被誉为"中国的莎士比亚"。在《雷雨》之后的八十多年的时间里，曹禺在话剧艺术的小舞台和社会人生的大舞台之间，辗转、奔波、跋涉、徘徊，给我们创作了一大批经典的戏剧作品。跟很多进入当代的现代作家一样，晚年的曹禺充满了矛盾，有诸多的怅惘、遗憾、反思和忏悔。其中，最为吊诡的是他写于 1989 年 11 月 1 日的那篇《我是潜江人》。在文章中，曹禺与潜江建立起了血脉联系，视之为自己漂泊一生的精神故乡，并确认自己是个"地地道道的潜江人"。曹禺及其创作，已成为百年中国新文学无法绕过的存在，也是湖北文学研究、湖北地方文化品牌建设最为重要的对象。

关于曹禺的研究资料，此前学界已出版过一些研究著述。比较重要的有王兴平等编《曹禺研究专集》（海峡文艺出版社，1985），潘克明编著《曹禺研究五十年》（天津教育出版社，1987），田本相《曹禺传》（北京十月文艺出版社，1988），田本相、胡叔和编《曹禺研究资料》（中国戏剧出版社，1991），田本相、刘家鸣主编的《中外学者论曹禺》（南开大学出版社，1992），曹树钧的《曹禺剧作演出史》（中国戏剧出版社，2006），刘勇、李春雨编《曹禺评说七十年》（文化艺术出版社，2007），田本相、邹红主编的《海外学者论曹禺》（广西师范大学出版社，2014），田本相、阿鹰编著《曹禺年谱长编》（上海交通大学出版社，2017），邱霞编《曹禺戏剧研究资料索引》（文汇出版社，2016），等等。这为我们今天的曹禺资料整理与研究提供了十分重要的参考。我们通过借助上海图书馆的晚清民国期刊全文数据库、中国国家图书馆的民国中文期刊数字资源库、中国知网等大型数据库，以及对《大公报》《申报》《益世报》《庸报》等民国报刊、《人民日报》《文艺报》《人民文学》等当代报刊资料的检索、钩沉、阅读和梳理后发现，现今已出版的曹禺相关著述中的资料仍存在较大的缺漏，有重新系统辑录、增补和校正的必要。

“长编”作为一部大型学术类研究资料丛书，共分 11 卷，选收自 1935 年至 2018 年公开发表、出版的有关曹禺的研究资料。内容涉及曹禺的话剧创作、批评接受、比较分析、海外传播、剧作演出、艺术改编等方面的评论和研究资料。分卷基本情况如下：第一卷，《〈雷雨〉研究资料》；第二卷，《〈日出〉研究资料》；第三卷，《〈原野〉研究资料》；第四卷，《〈北京人〉研究资料》；第五卷，《〈家〉及其他剧作研究资料》；第六卷，《曹禺比较研究资料》；第七卷，《曹禺海外研究资料》；第八卷，《曹禺剧作演出研究资料》；第九卷，《曹禺剧作改编研究资料》；第十卷，《曹禺综合研究资料》；第十一卷，《曹禺研究资料目录索引》。“长编”的编选坚持史料价值和学术价值统一的原则。在尊重历史客观事实前提下，注意历史发展过程中作家思想、创作风格、批评接受的发展变化，力求真实、全面反映曹禺及其剧作的文学史意义、曹禺研究资料的学术史价值。

为了展示“长编”阶段性的研究成果，继第 8 辑之后，本辑隆重推出中国现代文学研究会会长、南京大学教授丁帆先生为“曹禺研究资料长编”丛书撰写的总序，并继续推出其他分卷的导言和相关研究论文。这一组文章分别是：丁帆的《史料与现实的关系——“曹禺研究资料长编”丛书总序》，申利锋、唐小娟的《曹禺戏剧比较研究概述——〈曹禺比较研究〉导言》，唐小娟的《多元文化视域下的曹禺研究》，余迎胜的《经典在民间——曹禺剧作改编研究概述》。丁帆先生的总序高屋建瓴，指出曹禺史料研究之于“曹禺现象”研究的重要意义，其他三篇论文对各自所涉及的曹禺剧作研究资料重新做出了系统的梳理、综合的评述和价值的判断。资料翔实，线索清晰，评判中肯，对今后曹禺研究的深度推进无疑有着重要的借鉴和参考意义。

湖北大学文学院　刘继林

史料与现实的关系

——“曹禺研究资料长编”丛书总序

丁　帆*

以刘川鄂为带头人的湖北大学中国现当代文学学科不仅注重作家作品、文学社团、文学现象和文学思潮的研究，同时也把大量的精力投入中国现代文学历史资料的整理和发掘中，从具有地缘优势的湖北作家史料整理发掘和研究出发，逐渐拓展到对文学史上的重要作家作品的史料整理和研究。显然，这样的学科发展战略目标设定，是循序渐进、良性循环的学术策略。正是在这样的学术背景下，由刘川鄂、刘继林两位教授担任主编，湖北大学中国现当代文学学科团队精心编选的“曹禺研究资料长编”（总十一卷），旨在将业已僵化的著名大作家研究导向一种新的研究范式之中，让曹禺的学术研究重新焕发出活气来。

一切学术研究的基础首先就是史料的梳理，离开了史料的依托，就如悬在空中的楼阁，对许多现实问题的研究也就囿于平面化。正如编选者在其中的《曹禺综合研究资料》卷“导言”所言：“研究文学史上名有定论的作家本来就有一定难度，加上随着时间的推移，史料和研究视角越来越难发掘，未来的曹禺研究工作会越来越难超出前人的成果，越来越难找出有新意有理据的命题。”显而易见，史料的重新发掘和编选，直指的是学术研究的拓展。编选者在研究资料的选取上，充分注意到一些重要的历史节点。比如将1949年作为研究资料编选的历史切分点，并不完全是出于对学科界限的考量，我以为更是一种对学术态度的历史检验。其中的奥妙就在于作为当时的剧评家和研究者采取的是什么样的学术价值观——是凭着

* 丁帆，男，南京大学中国新文学研究中心教授，博士生导师，中国现代文学研究会会长，《中国现代文学研究丛刊》主编，《扬子江评论》主编。

自己的学术良知和艺术审美对作家作品进行判断，还是跟着时代的潮流风向标走。这才是艺术评论生与死的考验。

曹禺本身就是中国现代文学史上一个具有特别意义的作家，属于那种“井喷”以后就归于平静的剧作家。“曹禺现象”恰恰就是我们研究中国现当代作家在文学史变迁中最具代表性的范例，他才是文学思潮史上最贴切，也是最契合文学史解剖的研究对象。如果我们意识不到“曹禺现象”在文学史上的独特意义，即便是呈现再多的文学史资料，在许多研究者的视野中，恐怕也是一个盲点。所以，我们只有重新解读曹禺作品，重新梳理各个不同时期的曹禺研究资料，或许才能真正获取解读“曹禺现象”的密码。只有回到历史的原点和原典之中，站在一个新的历史制高点上，我们才能看清曹禺作品的思想内容和艺术内涵，才能廓清许许多多迷失在历史河流中的飞鱼和蜉蝣的行迹。

毋庸置疑，自《雷雨》开始的曹禺戏剧创作，就是中国戏剧史上的一个历经 87 年的奇迹，也是中国现代文学史上“最雷雨”的戏剧发生的时期，它折射出中国文学在启蒙主义进入一个复杂的现代语境窗口时的深刻内涵，同时也是中国戏剧文学在艺术方法和艺术技巧上汲取西方戏剧经验第一次“吃螃蟹”的产物。如何看待这一现象，应该是值得研究者注意的问题。

之所以说《雷雨》在启蒙主义的窗口上强化了对封建专制主义的批判，用“最雷雨”的批判现实主义方法抨击了家长制戕害人性的本质，就是因为尽管窗外雷电交加，而那个“铁屋子”里仍然演绎着一幕幕人间的悲剧，也只有悲剧才能引起人们心灵的震撼。它引起的不仅是亚里士多德古典悲剧的“同情和怜悯”，而且从悲剧的本质意义上来说，“最雷雨”的《雷雨》才是见证历史的活剧。这样一出活剧串联起中国文学的过去、现在和未来，这才是《雷雨》存在的意义所在。因此，也只有翻开这 80 多年对《雷雨》以及曹禺几个代表作的批评研究、传播接受的历史，我们方才可以看出这套曹禺资料研究丛书的重大意义所在。

之所以说《雷雨》是中国戏剧汲取西方戏剧艺术方法与技巧精华的真正开端，为中国戏剧走向现代奠定了坚实的基础，并在一定程度上影响了整个中国文学领域对外开放的格局，就是要让人们知晓，中国文学的发展需要世界文学艺术方法和技巧的参照，只有“拿来”，方才可以攻玉，才能走向新生。亦只有熟悉了自《雷雨》始的两种艺术观的争论，在史料的长廊中寻觅到艺术的真谛，我们的文学艺术才能得到长足的发展。

我充分理解湖北大学文学院编辑这套研究资料的良苦用心，囿于曹禺研究的停滞不前，文学史研究的基本定型，如果没有史料的重现，就不能触发研究者的研究冲动，也就不能推动这个领域的研究走向深入。不过编撰者认为四十余年来“海内外、多视角全面推进”的曹禺研究格局和成就很大，似乎又过于乐观了一点。尽管著述颇丰，但是能够警醒世人，真正拓展研究深度、宽度和力度的扛鼎之作鲜见，许多都是重复叠加的著述，难免捉襟见肘。而这套即将面世的丛书，将有助于催生新见解、新角度曹禺研究著述的问世。在某种程度上，它应该是曹禺研究的“助产士”。

道路是曲折的，也是十分艰难的，今后也许会更加艰难，但是我们仍然要前行，谁让你是一个只能尊重历史的研究者呢?!

2020 年 10 月 1 日草于南大和园

曹禺戏剧比较研究概述

——《曹禺比较研究》导言

申利锋[*]　唐小娟[**]

摘　要　曹禺的戏剧创作深受欧美戏剧特别是古希腊戏剧及莎士比亚、易卜生、契诃夫、奥尼尔等作家的影响。受学术视野和历史语境的影响，我国文学批评界关于曹禺戏剧的比较研究呈现出较为明显的阶段性特征：20世纪三四十年代的曹禺比较研究以感悟式的短篇评论居多，但系统性的、学理式的探究稍显不够；20世纪50年代至70年代末，曹禺戏剧的比较研究成果主要以刘绍铭的《曹禺论》为代表；20世纪八九十年代，学术界在以比较文学的视角观照曹禺戏剧时，既更为客观地认可其所受欧美戏剧的多方面影响，又多方位发掘其独特的个人风格和鲜明的民族特性，从而更深入地探讨了曹禺在中国现代剧坛的独特价值与意义；21世纪以来，曹禺戏剧的比较研究获得了新的学术生长，在跨学科研究、阐发研究、流传学研究等方面均有拓展，呈现出多元开放、纵深发展的趋向。

关键词　曹禺　古希腊戏剧　易卜生　契诃夫　奥尼尔

自曹禺的戏剧作品于1933年问世以来，历代读者和学者从不同的角度、运用不同的批评方法，对其一系列作品进行了诸多探究。其中，批评者们尤其关注到了曹禺所受欧美戏剧的影响，以比较文学的视角，对曹禺

---

* 申利锋（1977～），湖北大学文学院副教授。主要研究方向为外国文学。电子邮箱：895170701@qq.com。

** 唐小娟（1978～），湖北大学文学院副教授。主要研究方向为网络文学与比较文学，著有《网络写作新文类研究》。电子邮箱：47238676@qq.com。

戏剧与古希腊戏剧，及其与莎士比亚、易卜生、契诃夫、奥尼尔等欧美戏剧大师们的戏剧理念和剧本创作之间的关系，包括作品的思想内涵、艺术特色等，给予了多角度、多层次的考察。受学术视野和历史语境的影响，我国文学批评界关于曹禺戏剧的比较研究呈现出较为明显的阶段性特征。

一

曹禺的第一部作品《雷雨》问世于 1933 年。1936 年，他推出了《日出》。1937 年和 1941 年，《原野》和《北京人》又相继问世。

"中国早期的现代文学奠基人，他们都是把翻译、阅读外国作品跟自己的文学作品有机地结合在一起。""中国现代文学自来到世上开始，就明显地带着世界文学的烙印。"① 而时至 20 世纪三四十年代，大量的欧美作家和作品、文艺思潮等已经被介绍、翻译到中国，无论是作家还是学者，对包括欧美戏剧在内的外国文学都已有了相当的熟悉，以至于有的评论者如刘西渭（李健吾）在谈《雷雨》时，直接从作品细节上的高度相似而推测出影响接受在曹禺剧作中的存在："容我胡问一句，作者隐隐中有没有受到两出戏的影响？一个是希腊尤瑞彼得司（Euripides 今译作欧里庇得斯——编者注，后同）的 *Hippolytus*（今译作《希波吕托斯》），一个是法国辣辛（Racine 今译作拉辛）的 *Phèdre*（今译作《费德拉》），二者用的全是同一的故事：后母爱上前妻的儿子。"接着又说明了这种想法产生的原因："我仅说隐隐中，因为……那两出戏，写的是后母遭前妻儿子拒绝，恼羞成怒。《雷雨》写的却是后母遭前妻儿子捐弃，妒火中烧。然而我硬要说做影响的，就是作者同样注重妇女的心理分析，而且全要报复。"②

其实，曹禺在自己撰写的一些作品序言和创作谈之类的文章中，从不讳言自己对欧美戏剧的喜爱、学习与借鉴。比如，曹禺曾反复提及契诃夫对他的影响。他在 1936 年为文化生活出版社单行本《日出》所写的"跋"中有言："我记起几年前着了迷，沉醉于契诃夫深邃艰深的艺术里，一颗

---

① 陆建德：《外国文学的翻译传播与中国的新文化运动》，《绍兴文理学院学报》（哲学社会科学版）2016 年第 2 期。

② 刘西渭：《雷雨》，《大公报》（天津）1935 年 8 月 31 日。

沉重的心怎样为他的戏感动着。”[①] 1957 年，曹禺在接受一次访谈时又提到：“契诃夫给我打开了一扇大门。我发现，原来在戏剧的世界中，还有另外一个天地。”[②] 1980 年，在接受学者田本相的访谈时，曹禺先生再次强调了自己所受契诃夫的影响：“我喜爱契诃夫的戏剧，受过契诃夫的影响。……契诃夫那种寓深邃于平淡之中的戏剧艺术，确曾使我叹服。象他的《三姊妹》，每次读了都使我感动。在苏联莫斯科艺术剧院，我看过演出，更迷恋着他的艺术。”[③] 在发表于 1982 年的一篇讲话稿中，曹禺重申了契诃夫对于自己的意义：“对我影响较大的另一个剧作家是契诃夫。……他教我懂得艺术上的平淡。一个戏不要写得那么张牙舞爪。在平淡的人生铺叙中照样有吸引人的东西。读了他的作品，使你感到生活是那样丰富。他的作品……显得很深沉，感情不外露，看不出雕琢的痕迹。”“我写的《北京人》在风格上确实受契诃夫的影响。”[④]

因此，从比较文学的视角观照曹禺及其戏剧创作自然会成为题中应有之义，成为在 20 世纪三四十年代曹禺研究中的一个“热现象”。从现今能找到的文献材料来看，这个阶段的研究者们对曹禺所受欧美戏剧影响的评说，无论是短篇剧评，还是长篇研讨，总体上表现为毁誉参半，莫衷一是。

有的评论者认为，在文学创作上，虽然“抄袭或模仿本不是绝对不允许的”，但曹禺的戏剧创作却没有多少创新性；称《原野》一作就是明显学习了奥尼尔的《琼斯皇帝》和莎士比亚的《麦克白》，但这种学习“从技巧出发，模仿的成分太多，外来的成分占了上风”，以至于“太接近欧美的作品了……简直跟翻译的东西一样”。[⑤]又有评论者认为：“那样眼睁睁的现实问题，他却一定要强调‘雷雨’，强调不可知的力量，强调不可逃的运命；明明是易卜生《群鬼》一类的题材，却一定要参杂上古希腊悲剧里的那种血统纠缠。……他的艺术思想，使他在艺术上的努力，取了不进

---

① 曹禺：《〈日出〉跋》，载《曹禺论创作》，上海文艺出版社，1986，第 38 页。

② 张葆莘整理《曹禺同志谈剧作》，《文艺报》1957 年第 2 期，转引自《曹禺论创作》，第 154 页。

③ 曹禺：《曹禺谈〈北京人〉》，载《曹禺论创作》，第 104 页。

④ 曹禺：《和剧作家们谈读书和写作——在中青年话剧作者读书会上的讲话》，原载《剧本》1982 年 10 月号，转引自《曹禺论创作》，第 422 页。

⑤ 南卓：《评曹禺的〈原野〉》，《文艺阵地》第 1 卷第 5 期，1938 年 4 月 14 日。

步的方向。"① 栾星则从自身的阅读体验出发，说："读《雷雨》之后的感觉，却是我读希腊悲剧的时候曾经被唤起过而且经验过的。所以我想到了《雷雨》正表现着原始希腊民族对宇宙的认识，正表现着希腊的悲剧精神。"然后从情节构拟、题材选择、主题表达三个方面，详细论说了"《爱底波斯王》（今译《俄狄浦斯王》）的情节，是唤起《雷雨》作者对剧情构思的唯一因素"，在题材上，"《雷雨》的作者，正是学自希腊，学自沙福克里斯（今译索福克勒斯）"，"作者对希腊文学的素养是相当的深。……《雷雨》里所表现的思想，我们在中国文化传统里找不到它的植根处，而引起我们同感的，却是希腊悲剧，所以作者是在希腊思想中吸取了原料。即是作者当初真的不曾有意去模仿，但结果是模仿了"。最后得出结论："《雷雨》不是国货，是泊来品，是得来自原始希腊民族的悲剧。"②

需要指出的第一个有意思的现象是，自有评论者言说曹禺的作品是对一些欧美戏剧的机械模仿时，曹禺是很快就做出了一些回应的，这也许可以视为当时文坛上作家与评论家能够良性互动的生气吧！比如，在1935年第2号的《质文》月刊上，曹禺发表了《〈雷雨〉的写作》一文，直言："这个剧有些人说受易卜生的影响，但与其说是受近代人的影响，毋宁说受古代希腊剧的影响。至于尔说这是宿命论的腐旧思想，这自然是在一个近代人看，是很贴情入理的。但是假若我们认定这是老早老早的一个故事，在我们那 Once upon a time 的序幕前提下……于是这些狂肆的幻想也可以稍稍松了一口气，叫观众不那样当真地问个究竟，而直接接受了它，当一个故事看。"③ 次年，针对有人"论断我是易卜生的信徒，或者臆测剧中某些部分是承袭了 Euripids 的 Hippolytus 或 Racine 的 Phedre 灵感"，曹禺态度鲜明地为自己做了"辩护"。他在1936年1月为文化生活出版社出版的单行本《雷雨》写了一篇长长的《〈雷雨〉序》。在该序文中，曹禺说，"我不能窥探这些大师们的艰深，犹如黑夜的甲虫想象不来白昼的明朗。……尽管我用了力量来思索，我追忆不出哪一点是在故意模拟谁。也许在所谓'潜意识'的下层，我自己欺骗了自己：我是一个忘恩的仆隶一缕一缕地

---

① 杨晦：《曹禺论》，原载1944年《青年文艺》新1卷第4期，转引自王兴平、刘思久、陆文璧编《曹禺研究专集》（上册），海峡文艺出版社，1985，第357页。

② 栾星：《〈雷雨〉与希腊悲剧精神》，《高原》新1卷第1期，1946年1月1日。

③ 曹禺：《〈雷雨〉的写作》，载《曹禺论创作》，第4页。

抽取主人家的金钱，织成了自己丑陋的衣服，而否认这些退了色（因为到了我的手里）的金丝也还是主人家的。……我想不出执笔的时候我是追念着哪些作品而写下《雷雨》”，并明确声称“我是我自己”。[①]

当然，有很多评论者是认可曹禺的这种“自我辩护”的。特别的，有评论者高度肯定了曹禺对欧美戏剧的学习、借鉴。吕荧在发表于1944年的一篇文章里就以赞赏的口吻说：“从《雷雨》到《家》，作者运用欧美现代戏剧的技术，音乐，光，色彩，甚至于心理学，精神学，医学，这样坚实的作风至鼓励了增进了一般剧作的水准，同时贡献了真实的成就。……将欧美的戏剧技巧溶进中国的生活，这尤其是作者擅长的一面，根据Niggli的 *The Red Velvet Coat* 写出的《正在想》，除了精神氛围而外，人物，语言，行动，无一不是中国的。在曹禺全部戏剧作中充溢着的中国气息，以及风俗画的绘写，这是最可宝贵的收获之一。”[②] “将欧美的戏剧技巧溶进中国的生活”——这可谓对曹禺戏剧创作上的“别求新声于异邦”的一个有力注解了。

总的来看，20世纪三四十年代的曹禺比较研究，众声喧哗中感悟式的短篇评论比较多，而且论者个人的好恶情感相当直露，无论褒贬，常以直抒胸臆居多，且文辞不乏犀利；但相对来看，系统性的、学理式的探究稍显不够。

二

自20世纪50年代至70年代末，比较文学研究在国内一度陷入停滞，这一阶段曹禺戏剧的比较研究成果主要出现在海外，以香港学者刘绍铭的《曹禺论》为代表。《曹禺论》1970年由香港文艺书屋出版，收录了四篇论文，分别是：《〈雷雨〉所受的西方文学的影响》、《从比较文学的观点去看〈日出〉》、《〈原野〉所倡导的原始精神》和《废人行：论曹禺的〈北京人〉和柴霍甫的〈依凡诺夫〉》。刘绍铭敏锐地关注到曹禺剧作对外来文化的借鉴，指出“中国的小说家、诗人或剧作家……在作品中表现外

① 曹禺：《〈雷雨〉序》，载《曹禺论创作》，第6~7页。

② 吕荧：《曹禺的道路》，原载1944年9月、12月《抗战文艺》第9卷第3~4期、第5~6期，转引自《曹禺论创作》，第334页。

来文学影响最特出的，首推曹禺”。[①] 他一方面承认“在中国剧作家中，他（指曹禺——编者注）是最受读者和观众欢迎的剧作家，而且，研究中国近代文学史的，不提话剧则已，一提话剧，曹禺不但占一席位，而且占极其重要的一席位”[②]；另一方面则认为曹禺剧作在国内受到的评价过高，对曹禺的剧作提出了尖锐的批评。刘绍铭用马洛、莎士比亚、莱辛、歌德、陀思妥耶夫斯基诸大师能够在借鉴外来文化时“在旧瓶上注上新酒”，来批评“曹禺的问题，不在于偷了大师们的金线，而是未能好好地利用这些金线”[③]。应该说，这对于写作《雷雨》时不过二十岁出头的曹禺而言未免要求过苛，但是他的批评文本熟练地运用了渊源研究和平行研究的方法，观点尖锐明晰，论述条理分明，为曹禺剧作的比较文学研究提供了可贵的方法论参考，同时，这部论著也让更多的海外研究者关注到曹禺及其剧作。

20世纪80年代以来，随着比较文学在中国大陆的复兴，关于曹禺戏剧比较研究的学术成果也快速丰厚起来，尤其是20世纪80年代和90年代的20年间，可谓曹禺戏剧比较研究的鼎盛时期。相较于三四十年代的曹禺比较研究，八九十年代的批评方法显得更为多样化，研讨的话题更为丰富和深入，在整体上凸显了更强的学理性特征。

这种研究上的转向在20世纪80年代初已显露端倪，刘绍铭坦率表达了对曹禺剧作的新认识：“我一九六六年写成的英文《曹禺论》，论点失诸持平”，“我首先向曹禺招供，如果我今天重写《曹禺论》，我对他剧作的评价，会高许多”。并以《北京人》中的心理描写为例，指出：“曾皓和曾文清的心态和内心各种冲突，曹禺在《北京人》内不惮其烦的描写——这是奥尼尔的特色，也是曹禺的看家本领。”[④] 忆扬也表示：“钻研比较文学当然很有意义，但硬要分出高下简直是多余。”[⑤] 的确，通过比较研究探查作家创作上的独特性，而不是在比较中褒贬彼此，这样的学术观是新时期

① 刘绍铭：《〈曹禺论〉自序》，载《曹禺论》，文艺书屋，1970，第5页。

② 刘绍铭：《〈曹禺论〉自序》，载《曹禺论》，第6页。

③ 刘绍铭：《〈曹禺论〉自序》，载《曹禺论》，第6页。

④ 刘绍铭：《君自故乡来——曹禺会见记》，载王兴平、刘思久、陆文璧编《曹禺研究专集》（上册），第394～395页。

⑤ 忆扬：《从刘绍铭博士论曹禺谈起》，载王兴平、刘思久、陆文璧《曹禺研究专集》（上册），第401页。

学术研究走向繁盛的一个重要基础。

检索20世纪八九十年代的研究资料，我们发现，虽然讨论的话题变得相当宽泛和细致，但相关研讨仍主要集中在对曹禺戏剧与古希腊悲剧，以及曹禺与莎士比亚、易卜生、契诃夫、奥尼尔等作家的比较研究上。

第一，在曹禺戏剧与古希腊悲剧的比较研究方面，鉴于该领域的研究仍然较多零散的、片段的论述和简单比附，“而系统地、深入地探讨曹禺剧作在思想、艺术上所受希腊悲剧的影响，特别是曹禺借鉴希腊悲剧的基本经验，则是把曹禺研究引向深入的一个重要课题”。所以，焦尚志在其专著《金线和衣裳——曹禺与外国戏剧》之“希腊悲剧的暗示”一章中，主要从戏剧美学思想方面，较为全面地探讨了曹禺对希腊悲剧艺术的借鉴。[①] 焦尚志认为：“希腊悲剧作家所提供的优美的戏剧技巧和反映现实的审美模式等等，作为人类的文化艺术遗产仍有可资借鉴之处。这不仅因为文化艺术本身有其互相吸收与继承的内部规律，就是不同时代人们认识世界的思维方式与审美形态也往往有某些相似或相通之处。”但曹禺在学习古希腊悲剧的艺术表达和审美模式时，并不是一味地机械搬用，而是“注入现代的思想与意识”，并注重“从人的精神世界去反映社会现实，探究人生悲剧”，且竭力发掘社会底层人物身上“人性的崇高美”，因此，“曹禺悲剧的神秘性……具有沉郁、激荡的诗意特征”，从而使曹禺戏剧在借鉴古希腊悲剧的基础上，形成了“他那富于民族特色的现实主义戏剧美学思想”。焦氏的这种论述对后来者是有相当的启示意义的，在他之后，学术界在这个方面的比较研究不断走向细致和深入。

第二，关于曹禺戏剧与莎士比亚戏剧关系的研究，我国著名翻译家、外国文学研究专家方平先生发表于1983年的长文《曹禺和莎士比亚》[②] 堪为一篇力作。在该文中，方平先生从曹禺自幼对莎士比亚戏剧的接触到两位戏剧家所处环境的类似，从曹禺剧作中的对白、动作对莎士比亚戏剧的模拟等到他们剧作中人物性格的某些相似等，多角度地说明了曹禺在借鉴外国戏剧大师的创作经验时，不是“刻意模仿谁”，而是“消化融会的借鉴，是水到渠成的自然运用”。文中，方平先生还独树一帜地特别强调了

① 参见焦尚志《金线和衣裳——曹禺与外国戏剧》，中国戏剧出版社，1990，第26～60页。

② 方平：《曹禺和莎士比亚》，载中国莎士比亚研究会编《莎士比亚研究》（第二期），浙江文艺出版社，1984，第193～231页。

曹禺翻译莎翁作品的经历对曹禺创作的影响："1942 年，曹禺在重庆翻译了莎士比亚的悲剧《柔蜜欧与幽丽叶》……这是我国最好的莎剧译本之一。但是对于这个有特色的译本，我国学术界还没有给予充分的注意；而我认为，要全面地研究曹禺的戏剧创作艺术，这个莎剧译本同样是值得注意的，因为它和曹禺的创作有一种内在的联系。"并从诗化的语言艺术、作品的幽默韵味等方面，具体论述了曹禺所受莎士比亚的影响，认为"莎士比亚的诗剧和曹禺的诗体化了的戏剧之间，在艺术形式上，存在着一种启发和借鉴的关系"。方平先生对数个具体问题所做的深入而独到的探讨，对后来的学者应是有高屋建瓴般的启发意义的。

第三，关于曹禺戏剧和易卜生戏剧的比较研究，角度更为多样化。秦志希在《〈雷雨〉与〈群鬼〉的比较分析》[①] 一文中表示：尽管公认《雷雨》有受到《群鬼》影响的明显的痕迹，但"《雷雨》题材的来源，创作思想的形成，并不根源于《群鬼》，它们应是不同时代，不同社会生活的产物"。然后，作者通过对曼德牧师和周朴园形象的对比分析，对两作家于劳动人民的态度，对两作品的矛盾冲突、情节结构、语言特点等多方面的对比考察，得出结论：《雷雨》在根本上"表现了与《群鬼》不同的时代性和民族性"，"《雷雨》的成功，首先就在于它吸取了包括易卜生在内的外国话剧的艺术养料，而且在这个基础上更有所创造、发展"。所以，"《雷雨》对于《群鬼》有相似之点，更有独创之处。……这种似与不似的情形表明了作者对待外来文化影响的正确态度"。焦尚志认为：曹禺的成功更多得益于"易卜生社会问题剧'创作场'所体现的积极、进取的审美意识"对他的影响，认为"曹禺笔下人物的'灵魂悲剧'是作家向民族的现实生活深入开掘的结晶。这极大地增强了他的剧作的内在深度和丰富的审美特性，是他的剧作耐读、耐看，具有持久的艺术生命力的重要根源"。[②] 王德禄则首先考察了曹禺对易卜生"思想体系"的认同，继而对比分析了两位作家在"从道德伦理的角度批判社会，通过个人的精神反叛以追求某种思想革命的实现"过程中的具体差异，认为"曹禺的道德伦理批判始终没有割断与对社会整体批判的联系，并且这种联系是不断强化和深化的"，且"曹禺

① 秦志希：《〈雷雨〉与〈群鬼〉的比较分析》，《外国文学研究》1983 年第 4 期。

② 焦尚志：《曹禺剧作与易卜生的"创作场"》，《天津社会科学》1987 年第 3 期。

并没有走向对个性主义的极端崇拜和对个人自觉意志的狂热歌颂；他在对这一切有所肯定的同时又表现出一种清醒严峻的批判态度”[①]。

第四，关于曹禺戏剧与契诃夫戏剧的比较研究，相较于此前任何一个阶段的研究都有相当明显的深化。王文英在发表于1983年的长篇论文《曹禺与契诃夫的戏剧创作》[②]中，详细论说了契诃夫之“生活化的散文诗体结构”“把隐秘的心灵世界推向幕前”“悲喜交融的新型戏剧”三大戏剧经验对曹禺的启示与影响，认为“对契诃夫艺术经验的吸收和融化，使曹禺剧作的戏剧冲突趋向于含蓄深沉，使曹禺笔下的戏剧人物的性格趋向丰富深邃”。同样发表于80年代的朱栋霖的《曹禺戏剧与契诃夫》[③]和沈澜的《试论契诃夫的〈樱桃园〉和曹禺的〈北京人〉》[④]，也都就曹禺和契诃夫的戏剧结构、人物塑造、心理展示、诗意象征等方面的特点做了比较细致的对比研究。上述成果在追溯曹禺剧作所受契诃夫影响的同时，又都强调了曹禺戏剧创作的时代性与民族性，强调了他对契诃夫的借鉴更多的是一种“化用”，从而能够形成他自己独特的艺术个性，这显然是在细致解读作品的基础上得出的不失之偏颇的论说。

第五，关于曹禺戏剧与奥尼尔戏剧的比较研究，在20世纪80年代，总体上是偏重于从社会历史批评的角度切入讨论的。比如，张宁较早从曹禺和奥尼尔各自所处的社会环境、塑造的女主人公形象、“采用相似的象征手法来渲染和烘托人物活动的具体环境”三个方面，较为周详地考察了《雷雨》与《榆树下的欲望》之间的异同，以之考证“曹禺受奥尼尔影响的社会根源”，认为这两部剧作之间“影响与被影响的关系，是以社会生活经济条件为基础的”；他的最后结论是：“《雷》《榆》两剧的同和异启示我们：即使在比较文学的影响研究当中，马克思主义关于经济条件终究对文学的发展起着决定性作用的理论是完全适用的，是决不可忽略的。”[⑤]

---

① 王德禄：《曹禺与易卜生——伦理批判与精神反叛的认同及离异》，《山西大学学报》（哲学社会科学版）1991年第1期。

② 王文英：《曹禺与契诃夫的戏剧创作》，《文学评论》1983年第4期。

③ 朱栋霖：《曹禺戏剧与契诃夫》，《中国现代文学研究丛刊》1983年第3期。

④ 沈澜：《试论契诃夫的〈樱桃园〉和曹禺的〈北京人〉》，《杭州大学学报》（哲学社会科学版）1985年第4期。

⑤ 张宁：《〈雷雨〉与〈榆树下的欲望〉之异同给我们的启示》，《广西大学学报》（哲学社会科学版）1983年第2期。

王德禄在对比研究曹禺与奥尼尔剧作的悲剧主题、冲突、形象等问题时，认为“奥尼尔对悲剧主题的理解和处理既有社会性、时代性的一面，又有纯粹哲学和抽象心理学的一面”，而曹禺在悲剧主题的表达上有所欠缺；在悲剧冲突上，奥尼尔“强调人物的内心冲突并将这种心理冲突表现于外”，曹禺则“往往是通过强有力的外部情节冲突来显示人物的心理冲突”；在悲剧人物的塑造上，“在曹剧中，悲剧人物始终是创作的中心，然而，奥剧的人物都往往成为表现一种情调、氛围的手段，前者带有更多的客观实在性，后者带有更多的抽象象征性，这正体现了现实主义与现代主义对人物作用理解的差异”。[①] 到了90年代，社会历史批评的研究方法不再独领风骚，关于曹禺与奥尼尔的比较研究也越来越走向“多声部”。龙兆修在《从〈悲悼〉和〈雷雨〉看奥尼尔对曹禺的影响》[②] 一文中，就“曹禺所受奥尼尔剧作影响的特点和程度，其间的内在联系和规律，以及这种影响对曹禺戏剧创作的意义”等问题，做了较为细致的探讨，认为曹禺之所以倾心于奥尼尔，除了他个人的艺术旨趣的原因，更有“继承易卜生现实主义戏剧而又面临新的生活变革和变革戏剧的历史要求”的机缘；认为曹禺对奥尼尔的学习使得曹禺“在用现实主义融化其他戏剧流派的创造性变革中”形成了独特的民族风格，并“成为中国的戏剧革新者”。冯涛认为，“曹禺之所以接受奥尼尔的影响……是因为曹禺与奥尼尔在基本的戏剧美学观上有相近的看法，在悲剧观念、悲剧人物、戏剧手法上都有相近的追求”，然后通过对曹禺和奥尼尔剧作中的悲剧形象的对比考察，认为他们笔下的悲剧主人公“共同体现出现代性的审美特点，都共同表现了现代人的精神痛苦和内心的分裂”。[③]

此外，关于曹禺戏剧与表现主义（如潘克明的《〈原野〉和表现主义》[④]）、象征主义（如庄浩然的《论曹禺和象征主义》[⑤]）的关系，曹禺剧

① 王德禄：《曹禺与奥尼尔——悲剧创作主题、冲突与形象之比较》，《山西大学学报》（哲学社会科学版）1987年第3期。

② 龙兆修：《从〈悲悼〉和〈雷雨〉看奥尼尔对曹禺的影响》，《外国文学研究》1997年第3期。

③ 冯涛：《美国的悲剧与中国的悲剧——曹禺与奥尼尔的悲剧人物比较》，《戏剧》1998年第1期。

④ 潘克明：《〈原野〉和表现主义》，《中国现代文学研究丛刊》1983年第3期。

⑤ 庄浩然：《论曹禺和象征主义》，《福建师范大学学报》（哲学社会科学版）1992年第4期。

作中的基督教元素（如宋剑华的《曹禺早期话剧中的基督教伦理意识》[①]）等方面的探讨，也在很大程度上丰富了曹禺戏剧比较研究的成果，有助于读者更全面地认识和理解曹禺的戏剧创作。

特别需要指出的是，在20世纪八九十年代，出现了一批曹禺研究的专著，在这些专著中，研究者在各自的理论架构之下或多或少地采用比较研究的手法对曹禺剧作的艺术形式、创作渊源和人物形象进行分析，整体呈现出更具历史性和整体性的研究特色。1986年出版的朱栋霖的《论曹禺的戏剧创作》[②] 和孙庆升的《曹禺论》[③] 都是比较全面的论述曹禺创作成就的专著，同时显示出较为明显的比较意识，涉及莎士比亚、易卜生、奥尼尔等戏剧大师对曹禺创作的影响。1987年潘克明编著的《曹禺研究五十年》[④] 是对半个世纪来曹禺研究成果的全面述评，也关注到曹禺戏剧的外来影响研究。1988年刘海平、朱栋霖在关于奥尼尔研究的著作《中美文化在戏剧中交流——奥尼尔与中国》中专门论述曹禺同奥尼尔的创作个性、审美主体心理的艺术“对话”。[⑤] 华忱之的《曹禺剧作艺术探索》显示出全面的比较意识，先后考察了《雷雨》与《群鬼》、《北京人》与契诃夫剧作、《原野》与《琼斯皇》的影响关系。[⑥] 其后出版的李丛中的《曹禺创作启示录》[⑦]、焦尚志的《金线和衣裳——曹禺与外国戏剧》[⑧]、马俊山的《曹禺：历史的突进与回旋》[⑨] 等著作均全面地分析了古希腊悲剧及莎士比亚、契诃夫、易卜生、奥尼尔等西方戏剧大师对于曹禺戏剧创作的影响。这些著作从不同的角度切入曹禺研究，既关注到宏观的作家创作史的构建，又有微观的对于具体艺术技巧的深入分析，共同构成曹禺比较研究中重要的组成部分。

综上，20世纪八九十年代，学术界获得了更高的自由度和开放性，拥

① 宋剑华：《曹禺早期话剧中的基督教伦理意识》，《江汉论坛》1988年第11期。
② 朱栋霖：《论曹禺的戏剧创作》，人民文学出版社，1986。
③ 孙庆升：《曹禺论》，北京大学出版社，1986。
④ 潘克明编著《曹禺研究五十年》，天津教育出版社，1987。
⑤ 刘海平、朱栋霖：《中美文化在戏剧中交流——奥尼尔与中国》，南京大学出版社，1988，第45～64页。
⑥ 华忱之：《曹禺剧作艺术探索》，四川文艺出版社，1988。
⑦ 李丛中：《曹禺创作启示录》，云南大学出版社，1990。
⑧ 焦尚志：《金线和衣裳——曹禺与外国戏剧》，中国戏剧出版社，1990。
⑨ 马俊山：《曹禺：历史的突进与回旋》，中国工人出版社，1992。

有了更为开阔的学术视野，因而在以比较文学的视角观照曹禺戏剧时，就既能更客观地认可其所受欧美戏剧的多方面影响，又能多角度、多层次地发掘其独特的个人风格和鲜明的民族特性，探讨曹禺作为中国现代剧坛“这一个”的意义与价值。

三

21 世纪以来，一方面，曹禺的研究者们在前一阶段的渊源研究方向继续深耕细作，由社会历史批评延伸到文化层面，研究涉及曹禺剧作的宗教、哲学和美学内容；另一方面，随着中国比较文学学科自身的发展，关于曹禺剧作的比较研究也获得了新的研究视角和方法：跨学科研究、阐发研究、流传学研究等方面硕果累累。

在影响研究方面，前一阶段学者们的研究重点集中在曹禺剧作的思想内容的渊源研究上，21 世纪的曹禺比较研究则更多地转向对曹禺剧作的悲剧观念、艺术技巧和作家的创作心理等方面的探讨，影响研究得以从多个方向展开。詹虎、赵学斌、于立得在研究奥尼尔象征艺术的专著《尤金·奥尼尔戏剧象征艺术研究》中结合详细具体的文本分析了奥尼尔对曹禺象征艺术手法的深刻影响，同时指出，“奥尼尔戏剧象征艺术对曹禺创作的影响是一个复杂而深刻的过程”，“奥尼尔对曹禺的影响一方面在曹禺剧作中倔强而热烈地存在着，一方面又在曹禺自身美学观念和时代的挤压下呈现出一定的变形，无论评价如何，这种变形的存在都是客观存在着的，这不但丰富了曹禺剧作的内涵和意义，也丰富了整个中国现代话剧”。[①] 库慧君从美学的角度切入探讨，认为奥尼尔的一些颇为先锋的戏剧表现手法，包括面具的运用、旁白、独白等表演方式，以及演出区域的划分、灯光的变化、音响效果的运用、舞台布景的设计等舞台技术的运用，都被曹禺借鉴到了《原野》中；更重要的是，从奥尼尔那里，曹禺“悟解到了悲剧艺术的本质内涵”，即悲剧应着力表现崇高之美、人性之美，所以，“奥尼尔剧作对于曹禺的影响不仅仅只是局限于戏剧创作的技法方面，它们更是直

① 詹虎、赵学斌、于立得：《尤金·奥尼尔戏剧象征艺术研究》，中国戏剧出版社，2013，第 317 页。

接影响了曹禺悲剧意识的形成”。①

值得一提的是，这一阶段的研究在全面深入解读研究对象的基础上还有对前期研究成果的反思与争鸣，如汪义群在《奥尼尔研究》中客观地指出：“尽管曹禺推崇奥尼尔，喜爱奥尼尔，并且在创作中受到他的影响，但我们还是认为，他的骨子里却更接近易卜生。他对社会现状的关怀远甚于对人物心理的兴趣，他的作品基本上都是社会问题剧。”② 这种思考为我们厘清曹禺创作的渊源和深入解读曹禺剧作提供了有益的参考。

此外，在曹禺与古希腊悲剧的比较研究中，王福和从原型血统、命运血统、结构血统三个方面阐述了《雷雨》对《俄狄浦斯王》的借鉴，进而考察了曹禺如何在借鉴的基础上做到了“使剧本与20世纪的中国现实紧紧地融合到了一起”，并最终形成“真正属于曹禺、属于中国的戏剧风格”③。在曹禺与莎士比亚的比较研究中，焦尚志的《曹禺与莎士比亚悲剧观念之比较》④、徐群晖的《论曹禺与莎士比亚戏剧的深层关联》⑤ 和《曹禺与莎士比亚戏剧的病态心理美学比较》⑥ 等论文，分别从悲剧观念、人性探索、病态心理美学的现代性内涵等方面，剖析了曹禺在继承莎士比亚戏剧精髓的同时所做的个性化、民族化的创新表达，使研究具有了比较诗学的维度。在曹禺与易卜生的比较研究中，汪余礼通过“隐性艺术家的设置、太极图式的运用、宇宙秩序的探索、宗教意识的隐蕴”等方面的比对，认为《雷雨》与易卜生的晚期剧作《野鸭》富有深层关联；同时，曹禺又“基于自身的文化根底、生命体验、艺术趣味做了别出心裁的改造与变异，让一切经验材料、艺术智慧服务于表达自我对宇宙人生之复杂体验与深邃思考之需要。……入乎其内后能出乎其外，师其法而不师其心，……在意象表现的含蓄自然、人物形象的丰满复杂、人心物象的

① 库慧君：《走向“崇高”之境——曹禺的悲剧意识与奥尼尔剧作》，《文化艺术研究》2010年第1期。

② 汪义群：《奥尼尔研究》，上海外语教育出版社，2006，第294页。

③ 王福和：《〈雷雨〉的希腊悲剧血统——兼与〈俄狄浦斯王〉比较》，《浙江工业大学学报》（社会科学版），2002年第3期。

④ 焦尚志：《曹禺与莎士比亚悲剧观念之比较》，《戏剧》2000年第4期。

⑤ 徐群晖：《论曹禺与莎士比亚戏剧的深层关联》，《文学评论》2009年第2期。

⑥ 徐群晖：《曹禺与莎士比亚戏剧的病态心理美学比较》，《中国现代文学研究丛刊》2016年第8期。

妙合无垠等方面，《雷雨》较之《野鸭》略胜一筹”[①]。余迎胜则通过“戏剧结构要素、人物群像、对抗性人物关系等三个方面”的对比考察，认为《雷雨》对《群鬼》既有借鉴与移植，又有“植根于民族性的创作出发点带来的民族戏剧品格”[②]。

曹禺剧作的宗教因素是比较研究中的一个亮点，宋剑华延续了他从 20 世纪 80 年代开始的对曹禺剧作与基督教精神的研究，探讨曹禺戏剧的“原罪意识”[③]，2000 年出版的专著《基督精神与曹禺戏剧》[④] 成为曹禺戏剧与基督教研究的集大成者。许正林的专著《中国现代文学与基督教》则从“罪感体验与神秘感悟”[⑤] 方面对曹禺的创作心理进行了深入分析。

宋绍香《中国新文学 20 世纪域外传播与研究》[⑥] 中《曹禺剧作在国外》一文全面详尽地梳理了曹禺剧作在国外的译介、研究和评价，显示出宽广的学术视野和扎实的考证能力，为曹禺研究的流传学方向提供了宝贵的材料。

平行研究由于在选取研究对象方面更具有自由度，一向是比较文学研究中比较活跃的板块，研究成果层出不穷，其中比较有代表性的有 2000 年陆葆泰的《曹禺剧作魅力探缘》。[⑦] 这本论文集中收录了将《雷雨》中的蘩漪、鲁大海、周朴园父子等形象与外国文学形象类比的数篇论文。此外，王澄霞的《日出》与《茶花女》的比较[⑧]、郑萍萍的《〈榆树下的欲望〉与〈雷雨〉象征主义手法的比较》[⑨] 都是值得注意的研究成果。

总体而言，随着比较文学学科在中国的繁荣和比较文学“中国学派”的建设，曹禺剧作的比较研究在 21 世纪获得了新的学术生长，呈现出多元开放、纵深发展的可喜趋向。

---

① 汪余礼：《曹禺〈雷雨〉与易卜生〈野鸭〉的深层关联》，中央戏剧学院学报《戏剧》2018 年第 3 期。

② 余迎胜：《植根于民族性的经典移建——论〈雷雨〉对〈群鬼〉的超越》，《长江学术》2011 年第 1 期。

③ 宋剑华：《基督精神与曹禺戏剧的原罪意识》，《文学评论》2000 年第 3 期。

④ 宋剑华：《基督精神与曹禺戏剧》，湖南师范大学出版社，2000。

⑤ 许正林：《中国现代文学与基督教》，上海大学出版社，2003。

⑥ 宋绍香：《中国新文学 20 世纪域外传播与研究》，学苑出版社，2012。

⑦ 陆葆泰：《曹禺剧作魅力探缘》，华东师范大学出版社，2000。

⑧ 王澄霞：《借得西江水 催开东苑花——曹禺〈日出〉与小仲马〈茶花女〉之比较》，《扬州大学学报》（人文社会科学版）2010 年第 4 期。

⑨ 郑萍萍：《〈榆树下的欲望〉与〈雷雨〉象征主义手法的比较》，《福建论坛》（人文社会科学版）2010 年 S1 期。

An Overview of Comparative Research on Cao Yu's Plays

—An Introduction on *Comparative Study of Cao Yu*

Shen Lifeng, Tang Xiaojuan

Abstract: Cao Yu's play creation is deeply influenced by European and American plays, especially ancient Greek plays, Shakespeare, Ibsen, Chekhov, O'Neill and so on. Affected by academic vision and historical context, comparative studies on Cao Yu's plays in China's literary criticism have shown obvious periodical characteristics: Cao Yu's comparative studies in the 1930s and 1940s were mostly sentimental short reviews, but systematic and academic inquiry was slightly inadequate; from the 1950s to the late 1970s, Cao Yu's comparative research was mainly based on Liu Shaoming's *Cao Yu Lun* as the representative; in the 1980s and 1990s, when Cao Yu's plays were viewed from the perspective of comparative literature, the academic circles not only recognized the influences of European and American plays, but also explored his unique personal style and distinctive national characteristics in many aspects, so as to explore the unique value and significance of Cao Yu in modern Chinese drama; since the new century, the comparative study of Cao Yu's plays has gained new academic growth, expanded in interdisciplinary research, elucidation studies, circulation studies and other aspects, showing a trend of multiple, open and in-depth development.

Keywords: Cao Yu; Ancient Greek Plays; Ibsen; Chekhov; O'Neill

About the Authors: Shen Lifeng (1977 –), Associate Professor at School of Chinese Language and Literature, Hubei University. Research interests and specialties: foreign literature. Email: 859170701@qq.com

Tang Xiaojuan (1978 –), Associate Professor at School of Chinese Language and Literature, Hubei University. Research interests and specialties: internet literature and comparative literature. Magnum opuses: *Research on New Types of Web Writing*, etc. Email: 47238676@qq.com

多元文化视域下的曹禺研究

唐小娟*

摘　要　20世纪30年代，曹禺凭借《雷雨》《日出》《原野》等作品一举成为中国现代戏剧史上最耀眼的明星，引起了戏剧研究者的广泛关注。一些在华的欧美学者敏锐地介入演出批评现场，贡献出敏锐而中肯的媒体批评和学术研究成果；进入20世纪80年代之后，随着曹禺本人的海外访问及其剧作的对外交流和广泛传播，曹禺剧作的艺术魅力受到越来越多的海外戏剧研究者的关注，成为他们研究中国现代戏剧、编撰中国现代文学史时难以忽视的研究对象。这一时期相继召开的关于曹禺剧作的国际学术研讨会也吸引了大量国内外的学者参与研讨，涌现出大量视野开阔的优秀研究成果。同时，港澳台地区的曹禺研究者由于学术背景的差异，在研究中更多地使用比较文学的研究方法，贡献出许多见解独特的成果。海外及港澳台地区的曹禺研究者提供了多元文化背景下的比较视域，长期以来同大陆曹禺研究互为参照，共同构成曹禺研究不可或缺的组成部分。

关键词　多元文化　曹禺研究　比较文学

身处中国戏剧现代化转型的关头，曹禺的处女作《雷雨》甫一问世便引起轰动，由此奠定了他在中国现代戏剧史上不可动摇的经典地位。此后，曹禺接连推出《日出》《原野》《北京人》等佳作，新剧演出反响巨大，在当时的报纸杂志上引起持续性的热议和论战，吸引了众多内地和港

* 唐小娟（1978～），湖北大学文学院副教授，主要研究方向为网络文学与比较文学，著有《网络写作新文类研究》。电子邮箱：47238676@ qq. com。

澳台地区的戏剧研究者，其影响力更是远涉重洋，成为众多海外学者关注和研究的对象。综观曹禺戏剧的海外研究成果，不难发现相较于日本学界的累累硕果，欧美学界的曹禺研究成果在数量上并不是很多，但是文化背景的差异为欧美学者提供了观照中国话剧和剧作家的别样角度，显示了多元的研究方法和理念，同国内的曹禺研究形成长期良好的互动关系，共同有力推进着曹禺研究持续纵深地发展。

《日出》剧本 1936 年 11 月由文化生活出版社出版，1936 年底至 1937 年初，萧乾在他主持的天津《大公报》的文艺副刊上先后组织了关于《日出》的两次集体批评。其中，1936 年 12 月 27 日《大公报》刊发了一组评论，时任燕京大学西洋文学系主任的英国学者 H. E. 谢迪克教授以《一个异邦人的意见》（“A Foreigner’s Comment on Sunrise”）为题，对《日出》进行了细致的批评，措辞恳切，颇具眼光。在文章中，谢迪克教授极力称赞“《日出》在我所见到的现代中国戏剧中是最有力的一部。它可以毫无羞愧地与易卜生和高尔绥华兹的社会剧的杰作并肩而立”。他首先肯定了剧作的人物塑造，尤其是女主角陈白露“是一个美丽的完全的创造”，创作技巧上善于运用精彩的口语对话和使用富有诗意的象征；同时也公允地指出了该剧的缺陷：“主要的缺憾是结构的欠统一”、“行文的冗赘”和“重描”的写法。“总括说来，这部剧是一个极伟大的作品，作者对女性人物有着深切的体验，又为一种社会正义的渴望所感动而完成的。”[①] 这篇评论在当时引起了读者和学界的极大反响，此后又以《〈日出〉批评》为题，转载于《月报》1937 年第 1 卷第 1 期“文艺栏”，是欧美曹禺研究中最早和最有影响力的成果。

天津《大公报》对于曹禺剧作表现出持续的关注，并且同剧作者、观众和评论者建立了长期有效的互动。1946 年 2 月 26 日，天津《大公报》刊发了法国学者明兴礼神甫的《曹禺的宇宙观》。[②] 明兴礼神甫是来华传教的法国耶稣会会士，他于 1937 年来华传教，对于中国现代文学有着浓厚的兴趣和持续的关注，他的博士学位论文以中国现代作家群为主题，其中文

---

① 〔英〕H. E. 谢迪克：《一个异邦人的意见》，原载《大公报》（天津）1936 年 12 月 27 日，转引自《曹禺研究专集》（下册），海峡文艺出版社，1985。

② 〔法〕明兴礼：《曹禺的宇宙观》，郭士浩译述《大公报》（天津）1946 年 2 月 26 日。原署名法司铎。

译本《中国现代文学的巅峰》1953 年由香港新生出版社出版。作为国外学者，他对中国现代文学的关注为当时不熟悉中国现代作家的法国文坛做出了筚路蓝缕的贡献。在《曹禺的宇宙观》中，明兴礼神甫从神学和道德批评的角度对曹禺的《雷雨》《日出》《原野》三部作品进行分析，首先指出在这三部曲里体现了“自然与原始的天性”，“自然催醒了人们兽类的本能，在他的蛮性上给予力量，曹禺在他的三部曲里表现给我们这种自然的盲力和原始本能的叛乱”。指出三部戏剧奠基在“罪”的上面，“在这三部曲里都是道德观念很贫乏的人物。从道德的眼光看，这只不过是屈伏于自然法则的傀儡和不负责任的罪人而已”。注意到了曹禺对于“家庭和社会的不和谐”的批判，但是曹禺找不到解决的方法，是由于“他自己没有发现真理，也没有发现道路。他像在他的时代他的国度里许多读书人一样，哲学的思想还很茫然，宗教的信念仍在怀疑”。

根据曹树钧在《走向世界的曹禺》中的记载，1961 年 1 月，苏联艺术出版社出版了俄文版的《曹禺戏剧集》，共两卷。第一卷收录了《雷雨》《日出》两个剧本，前面有曹禺写的“作者的话”。第二卷收录了《北京人》《明朗的天》两个剧本，最后附有一篇一万五千字的长篇学术论文《论曹禺的创作》①，这篇论文的作者是苏联学者、著名的汉学家 B. 彼得罗夫。他以典型的马克思主义的文艺美学观来解析曹禺的作品，论文对曹禺的创作背景、生平和各个时期的剧本创作进行了详细的介绍和点评，重点评价了《雷雨》《日出》《明朗的天》三部戏剧。文章认为曹禺的戏剧作品在思想内容方面，描写了“旧社会苦难的人们”，作品有着尖锐的揭露特征。“尽管按出身来说，作者是属于统治阶级，但是他十分明确地主、资本家的社会是必然要灭亡的，它有着不可调和的矛盾，是一个垂死挣扎的社会。曹禺的剧本打击了整个寄生的社会制度，他剧本的主要意义也就在这里。”

而剧本的思想局限，按照彼得罗夫的观点，则是由于曹禺缺乏先进的科学的世界观，因此，“不是革命观点促使他批判社会，而是抽象的、超出阶级利益之外的‘正义感’，尽管他的同情明显地是在被压迫的劳动者

---

① 〔苏〕B. 彼得罗夫：《论曹禺的创作》，曹树钧译，载《走向世界的曹禺》，天地出版社，1995。

这一边。不公平使得曹禺‘没有片刻的安宁’，但是，他在揭露这个社会有害的东西时，并不是始终明白造成社会灾难的原因和根源的”。这种分析典型地体现了20世纪六七十年代的苏联文艺观，在新中国成立后相当长的时间里对我国的文艺批评产生了巨大影响。

彼得罗夫同样注意到了曹禺对于西方经典戏剧的借鉴，指出在他的剧本中“已经形成了曹禺独特的创作风格的基本特征：它表现在形象的塑造上，语言和结构的创造上”，并且细致分析了其创作风格。对于争议比较多的抗战期间和抗战后的曹禺剧作，彼得罗夫也给予了充分的肯定，并热情洋溢地预言：作为一个“卓越的剧作家”的曹禺“并不满足于已经达到的成就，他正开辟新的创作道路”。

夏志清教授在《中国现代小说史》[①] 中提到了曹禺的戏剧创作，一方面充分肯定了其成就，指出“到了30年代中期，西方式的戏剧，终于在沿海诸城市的中产阶级中，建立起商业上的地位。这种成绩，差不多是曹禺一个人的功劳。曹禺在战前的三个剧本，《雷雨》、《日出》和《原野》，无论在什么地方上演，都受到热烈的欢迎”。他认为曹禺是“一位非常用心的剧作家”，“曹禺的成就，比其他同期的剧作家高出许多”。另一方面也指出了他的局限：“他的剧本一直未能以成熟和朴实的笔法表现生活”，原因则在于作家“很容易受当时社会潮流左右”，“他虽然非常仰慕契诃夫，但是因为缺乏很成熟的观众，所以他无法试图依照契诃夫的方法来创作”。

1980年，曹禺访问美国哥伦比亚大学，夏志清教授在陪同曹禺观看话剧《北京人》之后，撰写了《曹禺访哥大纪实——兼评〈北京人〉》[②]。这篇文章中用了相当的篇幅介绍剧本及演出情况，尤其是剧中人物形象的塑造，认为袁园的形象并不成功，究其原因，“曹禺自己是旧式家庭出身，对旧人物了解较深，对当年的新派少年所知较浅，往往捉摸不到他们的个性深处”。在这部剧中，曹禺主要是为了把她当作健康的象征。对于学者刘绍铭将剧中人物曾文清称为“多余的人”的观点，夏志清表达了不同意见，认为曾文清完全是旧中国的产物，而剧中的江泰更具有“多余人”的

---

① 〔美〕夏志清：《中国现代小说史》，刘绍铭等译，浙江人民出版社，2016。

② 〔美〕夏志清：《曹禺访哥大纪实——兼评〈北京人〉》，载田本相、邹红主编《海外学者论曹禺》，广西师范大学出版社，2014。

气质。夏志清特别指出，剧中的愫方“具有俄罗斯伟大女性的气质”，而引导她出走的瑞贞则是“不甘屈服于现实，肯为自己的前途而奋斗”的新女性。

《戏剧家曹禺》[①] 的作者是当时在中国外文出版社任翻译的德国友人乌韦·克劳特，他一直致力于中德文化交流，1980 年，他第一次把中国戏剧带到了德国，引起了德国观众的极大兴趣和良好反响。这篇文章通过作者克劳特同曹禺先生的对话和访谈，对曹禺的生平和主要创作进行了详细介绍。在采访中，克劳特详尽地记录了曹禺重要作品的具体创作过程、演出情况及反响，同时对曹禺各个阶段的人生经历和创作心理进行了客观的分析，特别是新中国成立后曹禺创作遭遇的困境和重新获得创作激情的过程。这些文字为后来的曹禺研究提供了可资借鉴的珍贵的第一手材料。

随着文化交流的加强，曹禺剧作的艺术价值受到了越来越多海外学者的关注。1991 年 8 月，来自海内外的 50 余名曹禺研究的专家学者云集天津南开大学，参加由南开大学、中国艺术研究院、中国戏剧家协会天津分会共同举办的首届曹禺研究国际学术讨论会。其中，来自美国俄亥俄大学艺术学院比较艺术系的杰西卡·海格妮教授和罗伯特·沃特曼教授提交了会议论文，论文收录在南开大学次年 10 月出版的《中外学者论曹禺》中。杰西卡·海格妮教授的论文《〈原野〉中的民间小调》[②] 以剧本第一、二、三幕中出现的民间小调为研究对象，结合严谨而具体的文本分析探讨这些音乐成分对强化主题、组织结构和增强感召性的作用，指出：“曹禺对于中国和西方的戏剧传统的熟知促成了他对于民间小调的熟练运用，就象古希腊悲剧中的歌队一样，这些民间小调以一种富于感召力的方式被用来合成戏剧动作和戏剧主题。它们提供了单纯的动作和对话所不能提供的东西，它们虽然被融入戏剧动作之中，但又存在于别一种的感性层面上。”

罗伯特·沃特曼教授的《实用智慧的条件》[③] 则显示了比较文学的视野和对于不同民族文化个性的尊重。他在论文中首先指出单纯考察曹禺戏

---

① 〔德〕乌韦·克劳特：《戏剧家曹禺》，《曹禺研究专集》（上册），海峡文艺出版社，1985。

② 〔美〕杰西卡·海格妮：《〈原野〉中的民间小调》，载《中外学者论曹禺》，南开大学出版社，1992。

③ 〔美〕罗伯特·沃特曼：《实用智慧的条件》，载《中外学者论曹禺》。

剧对西方戏剧的借鉴，会使研究者忽视“中国文化的独具特色”，要研究曹禺的戏剧艺术，必须注意它所生长的特定文化环境，寻求其审美品质。沃特曼教授以《雷雨》中周冲的人物形象塑造为例，从他的台词入手，细致分析了曹禺在塑造这一人物形象时在戏剧技巧上所体现出来的“卷轴画”传统：“在中国叙事性的卷轴画中，画面形象几乎是与画轴的打开一起移动的。场景伴着叙事的步伐向两边伸展，每一个动态的形象在流动的事件中占据着属于它自己的基本时刻。映衬着全部事件的是一个暗示着自然界的坚定背景。”而《雷雨》可称为“历史性的艺术品”，“是因为它超越了表面的主题和素材进而达到了更具普遍意义的层面上”。

与同时期大陆学者比较而言，港澳台学者由于学术背景的差异和所在环境的便利较多地直接接触西方戏剧和戏剧理论，因而多数研究自发地具有比较文学的视野，特别是在20世纪六七十年代大陆曹禺研究陷入相对单一和停滞状态的时候，港台的曹禺研究却十分活跃，涌现出一批值得注意的成果，其中影响最大的当数1970年香港文艺书屋出版的刘绍铭的《曹禺论》。

这本著作共收录四篇论文和一篇自序，分别探讨了《〈雷雨〉所受的西方文学的影响》《从比较文学的观点去看〈日出〉》《〈原野〉所倡导的原始精神》《废人行：论曹禺的〈北京人〉和柴霍甫的〈依凡诺夫〉》。刘绍铭写作《曹禺论》时以比较文学角度介入，因而特别注意发掘曹禺剧作的外来渊源，这种贯通中西的研究方法在当时显得非常新颖；同时，刘绍铭将时年23岁初出茅庐的曹禺置于世界戏剧大师的行列中予以批评，对他剧作中存在的技巧上的“硬伤”直言不讳，整体而言呈现出较为明显的批评态度，虽然稍失之求全责备，但是论者观点犀利、目光敏锐，在当时一片赞美声中显得格外醒目，也深刻地影响到了整个华语学术界的曹禺研究，该书也成为非常重要的研究文献。

在《自序》[①] 中，刘绍铭并不否认曹禺剧作取得的成功：“在中国剧作家中，他是最受读者和观众欢迎的剧作家。而且，研究中国近代文学史的，不提话剧则已，一提话剧，曹禺不但占一席位，而且占极其重要的一席位。”但是他总体上认为《雷雨》获得的盛誉大大超过了它应得的

① 刘绍铭：《〈曹禺论〉自序》，载《曹禺论》。

赞许，其原因在于广大观众对于作品中外来文学的影响不甚了了，因此刘绍铭立意研究曹禺，“以正视听”。在书中收录的四篇论文里，刘绍铭条分缕析地分别解析了《雷雨》《日出》《原野》《北京人》四部剧作的外来渊源，指出“曹禺的问题，不在‘偷了大师们的金线’，而是未能好好的利用这些‘金线’”。

在谈《日出》一文[①]中，刘绍铭首先肯定了曹禺对戏剧艺术的探索和对于大师的借鉴，注意到从《雷雨》到《日出》反映出的剧作家戏剧观念的转变，指出《日出》“可以算是曹禺的一个实验剧”。这个见解非常敏锐，注意到了曹禺创作的发展性。但同时，刘绍铭也毫不客气地指出，这个实验并没有收到良好的效果。按照刘绍铭的分析，“《日出》的问题不在技巧上，而在曹禺对柴氏[②]戏剧精神的了解不足”，违背了契诃夫戏剧创作的原则：“客观的态度是艺术成功的要素。”曹禺在剧中大量用到“述评”的方法，“在‘评述’此剧的过程中，曹禺会屡次不能自已，越过了剧作家的责任而变成了一个‘品头论足’的评判员”。这些见解犀利辛辣，能够直言不讳地指出曹禺剧作技巧方面的不足，同时结合了具体的例证分析，有理有据。多年后，刘绍铭在《君自故乡来——曹禺会见记》里修正了他早期对曹禺的评价：“如果我今天重写《曹禺论》，我对他的剧作的评价会高许多。我对《雷雨》和《日出》二剧批评得极不客气，理由不外是那时我刚念完比较文学的课程，眼中尽是希腊悲剧以来的西方戏剧大师……那时我没好好考虑到，第一、曹禺写《雷雨》时（一九二三年），年纪才廿三岁。第二、而且也是最要紧的一点，他的作品与易（易卜生）、契（契诃夫）、奥（奥尼尔）诸人比起来虽然失色，但在中国话剧史上，他实在是一代宗师。”[③]

台湾大学的胡耀恒教授一直致力于戏剧研究，1972 年在纽约出版英文著作《曹禺》，较早地系统研究了曹禺的戏剧创作，其中文节译本《论曹禺的戏剧》[④] 于 1974 年发表于台湾《中外文学》第 8 期。在这篇论文里，胡耀恒对曹禺的成就不吝赞美，认为曹禺是“我国最优秀的剧作家”，“他

① 刘绍铭：《从比较文学的观点去看〈日出〉》，载《曹禺论》。

② 指契诃夫，刘绍铭原文译作“柴霍甫”。

③ 刘绍铭：《君自故乡来——曹禺会见记》，载田本相、邹红主编《海外学者论曹禺》。

④ 胡耀恒：《论曹禺的戏剧》，（台湾）《中外文学》第 2 卷第 8 期，1974 年 1 月。

的长剧大都是一经完成即行上演，甫经上演，即轰动一时。这种普遍的成功不仅对作家本人意义重大，即对中国整个剧运也发生深远的影响”。

胡耀恒将曹禺的剧作置于一个系统发展的序列中予以观照，指出曹禺长剧的主题始终只有一个：“改变之必需。”前期的剧本反映了曹禺对于黑暗社会中现存秩序的不满，因而“焦虑地主张推翻现存秩序，即使诉之暴乱亦在所不惜”。而推翻之后，代之以“天道”(《日出》)或“乌托邦”(《原野》)。在后期的戏剧中，同样贯穿了“改变”的主题，“为国家也好，社会和个人也好，为了生存和发展，必须彻底变化改进”。曾著有《西方戏剧史》的胡耀恒对西方戏剧非常熟悉，他在论述中运用西方现代戏剧理论来分析曹禺剧作，这是比较典型的比较文学阐发研究。

在2010年9月举办的曹禺百年诞辰纪念学术研讨会上，胡耀恒教授提交了题为《曹禺的创作与人生》的论文，将曹禺的创作生涯置于中国话剧发展的大环境中考察，梳理出曹禺先生长期以来对中国话剧艺术和形式的可贵探索，同时也委婉地提到过分强调文学的实用性对于作家艺术创作的限制。

香港大学杨玉峰教授的《曹禺剧作与中国妇女解放问题》[①] 是在1991年南开大学召开的首届曹禺研究国际学术讨论会上提交的论文，论文着重考察了在曹禺的戏剧创作中女性角色的重要地位，并结合文本细致分析了《雷雨》中的周蘩漪、鲁侍萍，《日出》中的陈白露、翠喜，《原野》中的焦氏和金子，《蜕变》中的丁大夫、女看护等以及《北京人》中的曾思懿、愫方、瑞贞等一系列女性形象，“这一系列女性形象，都显得活生生的，充满着动感和时代气息。通过这些女性角色的描绘，曹禺表达了他的反封建意识，寄寓了他探索新生、寻求理想的进取精神”。这种从文本细部入手的解读方式，为曹禺研究提供了一种新的思路。

在这次盛会上，香港中文大学教授方梓勋提交了题为《戏剧家与戏剧翻译：曹禺的〈柔蜜欧与幽丽叶〉》[②]的论文，从翻译学的角度将曹禺翻译的《罗密欧与朱丽叶》与几个经典译本进行了比较分析，从剧本形式技巧的几个层面——诗体的翻译、散文的处理、形象和相关语的运用入手，结

① 杨玉峰：《曹禺剧作与中国妇女解放问题》，载田本相、刘家鸣主编《中外学者论曹禺》。

② 方梓勋：《戏剧家与戏剧翻译：曹禺的〈柔蜜欧与幽丽叶〉》，载《中外学者论曹禺》。

合剧本进行解析，认为曹译兼顾了舞台适用性和文学性，“无论是从演出方面，甚至是剧本的可读性和文学性，曹译本可算是众译本中最完善的”。

澳门学者郑炜明博士的《谈〈雷雨〉里的织梦者——周冲》[①] 是在1997 年 12 月曹禺先生逝世周年召开的学术研讨会上提交的论文。论文从具体的人物形象分析入手，探讨《雷雨》中常常被人们忽视的周冲这一角色。郑炜明博士对周冲在剧本中的表现进行了细致的文本分析，从他的友情、亲情、爱情三个方面分析他的精神，赞美了这个人物形象的善良和单纯：“他是个织梦者，他有着很多的不可及的理想。”“周冲是个可爱的人物，但他追求完美的梦的性格，使他无辜地牺牲了。他是一个有血有肉的人物，也是一个形象化了的典范。”肯定了这个角色在全剧中的重要地位。

21 世纪以来，中国台湾学者对曹禺的研究进一步深入，台湾文化大学中国戏剧学系教授王士仪在曹禺先生百年诞辰之际，以《为〈原野〉辩：新写实主义析白》[②] 为题，在《戏剧学刊》第 15 期上发表论文，以《原野》剧本第三幕为主要研究对象，提出《原野》属于一种新戏剧文类：新写实主义。“作者是采用表现主义的元素进行创作另一种新形式的写实主义，本身断非表现主义。这新文类应与过去做出适当区隔。基于本文诠释的基本态度与认知，并在本人提出‘新传统主义’的概念架构下，暂将《原野》界定为：新写实主义（neo-realism）或后写实主义（post-realism）。”王士仪教授的研究站位较高，不以西方戏剧的标准来定义和评判曹禺的剧作，提出一种自我认定和自主诠释的立场，为曹禺戏剧研究提供了新的思路。

台湾成功大学的马森教授长期以来都对曹禺的创作颇为关注，连载于中国台湾《新地文学》的《中国现代文学的两度西潮》[③]（节选）对曹禺的主要剧作《雷雨》、《日出》和《原野》进行了评论和解析。首先指出了《雷雨》的“重要的突破”：“在中国通俗剧的传统中《雷雨》是第一出真正的悲剧。作者采用‘三一律’、倒叙的时间集中，以及无所报偿的

---

① 郑炜明：《谈〈雷雨〉里的织梦者——周冲》，载田本相等主编《曹禺研究论集——纪念曹禺逝世周年学术研讨会论文集》，花山文艺出版社，1998。

② 王仕仪：《为〈原野〉辩：新写实主义析白》，（台湾）《戏剧学刊》2012 年第 15 期。

③ 马森：《中国现代文学的两度西潮》，《话剧的茁壮与成熟》（第十六章）（台湾）《新地文学》第 22 期；《抗战与内战时期的戏剧》（第二十一章）（台湾）《新地文学》第 27 期。

死亡结尾，都是希腊悲剧的手法。”在对《日出》的分析中，马森批评了作者观念先行的写法：“作者尽力用《日出》中的人物和场面来图解他的观念，结果我们看到的并非是《日出》所呈现的生活中含有这种意蕴，而是作者强要我们根据他的先行观念去理解《日出》，其间的差别正是‘写实主义’与‘观念文学’之间的不同。”并指出剧本中“有违常识”的错误。马森对《原野》评价很高，认为《原野》是曹禺从现实主义走向现代主义的作品：“《原野》中的人物虽然不太像农民，但是他们却具有深刻的人的本质和个性，仍然可以引起观者极大的兴趣。”极力地肯定了曹禺创作的“前瞻性”。

除了以上提及的论文和著作之外，海外学者编撰的中国文学史中通常也会收录关于曹禺戏剧的内容，香港学者司马长风在 1978 年 11 月再版的《中国新文学史》（中卷）中论及 20 世纪 30 年代的中国戏剧，在整体“收获贫弱”的情况下，“曹禺在三十年代，彗星般的展现，使人们不得不再次承认，世间确有天才这回事”。司马长风重点评述了曹禺的成名作《雷雨》，指出这部剧在技巧上有很大的缺点，远不完美，“这一由连串巧合安排的悲剧，因过于巧合，而丧失了戏剧的趣味”。尽管如此，《雷雨》仍然是一部杰作，在 20 世纪 30 年代文学中的地位不可撼动：“第一、从《雷雨》开始，话剧在广大的社会中，才成为引人入胜的戏剧，它为话剧树立了里程碑。第二、它使得舶来的话剧，成为纯熟的本地风光的话剧，夸张一点说，为话剧建立民族风格。第三、在穿插紧凑、对话生动、剧中人个性的突出各点上，都超越他的前辈，迄今仍无后来者。”①

生活·读书·新知三联书店 2013 年 6 月出版的《剑桥中国文学史》由美国学者孙康宜、宇文所安主编，在这套文学史的下卷中，收录了台湾学者王德威关于曹禺的论述，这段 600 余字的论述主要面向西方文学爱好者介绍了曹禺的三部戏剧作品《雷雨》、《日出》和《原野》，尤其是《雷雨》对西方经典作品的借鉴和剧本的文学性。2016 年 7 月新星出版社引进和出版了由美国学者梅维恒主编的《哥伦比亚中国文学史》，下卷中有关曹禺的部分大约有 1800 字，主要介绍了《雷雨》与西方读者较为熟悉的《玩偶之家》在情节、人物设置上的异同，特别关注其中对于女性命运的

① 司马长风：《中国新文学史》（中卷），昭明出版社，1978。

刻画："二十世纪三十年代戏剧中，女性追求自由恋爱和自我独立的五四主题得到最生动表达的作品莫过于曹禺的《雷雨》（1933）。在许多戏剧史学者看来，这部分水岭作品标志着现代中国戏剧的成熟。"① 由于文学史体裁的特殊性，这些介绍通常比较简短，但是能够在卷帙浩繁的文学通史中占有一席之地，也从侧面有力地证明了曹禺剧作的经典性和影响力。

Research on Cao Yu from the Perspective of Multiculturalism

Tang Xiaojuan

Abstract: In the 1930s, Cao Yu became the most dazzling star in the history of modern Chinese play with his works such as *Thunderstorm*, *Sunrise* and *Wild Field*, which aroused widespread concern among drama researchers. Some European and American scholars in China keenly intervened in the performance criticism scene and contributed keen and pertinent media criticism and academic research results; after entering the 1980s, with Cao Yu's overseas visits and the external exchange and wide spread of his plays, the artistic charm of Cao Yu's plays has attracted more and more attention from overseas drama researchers, and has become a research object that they cannot ignore when they study modern Chinese play and compile the history of modern Chinese literature. The international academic seminars on Cao Yu's plays held successively during this period also attracted a large number of domestic and foreign scholars to participate in the seminar, and a large number of excellent research results with broad horizons emerged. At the same time, due to the differences in academic backgrounds, Cao Yu researchers in Hong Kong, Macao, Taiwan and Mainland China used more research methods of comparative literature in their research, contributing many unique insights. The Cao Yu study abroad and in Hong Kong, Macao and Taiwan provides a comparative perspective in a multicultural context. It has long been cross-referenced with the mainland Cao Yu study, and together form an indis-

① 〔美〕梅维恒主编《哥伦比亚中国文学史》，马小悟、张治、刘文楠译，新星出版社，2016。

pensable part of the Cao Yu study.

Keywords: Multiculturalism; Research on Cao Yu; Comparative Perspective

About the Author: Tang Xiaojuan (1978 –), Associate Professor at School of Chinese Language and Literature, Hubei University. Research interests and specialties: internet literature and comparative literature. Magnum opuses: *Research on New Types of Web Writing*, etc. Email: 47238676@ qq. com.

经典在民间

——曹禺剧作改编研究概述

余迎胜*

摘　要　曹禺话剧作品自问世以来，被改编为多种体裁样式，在中外舞台上被竞相搬演，成为中国戏剧史上不可多得的景象。从改编样式看，从电影到电视剧，从古典戏曲到歌剧舞剧，从中国传统到西洋方式，从舞台到银屏，几乎涵盖所有的艺术门类，促使曹禺话剧得到极为广泛的传播。在传播过程中，经典的魅力得以走向民间，民间的艺术也得以发展。

关键词　《雷雨》《日出》　曹禺剧作　戏剧改编

文学艺术史的经典定义从何而来，已难以考证，但无论是学术界还是民间，对经典一词的判断却几乎是一致的：经得起观众的挑剔，经得起学者的拷问，经得起舆论的冲刷，经得起时间的考验。从这四个指标来看，戏剧领域中的许多作家的作品，西方如莎士比亚、莫里哀、易卜生，中国如关汉卿、王实甫等作家的作品，都可算是满分。这四个指标中，看似不起眼的第一条，“经得起观众的挑剔”，个人以为是最难做到的。戏剧观众们，三教九流各色人等，兴趣爱好各不相同，诚所谓众口难调。因此，又有了“曲高和寡”这个高级词语，专门用来敷衍或解释观众不买账的尴尬。进而，又有了所谓“阳春白雪”与“下里巴人”的雅俗之分。

诚然，在许多艺术领域，的确有雅俗之分，但戏剧这种体裁，也要分个雅俗，就有些牵强了。从历史起源及其发展来看，戏剧从来就没有

* 余迎胜（1968～），文学硕士，湖北大学文学院副教授，主要研究方向为比较文学与世界文学。电子邮箱：yuysh555@163.com。

“雅”过，总是俗得不能再“俗”的门类。西方戏剧源头，学术界认定为古希腊的原始祭祀“酒神颂”，也就是每年春秋两季的庙堂活动，观看者各色人等，站在神庙门前围观，这样的场景谈不上雅；接下来的古罗马，悲剧退潮，喜剧大行其道，人们坐在大斗兽场，乱哄哄地对舞台表演评头论足，这样的场景只能是俗；中世纪，基督教会也搭建起“草台班子”四处下乡演出宗教剧，巴不得所有的乡夫村老都能一睹为快，以更快坚定他们的信仰；文艺复兴时期，欧洲到处都是剧场，大门对所有买得起门票的民众开放，不论是农民还是贵族；启蒙时代的伏尔泰、狄德罗、莱辛等戏剧家，大力鼓呼“剧场舞台是民众教育的重要场所”。凡此种种，都说明戏剧演出与观看，在古往今来的欧洲，都是一件再“俗”不过的事情。中国戏剧的发展演变就更不用多说了，自宋代勾栏瓦舍孕育出戏剧以来，戏剧始终是民间的一种娱乐方式。当初通俗而流行的作品，如《俄狄浦斯王》《孪生兄弟》《哈姆莱特》《玩偶之家》，如《窦娥冤》《牡丹亭》《西厢记》，在当代社会，哪个当不起一个“雅”字？这当然说明，“雅俗”本就是相对而论的，俗的也能随着时间的推移变为雅。从反面来看，如果一开始就确定了“雅”的目标，尽力按照“雅”的标准（这标准每个时代各不相同，但有一点是共同的：观众少）打造戏剧呢？如法国 17 世纪古典主义时期以悲剧为雅，高乃依精心编排的《熙德》，当时确实名噪一时，但时过境迁之后就烟消云散，只剩下剧本供后人凭吊；歌德几乎毕其一生创作的《浮士德》，也只能以诗剧之名传世，无法上演。即使这两位的作品“雅”到如此地步，也还是留下了“俗”的尾巴：前者取材于西班牙的英雄传说，后者取材于德国的民间故事，本来就具有广泛的受众基础。可见，戏剧，从来而且永远都是，也应该是一项贴近大众的艺术，追求“雅”的结果，只能是自断前程。对于戏剧而言，谁赢得了民众的喜爱，谁才是真正的经典。

曹禺的几部剧作，因其贴近民众、反映时代、刻画人性、寄托理想，赢得了观众长久的喜爱，获得了真正经典的地位。迄今为止，曹禺剧作在世界各地舞台上演出，活跃在英国、法国、俄罗斯、澳大利亚、美国、加拿大、日本、韩国、蒙古、越南等二十多个国家的舞台上，有力地推动了曹禺剧作在海外的出版、研究和传播，极大地提高了中国话剧在世界舞台上的声誉。曹禺剧作改编种类繁多，涉及电影、电视剧、歌剧、舞剧、音乐剧、京剧、沪剧、越剧、评剧、甬剧、秦腔、川剧、黄梅戏、花鼓戏、琼剧、唐剧、晋剧、眉户剧、楚剧、粤剧、滇剧、锡剧、评弹等多种艺术形式，多维度地呈现在中外舞台上。文化生活出版社 1936 年出版《雷雨》后不久，明星电影公司的黑白片《雷雨》就出现在大银幕上。紧接着，新华公司又将《日出》改编为电影。从此，曹禺剧作不断地被改编为各种艺术体裁，拉开了经典在民间的序幕。

一　改编形式多样化

从曹禺话剧改编体裁看，总体分为三大类：一是地方戏曲，二是歌剧舞剧，三是影视剧。

1. 地方戏曲

地方戏曲改编方面，引领者是沪剧。作为上海本土剧种，沪剧得地利之便，做出了敢为人先的创举。1938 年，申曲前辈艺人施春轩以幕表戏的形式演出《雷雨》，这是最早的《雷雨》沪剧版本，开了戏曲舞台搬演曹禺剧作之先河。

1939 年 7 月 22 日，越剧《雷雨》在上海大中华剧场首演。这是越剧舞台第一次上演中国现代文学名著，也是越剧演出的第一出西装旗袍戏，因而颇引起当时戏剧界人士的关注。据《新闻报》1939 年 7 月刊登的广告，该剧从 22 日起至 28 日止，连续 7 天夜场演出。《越讴》杂志第 1 卷第 2 期发表《创见与奇迹》一文特予以介绍："银杏并蒂，双花主演之《雷雨》均系时装打扮，屠杏花且御西装，开越剧之纪录，创未有之奇迹，观过者咸云创见，而剧本系申曲翻版者，雷雨幻景尚可一观。"该剧成为女子越剧改良时期较有影响的时装戏代表剧目。

1982 年，《日出》首现沪剧舞台，上海沪剧院一团在大众剧场公演 6 场根据曹禺话剧改编的同名沪剧《日出》。在忠实原作的基础上，沪剧《日出》有意识地加重了表现被压迫者悲惨命运戏的分量。当时这部"西装旗袍戏"的出现，被丁是娥描述成"沪剧从此又上了一个台阶"。1983 年，丁是娥陪同曹禺、李玉茹夫妇在上海的中国大戏院观看了该剧，当时曹禺对于沪剧院如此严肃、认真地改编上演自己的作品比较满意，对演员的表演表示欣赏。他认为，这台反映旧时代社会的戏，对于当今的青年是有教益的。他还认为台词的沪剧化做得很好，并表示上海人喜欢听沪剧的唱腔，这些唱词能增添抒情色彩。2009 年，该剧由上海沪剧院重新排演，成为保留剧目。

最早演出评剧《雷雨》的是朱宝霞班社，演出时阵容完备、行当齐全。由于该剧内涵丰富，剧情复杂，人物性格生动鲜明，尤以“审女”和“寻死”两场戏最为精彩，所以演出非常成功，成为此后各班社竞相演出的剧目。

1990 年，曹禺的故乡——湖北潜江市的花鼓戏剧团，将《原野》改编为花鼓戏《原野情仇》。1995 年获湖北省戏剧新作展演金奖。1997 年获“曹禺戏剧文学奖”和湖北省“五个一工程”奖。

1997 年，《原野》被重庆市川剧院改编为川剧《原野》。编剧隆学义，导演熊正堃。1998 年，川剧《原野》开始了第二稿的修改和打磨，并更名为《金子》。胡明克担任导演，编剧隆学义，艺术指导郦子柏。主创在构思川剧剧本时，将原著中的次要人物金子作为主要人物，而把原著中的主要人物仇虎摆在了次要的位置。以金子的命运历程和情感波折为线索，以此削弱复仇的主线。川剧《金子》于 1999 年曹禺去世 3 周年时上演。自首演以来，川剧《金子》拿下了文化部大奖、“五个一工程”奖、中国戏剧节优秀剧目奖、中国艺术节奖、中国戏曲学会奖等 35 项国家级大奖以及个人奖项 70 多项，成为中国戏曲现代戏新的里程碑式的作品。

2000 年夏天，广州粤剧二团演出了改编自《原野》的粤剧《野金菊》，剧本刊于 2001 年第 2 期的《南国红豆》。该剧的改编很有特色：首先，该剧将金子作为主要人物，并改名为“金菊”，剧本突出塑造了一个像“野金菊”一样的充满野性、风情万种、敢爱敢恨但又不乏善良和同情心的复杂的女性形象；而原著中主要人物仇虎成为次要人物，他的复仇也成为表现金菊性格和主题的陪衬。深圳市粤剧团紧随其后，首次改编粤剧《雷雨》，聘请了中国国家话剧院著名导演张奇虹、青年编剧邓艳燕执笔，著名戏曲导演黄天博执导。此后，深圳市粤剧团还创排了新版现代粤剧《雷雨》。

2005 年，陕西省京剧团改编京剧《雷雨》，由中国剧协主席尚长荣先生出任艺术指导，雷志华担任编剧，谢平安、张文利联袂执导。2007 年元月 1 ~ 2 日在西安新城剧场公演。

2005年，安徽省黄梅戏剧院改编自《雷雨》的大型同名黄梅戏舞台剧上演。编剧隆学义，导演王向明，蒋建国饰演周萍。作为日本“静冈国际艺术节”参演剧目中唯一一部中国戏剧，首次将这一经典剧作通过中国传统戏曲这种独特的艺术样式呈现在日本观众面前。2009年，该剧入选2007～2008年度国家舞台艺术精品工程“重点资助剧目”。

2007年，台湾台北新剧团的新编大型京剧《原野》由辜公亮文教基金会出品，艺术顾问田本相，编剧李宝春，总导演谢晋，于2007年10月6日在保利剧院上演。

2007年11月，由山西省晋剧院根据曹禺名著《原野》移植改编，适当借鉴川剧《金子》的成功经验并反复加工磨砺而成的晋剧《金子》献演沪上。在此之前，该剧已在太原等地演出，跌宕起伏的故事情节、扣人心弦的情感碰撞、大开大阖的艺术处理打动了大批观众。尤其是主角“金子”的扮演者陈红，以娴熟优美的表演技艺、细腻入微的性格刻画、新颖脱俗的唱作风格，令这出“山西版”《金子》展现出独特而悠长的魅力。

2009年6月，中篇弹词《雷雨》正式首演于第四届中国苏州评弹艺术节并一举夺得“苏州弹词优秀节目奖”。与以往话剧、电影、歌剧等其他艺术形式诠释《雷雨》不同，弹词《雷雨》以蘩漪与周萍的情感冲突为主线，通过《山雨欲来》、《夜雨情深》和《骤雨惊雷》3个回目对原作进行了全新演绎。弹词版《雷雨》是在朱栋霖、方同德等著名曹禺研究专家指导下，由苏州评弹团专门创作团队集体合作完成，盛小云担任总策划，孙惕担任总监制，盛小云、胡磊蕾负责剧本改编，并由盛小云、徐惠新等著名苏州评弹艺术家进行弹唱表演的。演出结束后，观众反响热烈，《文艺报》、《中国文化报》、《新华日报》以及新浪网等媒体进行了广泛报道，认为这是“经典改编的一次成功尝试”。戏剧影视学家黄会林观后评价：“编导和表演都很到位，出乎意料的棒！使经典又一次鲜活起来。”戏剧理论家童道明评价该剧：“阐释精准，学术性强。”

2012年9月，山西省临汾眉户剧团把话剧经典《雷雨》搬上了地方戏曲舞台，成功之处主要表现在舞台演出的舞美设计上。

2016年，重庆市三峡川剧团上演《白露为霜》，由隆学义担任编剧，改编自曹禺名剧《日出》。

2. 歌剧舞剧

歌剧舞剧改编方面，作品较少，但几乎每一次改编都能引起艺术界、观众界的观剧热潮与好评，说明在这个相当西洋化的艺术领域，创作者们对于改编曹禺话剧的各个方面都很慎重，力求打造出精品。

1987 年 7 月 25 日，中国歌舞剧院在北京天桥剧场首演歌剧《原野》，该剧由万方改编，金湘作曲，首演导演为李稻川。万山红饰演金子，孙禹饰演仇虎，张晓玲饰演焦母。这次改编在人物形象上和主题上没有太多变化，基本与原著相同，改动最大的是为了适应歌剧自身的特点，强化了“唱”，以此来抒发情感。这样也将原著中“诗”和“情感”的特点表现得比较充分。金湘作曲的《原野》歌剧版本，更是一度让这部巨著成为我国歌剧历史上第一部走出国门、站上国际舞台的民族歌剧。该剧在国内首演成功以后，1988 年 8 月在美国康涅狄格州以“舞台阅读”的形式首演于国际舞台。1989 年获得慕尼黑第三届国际音乐戏曲研究会“特别荣誉证书奖”，成为我国歌剧创作历史上的又一里程碑。1993 年被推选为“20 世纪华人音乐经典”。2000 年获得国家文化部的“文华大奖”。

2003 年 1 月 3 ~4 日，音乐剧《日出》在北京保利剧院首演。出品人陈佩斯，导演吴贻弓，作曲金复载、董为杰，廖昌永饰演方达生，潘莉饰演陈白露，陈佩斯饰演王福生，刘铮、王璐丹等参与演出。

2006 年，作为“第八届中国艺术节”参演剧目和“第十二届文华奖”参评剧目的歌剧《雷雨》，是上海歌剧院根据曹禺同名话剧原作改编而成的两幕歌剧，艺术顾问周小燕，编剧兼作曲莫凡，导演查明哲，舞台美术设计罗江涛。歌剧版《雷雨》是在 2001 年音乐会版的基础上打造的，首演于 2006 年“上海之春”国际音乐节。歌剧《雷雨》的创作班底都是重量级人物：中国广播艺术团作曲家莫凡、国家话剧院导演查明哲、指挥张国勇、旅美女高音歌唱家高曼华、上海歌剧院男高音歌唱家魏松、舞美设计师罗江涛。高曼华担纲该剧主角蘩漪，魏松饰演周萍，张建鲁饰演周朴园，董明霞饰演四凤，朱秋玲饰演鲁妈侍萍，迟立明饰演周冲。该剧入围 2006 ~2007 年度国家舞台艺术精品工程 30 台候选剧目。在第八届中国艺术节上，歌剧《雷雨》获得了优秀“剧目奖”。

2007 年，天津歌剧团成功排演了高难度的新版歌剧《原野》，导演李稻川，声乐指导李晋玮，指挥高伟春，李瑛、王虎鸣、石广羽、康凯、薛跃林、张凯等主演。《原野》先后在津进行了 4 轮演出，受到观众的热烈欢迎和专家的充分肯定，尤其是《原野》的曲作者金湘非常欣赏天津歌剧团演出的《原野》。2008 年 5 月 9 日，该剧在北京大学百周年纪念讲堂上演，这是天津歌剧团恢复建制以来首次进京演出，受到音乐界人士和观众的关注。

2017 年 7 月 18～19 日，由北京艺枫澜舞蹈剧场出品，吴蓓编导，黄路霏、曾明、刘芳主演的舞剧《北京人》在北京保利剧院上演。该剧由剧作家、曹禺之女万方担任文学顾问，知名舞蹈编导吴蓓担任总导演和编舞，舞美设计周立新、作曲谢鑫、服装设计阿宽、灯光设计胡耀辉、造型设计贾雷等加盟。

3. 影视剧

影视剧包括电影和电视连续剧，这是在曹禺话剧改编历史上始终不停歇的改编方向。影视剧相较于地方戏曲、歌剧舞剧等，有着得天独厚的优势，那就是可以打破时效性、地域性、阶层性的受众限制，便于观赏，且具有比地方戏曲更为宽广的传播路径。

早在 1936 年，明星电影公司的黑白片《雷雨》就出现在大银幕上。

20 世纪五六十年代，《雷雨》《日出》被香港左翼电影人士改编成电影，其中，《雷雨》被改编了两次。在新时期刚刚开始的 1981 年，《原野》被改编成了电影。随后，《雷雨》《日出》《北京人》也都相继被改编成电影。其中《原野》由于大胆地表现了赤裸裸的人性，在当时显得十分“另类”，还未公映就引起了争议，8 年后才得以上映。影片《雷雨》基本上是话剧的银幕照搬，与话剧原作缺乏区分度，距离人们的预期较远，受到的批评最多。由曹禺亲自改编的、拍摄于 1985 年的《日出》既受到了主流话语的认同，又为观众所欢迎，最为成功。《北京人》最后一个被改编成电影，制片人黎静，编剧兼导演秦志钰。吕丽萍饰演思懿，程前饰演文清，黎静饰演愫方。

1997 年，导演李少红将话剧《雷雨》改编为 20 集同名电视连续剧，以其强大明星阵容和讲究的视听处理，获得巨大商业成功，同时也引起学术界的争议。

2002 年，第四代著名导演谢飞将《日出》改编成 23 集电视连续剧，由深圳市委宣传部文艺创作中心、中国国家话剧院影视中心、深圳万科影视有限公司联合打造。曹禺的女儿和女婿——著名作家万方和程式鉴历经5年时间改编完成，谢飞执导，徐帆饰演陈白露，斯琴高娃、许还山、朱琳等都在其中担任了角色，可谓明星众多。《日出》一剧中的音乐由著名音乐家王宪作曲，片头和片尾歌曲分别由台湾著名歌手蔡琴和罗时丰演唱。

二 改编阵容高规格

在曹禺话剧改编的阵容上，体现出高规格、高要求、出新品、出精品的特点，改编形式多种多样，但绝大部分改编都体现出共同的倾向。

一是编导人才济济。很多演出团体除了派出重量级编剧家、导演家，有的演出团体还邀请或登门请教剧作者曹禺本人，反复征求意见，不断打磨修改。

改编者对待原作的态度严肃谨慎，往往数易其稿，精益求精。其中，不乏戏剧界的前辈、新秀，理论界的“掌门”、权威，执导界的名人、“大腕”，他们同心协作，不计回报地为经典改编殚精竭虑。例如老一代编剧家关凤奎为朱宝霞班社的评剧《雷雨》编写剧本、胡知非编剧的越剧《雷雨》（1939年版）；戏曲大师尚长荣出任陕西省京剧团改编京剧《雷雨》（2005年版）的艺术指导；盛小云改编剧本，朱栋霖、方同德指导的苏州市评弹团弹词版《雷雨》（2009年版）；隆学义为重庆市三峡川剧团演出《白露为霜》（2016年版）改编剧本；万方编剧的歌剧《原野》，金湘作曲，首演导演李稻川；陈佩斯出品、吴贻弓导演的音乐剧《日出》（2003年版）；万方担任文学顾问、知名舞蹈编导吴蓓担任总导演和编舞的舞剧《北京人》（2017年版）；余笑予担任艺术顾问、胡应明编剧的湖北潜江市花鼓戏剧团《原野情仇》（1990年版）；何俊、姚声黄改编，周中庸执导的上海沪剧院一团的沪剧《日出》（1982年版）；周小燕担任艺术顾问、莫凡编剧兼作曲、查明哲导演的歌剧《雷雨》（2006年版）；林宝春改编、李稻川导演的天津歌剧团《原野》（2007年版）；谢晋担任总导演的台北新剧团《原野》（2007年版）；曹禺和万方共同改编的电影《日出》（1985年版）。

二是剧本精益求精。许多院团在改编剧本的审定上慎之又慎，反复修改打磨，既要追求与曹禺话剧剧本的契合，又要发挥改编剧种的特色优势。

例如，1997年重庆市川剧院根据曹禺《原野》改编的川剧《原野》邀请了隆学义改编剧本。演出之后，根据戏剧界的评论以及观众的反馈，剧院进行了川剧《原野》第二稿的修改和打磨，并更名为《金子》。导演胡明克，编剧隆学义，艺术指导郦子柏。这次修改进一步压缩了剧情，将主要场面留给两个主要人物金子和仇虎，使得戏剧冲突更为集中尖锐，取得了极好的演出效果，川剧《金子》由此成为地方戏曲改编曹禺话剧的佼佼者和经典之作。

再如，2006年版莫凡作曲的歌剧《雷雨》，是在2001年音乐会版的基础上打造的，五年间六易其稿，可谓呕心沥血。该剧在第八届中国艺术节上获得了优秀剧目奖，并且登上国际歌剧舞台，获得了西方歌剧界的广泛赞誉。

三是阵容整齐高端。进行曹禺话剧改编工作的演出团体，绝大部分是力量雄厚、规格高端的著名院团。在地方戏曲改编方面，有上海沪剧院一团、湖北潜江市花鼓戏剧团、重庆市川剧院、重庆市三峡川剧团、广州粤剧二团、深圳市粤剧团、陕西省京剧团、安徽省黄梅戏剧院、台湾台北新剧团、山西省晋剧院、苏州市评弹团、山西省临汾眉户剧团等。在歌剧舞剧改编方面，有中国歌舞剧院、上海歌剧院、天津歌剧团、北京艺枫澜舞蹈剧场等。在影视剧改编方面，有明星电影公司、新华公司、上海电影制片厂、中国国家话剧院影视中心等。

为保证实际演出效果，在演职人员的挑选上，各演出团体也是不遗余力，配备的都是当家生旦、舞台顶梁，演员、辅助人员和技术设施都是优中选优，力争打造精品。例如，出演沪剧《雷雨》的丁是娥、张莉莉，出演电影《雷雨》的孙道临，出演电视剧《雷雨》的鲍方、赵文涛、王姬，出演川剧《金子》的沈铁梅，出演歌剧《雷雨》的高曼华、魏松，出演音乐剧《日出》的陈佩斯，都是事业如日中天的明星大腕。

技术手段运用上，各剧种也是竞显风流，精彩纷呈。如越剧《雷雨》于1939年在上海大中华剧场首演，表演突破传统程式，施银花（饰演蘩漪）身着旗袍，风情万种。舞台上用了灯光、布景、音响甚至幻景，使人耳目一新。

本着谨慎认真的态度，这些不同的改编者在处理话剧原作时，充分发挥了本剧种或演出形式的特色，形成了百花争艳的局面，呈现在大大小小的舞台上。同时，这种严谨的态度，也深刻影响了改编思路和改编效果。

三 改编思路多元化

在改编曹禺剧作的思路上，各种艺术体裁充分发挥了自己的优势和特长，如同“八仙过海，各显神通”。改编思路大体分为四类。

一是全盘照收。基本沿用话剧原作剧情和人物，只是根据剧种唱腔和音乐的不同加以调整。例如1938年申曲艺人施春轩演出的《雷雨》、朱宝霞班社演出的评剧《雷雨》、电视剧《日出》等。

这一类改编，主要集中在话剧原作《雷雨》《日出》上。这两部话剧，情节严谨紧凑，出场人物较少，矛盾冲突集中尖锐，适合于剧情上的照搬，要突出的是地方剧种的特色，在满足地域性观众的审美需求的同时，这些地方剧种本身也拓展了内容，获得了发展，更新了活力，甚至有不少种类的地方戏曲，因为排演曹禺的剧作而重现活力。

二是择其片段敷衍剧情。例如2006年张艺谋执导的由《雷雨》演绎而成的《满城尽带黄金甲》。这一类改编，看中的是话剧原作中的特定人物关系，对其改头换面敷衍成新的故事。

三是缩减角色突出主干而成剧。这一类改编，主要是针对话剧原作《原野》，其中佼佼者是川剧《金子》。该剧把故事大大削减，减少出场人物，将戏剧焦点放在话剧原作的次要人物金子身上，取得了极好的艺术表演效果。

四是加以情节和人物的增减而形成新的故事。这种改编思路，主要体现在影视剧尤其是电视剧上。电视连续剧需要比较庞大的人物关系和剧情枝节，而这两点是讲究紧凑凝练的话剧所极力回避的。影视剧改编，需要在时间、空间、人物、故事上充分延伸，但同时又不能过于分散。因此，能否恰当把握延伸的分寸就成了改编成功与否的关键之一。

例如1997年导演李少红将话剧《雷雨》改编为20集同名电视连续剧，延伸得有些过头，甚至超出了曹禺话剧原先设定的悲剧性基调，因此从播出效果上看，只能说是毁誉参半，学术界甚至基本否定了这次改编。

其争论的焦点集中于“不忠实”于原著的大胆改编是否合理和适度。这次的改编在学术界引起的风波很大，凸显出电视剧改编经典作品应如何适度的问题。与此相比较，电视连续剧《日出》的改编则基本忠实于话剧原作，同时根据电视传播的特点，利用声光技术进行了一定的丰富和扩充，因此在学术界和观众界都获得了好评。电视剧在情节结构上、人物命运上同电影相比并没有大的变动，只是在表现上比电影更加细腻、丰富。同电视剧《雷雨》相比，电视剧《日出》没有进行那种后现代的重新演绎，没有改变人物性格和命运。它在忠实于原著的基础上，进行了一定的扩充、丰富，塑造了陈白露、潘月亭、顾八奶奶、李石清、翠喜、金八爷等一个个与话剧设定基本等同的人物形象。该剧走商业化操作的路子，但其内容和形式却得到了学术界、理论界的基本肯定，在商业上也获得了成功，成为 21 世纪中国现代文学作品影视转换的成功之作。

第二个关键在于，人物性质的改变要慎之又慎，否则也可能使精心斟酌的改编走向失败。人物性质看似只涉及个别人物，但其实具有牵一发而动全身的微妙关系，因为人物性质的设定是话剧原作精心安排的，关系到其他人物性质，关系到戏剧冲突性质，绝不可轻易改动。事实上，成功的改编作品，尽管在时间、空间、故事甚至结局上都可以动手脚，但极少有在人物性质上做大改变而能够成功的先例，这其实也是由“改编”而非原创的写作特点所决定的。因此，虽然影视剧改编颇多，但不能不承认，影视剧改编相对于其他形式的改编，成功者最少。

从曹禺话剧八十多年改编历程来看，各演出团体非常重视、积极参与，说明曹禺话剧剧本确实有着不同寻常的特点，值得一再地改编搬演，并且常演常新。这确实也值得我们深思，在曹禺剧作中，究竟蕴藏着何种魅力？包含着何种优点？深思之下，不难看出，一部优秀的剧作，应该具有以下特征：一是要有完整连贯、凝练紧凑的剧情设置，二是要有紧张动人的矛盾冲突，三是要有性格鲜明、符合时代的人物设计，四是要有深刻隽永、丰富多样的语言蕴藉，五是要有言简意赅、回味深长的想象空间。可以说，不断被翻演、被改编的曹禺代表性剧作，尤其是《雷雨》《日出》《原野》《北京人》等，无愧于民族杰作、时代精华的美誉。

Classics in the Folk—Talking about the Adaptation of Cao Yu's Plays

Yu Yingsheng

Abstract: Since the advent of Cao Yu's plays, they have been adapted into a variety of genres and played on both Chinese and foreign stages. This has become a rare sight in the history of Chinese play. From the perspective of the adaptation style, from movies to TV series, from classical Chinese operas to operas and dances, from traditional Chinese to western styles, from stages to silver screens, it has covered almost all art categories, prompting Cao Yu's plays to be widely spread. In the process of dissemination, the charm of classics can be moved to folk, and folk art can be developed.

Keywords: *Thunderstorm*; *Sunrise*; Cao Yu's Plays; Adaption of Plays

About the Author: Yu Yingsheng (1968 –), Associate Professor at School of Chinese Language and Literature, Hu Bei University. Research interests and specialties: comparative literature and world literature. Email: yuysh555@163.com.

中国诗学

柳永词用调数量和成就的统计分析

刘尊明*

摘　要　柳永存词共213首，凡用142调。沿用唐五代及宋初已有旧词调仅18调，首见和创始于柳永的新调共124调；小令为22调，中调有40调，长调占80调。定量分析显示，柳永用调创调的总体成就主要体现在以下四个方面。用调总数名列两宋词人首位，与吴文英并列第一；用调体现出继承与创新兼备而以创新为主的成就与特色；用调也体现了体式丰富多样而以长调慢词为主体的鲜明特色；创作也显现出更注重创调用调的意识与实践。

关键词　柳永　用调　定量分析

基金项目　国家社科基金项目“以词调为中心的唐宋词体与词史研究”（项目编号：12BZW035）

柳永是两宋词坛的大家之一，以擅长创用词调和大力创作慢词长调而著称。然而，回顾20世纪以来海内外学术界对柳永词的研究，虽然取得了丰硕的成果，对柳永所用词牌及其慢词创作也多有涉及，但是还缺少以柳永词的用调创调为视角的系统而深入的专题研究。

要对柳永词的用调特征和成就及其地位和影响进行全面深入的考察与探讨，我们首先必须要对柳永词用调的基本面貌和详细数据进行全面考察与准确统计。过去对柳永词牌和慢词的研究，或做概括描述，或做比较分析，往往缺少数据统计和定量分析，或虽有统计而不够全面准确，这些都

---

* 刘尊明（1961～），博士，深圳大学人文学院教授。主要研究方向为词学与唐宋文学。著有《唐五代词的文化观照》《唐宋词综论》《宋词与宋代文化》《唐宋词的定量分析》《唐宋文学论稿》等。电子邮箱：zunzhe61@ sina. com。

妨碍了柳永词用调研究的系统性和准确性。有鉴于此，本文拟对柳永全部词作及其所用词调的各种数据进行检索、统计和考订，并在此基础上进行定量分析，既借以展现柳永词用调的主要成就，也为进一步进行柳永词用调的定性分析提供基础和启示。

一 柳永词用调数量的检索统计

柳永有词的专集《乐章集》传世，大致在柳永去世后的北宋中后期即得以编集传世，南宋著名藏书家陈振孙所著《直斋书录解题》于“歌词类”中即著录《乐章集》九卷，为长沙刘氏书坊所刻《百家词》本。[①] 明代以来，《乐章集》有多种版本得到传存。直至晚清民国时期，朱祖谋以清毛扆校正、劳权传抄的三卷加续添曲子一卷本为底本，共计206首，并参校其他各本，刻入《彊村丛书》[②]，成为20世纪以来柳词的通行之本。《全宋词》即据《彊村丛书》本收录柳永词，另外补辑7首（含失调名残句1首），共计213首。[③]《乐章集》所收词作皆按宫调编排，只有《全宋词》补辑7首宫调不详。

柳永既有词集流传，保存的作品也相对完整，这为柳词用调研究提供了有利的文献基础。然而历代词话词论往往只是笼统地论及柳词用调及其慢词创作，大多忽略数据统计，而20世纪以来的词学研究虽有对柳词用调的数量统计，却又分歧悬殊，且疏于定量分析。[④] 造成这种研究现状的原因，既与传统的学术理念和研究方法有关，也与柳词创作多有同调异体与同名异调的复杂性有关。因此，我们有必要首先对柳词用调进行数量统计与定量分析。

下面，我们即以《全宋词》为依据，并参考今人《乐章集》校注本及相关研究成果，主要从柳永词调所属宫调、各调词作的数量和体式、用调的类型三个大的方面，对柳永全部词作的用调情况和各种数据进行全面细

---

① 陈振孙：《直斋书录解题》卷二十一，上海古籍出版社，2006，第616、629页。

② 朱孝臧辑校《彊村丛书》，上海书店、江苏广陵古籍刻印社，1989。

③ 唐圭璋编《全宋词》，中华书局，1986。

④ 20世纪以来各种论著对柳永词用调的数量统计，主要有127调、133调、150调、155调、148调等多种，参见田玉琪《词调史研究》第五章第一节，人民出版社，2012，第233～234页。

致的检索、考订和统计，兹列表如下。

表 1 柳永词用调一览表

依《全宋词》著录顺序，按宫调排列

序号	调名	宫调	首数	字数	体式	首见	仅见	已见	备注
001	黄莺儿	正宫	1	96	C	●			词咏莺，赋本意，盖创调。宋词共 5 首
002	玉女摇仙佩	正宫	1	139	C	●			赋佳人，合本意，盖创调。宋词共 5 首
003	雪梅香	正宫	1	94	C			◎	首见《梅苑》无名氏 2 首。宋词共 3 首
004	尾犯 1[①]	正宫	1	94	C	●			赋羁旅相思，犯调曲。宋词共 7 首
005	早梅芳（慢）[②]	正宫	1	105	C		★		写都市，颂功业，非本意，慢词，孤调
006	斗百花（近拍）	正宫	3	81	B	●			非赋本意，为“近拍”曲。宋词共 7 首
007	甘草子	正宫	2	47	A			◎	首见寇准词。宋词共 4 首
008	送征衣 2	中吕宫	1	121	C		★		颂圣祝寿，与敦煌词异，盖另翻新声
009	昼夜乐	中吕宫	2	98	C	●			赋闺情与艳情，盖创调。宋词共 4 首
010	柳腰轻	中吕宫	1	82	B		★		咏妓舞容，盖创调
011	西江月	中吕宫 不详	1 1	50	A			◎	唐教坊曲名，唐词 5 首，宋词 498 首。柳词辑佚 1 首，宫调不详
012	倾杯乐 1[③]（禁漏花深）	仙吕宫	1	106	C	●			唐教坊曲名，敦煌词 2 首。柳词赋元宵皇都风情，盖新声，另有扬无咎等 4 首
013	笛家弄（慢）	仙吕宫	1	125	C	●			赋清明，忆旧游，盖闻笛而作，或为创调，一作《笛家弄慢》。宋词共 3 首
014	倾杯乐 2（皓月初圆）	大石调	1	116	C		★		赋恋情相思，非本意。与仙吕宫异，另首大石调词体式声情不同，为异调
015	迎新春	大石调	1	105	C		★		赋元宵，颂太平，盖创调
016	曲玉管	大石调	1	105	C		★		唐教坊曲名，无唐词。柳词盖另翻新声

续表

序号	调名	宫调	首数	字数	体式	首见	仅见	已见	备注
017	满朝欢	大石调	1	101	C	●			赋游乐，盖变调。另仅见无名氏1首
018	梦还京	大石调	1	79	B		★		写别恨，忆旧情，合本意，盖创调
019	凤衔杯	大石调	2	63	B	●			赋恋情，非本意。宋词共7首
020	鹤冲天	大石调 黄钟宫	2	84 86	B	●			唐词《喜迁莺》别名《鹤冲天》。柳词盖另翻新声，同调异体。宋词共4首
021	受恩深	大石调	1	86	B		★		咏菊，非本意，一名《爱恩深》
022	看花回	大石调	2	67 68	B		★		一咏人生，一赋游乐，合本意，盖创调。另有欧阳修等长调慢词
023	柳初新（慢）	大石调	1	81	B	●			写新春，贺及第，盖创调。宋词共4首
024	两同心	大石调	2	68	B	●			赋欢爱与相思，盖创调。宋词共12首
025	女冠子1（慢）	大石调	1	112	C		★		唐教坊曲名，唐词为小令。柳词长调，盖另翻新声，一名《女冠子慢》④
026	木兰花 玉楼春 木兰花令	林钟商 大石调 仙吕调	7 5 1	56	A			◎	《木兰花》为唐教坊曲名，《玉楼春》见《花间集》，分属二调。至宋多混同一调。柳词共13首，实同为《木兰花》
027	金蕉叶1	大石调	1	62	B	●			赋宴乐，盖创调。宋词共3首，另有袁去华等小令5首为异调
028	惜春郎	大石调	1	49	A		★		咏歌妓，赋恋情，合本意，盖创调
029	传花枝	大石调	1	101	C		★		咏平生才情，合本意，盖创调
030	雨霖铃（慢）	双调 （夹钟商）	1	102	C	●			唐教坊曲名，无唐词。柳词盖另翻新声。一名《雨霖铃慢》
031	定风波慢1	双调	1	105	C		★		唐教坊曲名，唐词59至62字，属令词。柳永盖另翻新声，一名《定风波慢》⑤

续表

序号	调名	宫调	首数	字数	体式	首见	仅见	已见	备注
032	尉迟杯（慢）	双调	1	105	C	●			非赋本意，盖倚新声。宋词共9首，万俟咏名《尉迟杯慢》
033	慢卷绸	双调	1	111	C	●			赋相思，合本意，盖创调。另见李甲词
034	征部乐	双调	1	105	C		★		赋恋情，非本意，盖倚声
035	佳人醉	双调	1	71	B	●			赋思念佳人，盖创调。另仅见刘弇1首
036	迷仙引1	双调	1	83	B		★		咏妓情，盖创调。另有关咏长调词
037	御街行	双调	2	76	B	●			赋郊祀，祝圣寿，盖创调。宋词共33首
038	归朝欢	双调	1	104	C	●			赋羁旅思归，盖创调。宋词共16首
039	采莲令	双调	1	91	C	●			盖用宋采莲大曲摘遍。宋词共3首
040	秋夜月	双调	1	82	B			◎	五代尹鹗创调。宋词仅见柳词
041	巫山一段云	双调	5	46	A			◎	唐教坊曲名，唐词8首。柳词为同调
042	婆罗门令	双调	1	86	B		★		唐教坊曲有《望月婆罗门》，敦煌词4首，为小令。柳词盖用宋婆罗门舞队曲
043	法曲献仙音 法曲第二	小石调	1 1	91 87	C	●			盖用宋法曲调，宫调声情皆同，为同调异体。宋词共20首，周邦彦等作为同调
044	西平乐1（慢）	小石调	1	101	C	●			赋暮春风物，追忆旧欢，盖倚新声。晁补之、朱雍各1首为同调[⑥]
045	凤栖梧	小石调	3	60	B			◎	唐词17首，多名《鹊踏枝》。宋词共508首，以《蝶恋花》为正名
046	秋蕊香引	小石调	1	60	B		★		盖源于大曲，赋悼亡。另有小令及慢词
047	一寸金	小石调	1	108	C	●			颂扬勉励，盖创调。宋词共8首

续表

序号	调名	宫调	首数	字数	体式	首见	仅见	已见	备注
048	永遇乐（慢）	歇指调	2	104	C	●			一祝寿颂圣，一投赠颂政，盖创调。宋词共 76 首，一名《永遇乐慢》
049	卜算子慢	歇指调	1	89	B			◎	首见唐钟辐。柳词属同调，宋词共 3 首
050	鹊桥仙（慢）	歇指调	1	87	B		★		盖另翻新声，《词谱》注为慢词
051	浪淘沙（慢）	歇指调	1	135	C	●			盖另创新声，宋词共 7 首，一名“慢”
052	夏云峰（慢）	歇指调	1	91	C	●			赋夏日宴饮，盖创调。尝传高丽，名《夏云峰慢》。宋词共 7 首
053	浪淘沙令	歇指调	1	52	A			◎	唐教坊曲名，唐词 54 字。宋词共 187 首
054	荔枝香	歇指调	1	76	B	●			唐玄宗梨园法部新曲，无唐词。柳词或另倚新声。宋词共 13 首，多名“近”
055	倾杯乐 3	林钟商	2	108 110	C		★		一赋羁旅，一赋离别，盖倚新声，与仙吕、大石等调为同名异调⑦
056	破阵乐	林钟商	1	133	C	●			盖另倚新声，另仅见张先 1 首
057	双声子	林钟商	1	103	C		★		怀古咏史，用双声叠韵，盖创调
058	阳台路	林钟商	1	97	C		★		赋羁旅、忆前欢，合本意，盖创调
059	内家娇	林钟商	1	105	C			◎	唐敦煌词 2 首，注林钟商，106 字等。柳词为同调，改叶仄韵。宋词共 3 首
060	二郎神（慢）	林钟商	1	104	C	●			唐教坊曲名，无唐词。柳词赋七夕，盖另创新声。宋词共 17 首，或名“慢”
061	醉蓬莱（慢）	林钟商	1	97	C	●			宋教坊新声，柳永应制填词，颂圣祝寿，曾传高丽，调名注“慢”。宋词共 106 首
062	宣清	林钟商	1	115	C		★		调名意不详。词赋羁旅忆旧

续表

序号	调名	宫调	首数	字数	体式	首见	仅见	已见	备注
063	锦堂春（慢）	林钟商	1	100	C	●			赋恋情，盖创调。宋词共10首，或名“慢”
064	定风波慢2	林钟商	1	99	C	●			盖倚新声。无名氏1首名《定风波慢》
065	诉衷情近	林钟商	2	75	B	●			唐教坊曲有《诉衷情》，唐词皆小令。柳词盖另翻新声。另仅见晁补之1首
066	留客住	林钟商	1	97	C	●			唐教坊曲名，无唐词。柳词赋羁旅，盖另翻新声。另仅见周邦彦词1首
067	迎春乐	林钟商	1	53	A			◎	首见《高丽史·乐志》。宋词共21首
068	隔帘听	林钟商	1	74	B		★		唐教坊曲名，无唐词。柳词或另翻新声
069	凤归云1	林钟商	1	119	C		★		唐教坊曲名，敦煌词4首，78、81字等。柳词盖另翻新声；柳永另首为异调
070	抛球乐3	林钟商	1	188	C		★		唐教坊曲名，唐词小令。柳词盖倚新声
071	集贤宾	林钟商	1	117	C			◎	首见五代毛文锡《接贤宾》，59字。柳永于令词加一叠，字句略异，仍属同调
072	殢人娇	林钟商	1	67	B	●			赋离别相思，盖创调。宋词共22首
073	思归乐	林钟商	1	56	A		★		古乐府有此名。柳词盖另翻新声
074	应天长（慢）	林钟商	1	93	C	●			唐词为小令。柳永盖另翻新声。宋词共22首，《词谱》注“慢词始于柳永”
075	合欢带	林钟商	1	105	C	●			词咏妓，盖创调。宋词共3首
076	少年游	林钟商	10	50 51	A	●			多赋羁旅相思，合本意，盖创调。宋词共81首，另有张先《少年游慢》
077	长相思（慢）	林钟商	1	103	C	●			唐教坊曲名，唐词为小令。柳词盖另翻新声，宋词共9首，《词谱》作慢词

续表

序号	调名	宫调	首数	字数	体式	首见	仅见	已见	备注
078	尾犯2	林钟商	1	98	C	●			犯调曲，与另首异调。宋词共4首
079	驻马听	林钟商	1	93	C	●			赋离别相思，盖倚声。沈瀛1首为同调
080	诉衷情（令）	林钟商	1	44	A			◎	首见晏殊，与唐词异调。宋词共154首
081	戚氏	中吕调	1	212	C	●			赋羁旅兼咏怀，盖创调。另有苏轼1首
082	轮台子1	中吕调	1	114	C		★		盖用边曲，或自创新声。另首为异调
083	引驾行	中吕调 仙吕调	2	100 125	C	●			赋羁旅相思，盖创调。仙吕调词添一小节，仍为同调。另有晁补之2首
084	望远行（慢）	中吕调 仙吕调	2	105 106	C	●			唐教坊曲名，唐词皆小令。柳词盖另翻新声。宋词共4首，《词谱》注为慢词
085	彩云归	中吕调	1	100	C		★		赋离别相思，或用宋教坊大曲摘遍曲
086	洞仙歌（慢）	中吕调 仙吕调 般涉调	3	126 123 121	C	●			与唐词异调，盖另翻新声[8]。宫调皆羽声，体式相近，为同调异体。另有晁补之2首。《词谱》卷二九注柳词"实慢词"
087	离别难（慢）	中吕调	1	112	C		★		唐教坊曲名，唐词有小令和中调。柳词盖另翻新声，一作《离别难慢》
088	击梧桐	中吕调	1	108	C	●			赋恋情，盖倚新声。李甲等3首为同调
089	夜半乐	中吕调	2	144 145	C		★		唐教坊曲名，无唐词。柳词盖另翻新声，皆三叠，宫调体式相同
090	祭天神1	中吕调	1	84	B		★		赋羁旅怀旧，盖倚新声。另首入歇指调
091	过涧歇近	中吕调	2	80	B	●			赋羁旅离别，盖创调。另见晁补之1首
092	安公子1（近）	中吕调	1	80	B		★		盖倚新声，为"近"曲。另有般涉调

续表

序号	调名	宫调	首数	字数	体式	首见	仅见	已见	备注
093	菊花新	中吕调	1	52	A	●			赋艳情，盖倚教坊新声。宋词共 4 首，另有葛长庚 9 首为曲破
094	轮台子 2	中吕调	1	141	C		★		盖用边曲，或自创新声。与另首为异调
095	望汉月（忆汉月）	平调	1	51	A	●			唐教坊曲名《忆汉月》，无唐词。柳词咏月并赋离别，或自创调。宋词共 5 首
096	归去来	平调 中吕调	2	49 52	A		★		一平调（仲吕羽），一中吕调（夹钟羽），俱羽声调。平调词赋元宵游乐，盖创调
097	燕归梁	平调 中吕调	2	50 52	A			◎	首见晏殊词，宋词共 26 首。柳词 2 首，属羽声调，赋恋情，为同调
098	八六子	平调	1	91	C			◎	首见唐杜牧词，90 字平韵。宋词共 10 首
099	长寿乐	平调 般涉调	2	113	C	●			盖用宋太宗制曲。宫调不同，体式相近，为同调异体。另有李清照、苏氏词
100	望海潮	仙吕调	1	107	C	●			咏钱塘胜景，盖创调。宋词共 38 首
101	如鱼水	仙吕调	2	93 97	C		★		赋都市风物与游乐，盖倚新声，或为创调。宫调相同，同调异体
102	玉蝴蝶（慢）	仙吕调	5	99	C	●			始见唐温庭筠小令。柳词盖以旧翻新。宋词共 28 首，《词谱》作《玉蝴蝶慢》
103	满江红	仙吕调	4	93 96 91	C	●			赋羁旅与恋情，盖倚新声。宫调相同，用仄韵，为同调异体。宋词共 551 首，姜夔等改用平韵
104	八声甘州（慢）	仙吕调	1	97	C	●			共用八韵，为慢词。宋词共 126 首
105	临江仙（慢）	仙吕调	1	93	C		★		盖另翻新声，《词谱》作《临江仙慢》
106	竹马子	仙吕调	1	103	C	●			盖倚新声。宋词共 3 首，一名《竹马儿》

续表

序号	调名	宫调	首数	字数	体式	首见	仅见	已见	备注
107	小镇西	仙吕调	1	79	B	●			赋恋情，盖倚新声。另见蔡伸词
108	小镇西犯	仙吕调	1	71	B		★		为《小镇西》犯调，两片前半句式用原调，后四句则犯用别调
109	迷神引	仙吕调 中吕调	2	97	C	●			唐教坊曲有《迷神子》，无唐词。柳词盖另创新曲。另有晁补之、朱雍各 1 首
110	促拍满路花	仙吕调	1	83	B	●			咏佳人，盖倚新声。宋词共 29 首
111	六幺令	仙吕调	1	94	C	●			盖源于唐教坊大曲。宋词共 19 首
112	剔银灯	仙吕调	1	75	B	●			写春景与游乐，盖倚新声。宋词共 10 首
113	红窗听	仙吕调	1	53	A	●			赋恋情，盖创调。另仅见晏殊 2 首
114	临江仙	仙吕调	1	58	A			◎	唐教坊曲名，唐词皆令词。宋词 486 首
115	凤归云 2	仙吕调	1	102	C	●			盖另翻新声。另仅见赵以夫 1 首
116	女冠子 2（慢）	仙吕调	1	111	C		★		与唐小令不同，亦与另首大石调词相异
117	玉山枕	仙吕调	1	113	C		★		写秋景，颂时政，盖倚新声
118	减字木兰花	仙吕调	1	44	A	●			减字变韵，翻成新调。宋词共 442 首
119	甘州令	仙吕调	1	78	B		★		赋元宵游赏，盖以旧曲另翻新声
120	西施	仙吕调	3	72	B		★		咏西施，盖创调。另 2 首为同调
121	河传	仙吕调	2	57	A			◎	始见唐温庭筠，为小令。宋词共 26 首
122	郭郎儿近拍（郭郎儿近）	仙吕调	1	73	B		★		《乐府杂录》“傀儡子”条记郭郎为俳优名。柳词名“近拍”，盖源于戏弄与大曲
123	透碧霄	南吕调	1	112	C	●			颂太平，赋游乐，盖创调。宋词共 3 首

续表

序号	调名	宫调	首数	字数	体式	首见	仅见	已见	备注
124	木兰花慢	南吕调	3	101	C	●			为慢词，盖另翻新声。宋词共160首
125	临江仙引	南吕调	3	74	B		★		为“引”曲，盖源于大曲，或以旧翻新
126	瑞鹧鸪1（慢）	南吕调	2	88 86	B		★		与齐言体为异调，盖另翻新声。《词谱》注为“慢词体”。另有64字体，为异调
127	忆帝京	南吕调	1	71	B	●			赋离别，盖创调。另有黄庭坚等4首
128	塞孤	般涉调	1	95	C	●			咏羁旅相思，盖创调。另仅见朱雍词
129	瑞鹧鸪2	般涉调	2	64	B	●			盖以旧曲翻为新调。晏殊2首为同调
130	安公子2（慢）	般涉调	2	106 105	C	●			为慢词，与“近”曲异，盖以旧翻新，或另倚新曲。宋词共9首
131	倾杯乐4（水乡天气）	黄钟羽	1	108	C		★		与仙吕宫、大石调、林钟商等调不同，盖另翻新声，或倚新曲
132	倾杯乐5（金风淡荡）	大石调	1	107	C	●			与仙吕宫等调不同，盖以旧翻新，或倚新曲。张先2首为同调
133	倾杯乐6（鹜落霜洲）（楼锁轻烟）	散水调	2	104	C		★		与仙吕宫等调不同，盖以旧翻新，或倚新曲。赋羁旅相思，宫调句式相同，应为同调
134	祭天神2	歇指调	1	86	B		★		赋恋情，盖倚新声。与中吕调为异调
135	鹧鸪天	平调	1	55	A	●			赋离恨，盖创调。宋词共703首
136	梁州令	中吕宫	1	55	A	●			赋离恨，盖以旧翻新。宋词共7首
137	清平乐	越调	1	46	A			◎	唐词首见李白，为小令。宋词共360首
138	爪茉莉	不详	1	82	B		★		辑佚词，调名不详，盖倚新声或创调

续表

序号	调名	宫调	首数	字数	体式	首见	仅见	已见	备注
139	女冠子 3（慢）	不详	1	107	C	●			辑佚词，盖另翻新声。另有李邴等 4 首
140	十二时（慢）	不详	1	130	C	●			辑佚词，盖创调⑨。宋词共 3 首，或名“慢”
141	红窗迥	不详	1	55	A	●			辑佚词，赋春景，盖倚新声。宋词共 5 首
142	凤凰阁	不详	1	68	B	●			辑佚词，赋离恨，盖倚新声。宋词 6 首
	失调名	不详	1	6					辑佚词，调名及体式等皆不详
总计	142	16	213			76	48	18	按：体式栏中，A 指小令，共 22 调；B 指中调，共 40 调；C 指长调，共 80 调

①柳永《尾犯》共 2 首：一入正宫，94 字；一入林钟商，98 字。宫调、声情和体式皆有所不同，应属同名异调，姑分列为二调，以《尾犯 1》《尾犯 2》相区分。以下其他调名后标示数字者，亦属同名异调。

②柳永用调除《木兰花慢》在调名后标明“慢”外，另有一部分词调往往与令曲名称相同而实为慢词调。为便于区分同名的令、慢词调，凡有依据为慢词调者，则于调名后括注“慢”字或径加“慢”字。《钦定词谱》（简称《词谱》）卷三十三收此调，即作《早梅芳慢》（中国书店，2010，第 616 页）。

③柳永《倾杯乐》《倾杯》《古倾杯》共 8 首，分属多种宫调，体式声律亦多不同，兹分列为同名异调共 6 种，于调名后标示数字以为区分。参见田玉琪《词调史研究》，人民出版社，2012，第 371 页。

④柳永《女冠子》共 3 首，此首入大石调、另首（淡烟飘薄）入仙吕调，另首（火云初布）为辑佚词，宫调不详，宫调体式皆不同，姑定为三调，属同名异调。参见田玉琪《词调史研究》，第 374 页。

⑤柳永此调 2 首皆名《定风波》，然与唐五代令词实为异调，应为借旧曲名另创新声，盖为慢词调。此首（伫立长堤）注双调（夹钟商），另首（自春来）注“林钟商”，宫调、字数、体式皆不同，姑属同名异调。《词谱》卷二十八收作《定风波慢》，第 496 页。

⑥周邦彦《西平乐》用平韵，137 字，与柳词为异调，盖另翻新声，姑另列为《西平乐（慢）2》。方千里等 4 首同调词，吴文英、陈允平皆名《西平乐慢》。

⑦柳永此调 2 首，一名《古倾杯》（冻水消痕），一名《倾杯》（离宴殷勤），皆注林钟商，字数体式相近，姑属同调异体。

⑧唐教坊曲有《洞仙歌》，唐有敦煌词及孟昶词，皆中调，为同名异调。宋词 150 首，与孟昶词同调，一名《洞仙歌令》。

⑨《十二时》始于隋曲，入唐为太常供奉曲。敦煌写本有此调之作，多依十二时辰歌唱，为定格联章体。宋有鼓吹曲，有和岘等人词，与柳词为异调。

二　柳永词用调成就的定量分析

从以上所列柳永词用调一览表可见，柳永词总计213首，共用142调，分属16宫调。其中属于柳永采用唐五代至宋初已经流行的旧调只有18调，首见柳永而得到宋词继承的常用词调为76调，仅见柳永词而无宋代词人采用的孤调占48调；从所用词调体式来看，小令仅占22调，中调为40调，长调有80调。这些用调数据究竟有何意义，如何从用调数量来观照柳永词的用调成就，还需要我们做定量分析。

（一）柳永沿用唐宋已见词调的定量分析

“已见词调”是指调名已见于唐五代宋初词人运用的词调，多属唐五代旧调，少量为北宋初期刚刚流行的新声。从表1统计可知，柳永所用已见词调共计18调（40首），只占柳永所用词调总数（142）12.7%的比例，说明柳永所用词调虽有对唐五代旧调和宋初新调的继承，但所占比例极小。兹将这18调的调名列录如下。

> 雪梅香、甘草子（2首）、西江月（2首）、木兰花（含《玉楼春》《木兰花令》，13首）、秋夜月#（82字）、巫山一段云（5首）、凤栖梧#（3首）、卜算子慢#（89字）、浪淘沙令、内家娇、迎春乐、集贤宾、诉衷情（令）、燕归梁（2首）、八六子、临江仙、河传（2首）、清平乐。

首先，从柳永所用已见词调的时代分布来看，仅有5调为宋初及北宋前期新见词调，即《甘草子》《诉衷情（令）》《燕归梁》《雪梅香》《迎春乐》5调，其余13调皆为唐五代旧调。可见柳永所用已见词调以唐五代旧调为主，沿用宋初词调仅占极小的比例。

其次，从柳永所用已见词调的体式分类来看，多为小令调，共11调（31首），中调占3调（调名后标#者，5首），长调占4调（调名标下划线者，4首）。《卜算子慢》从字数看虽属中调，而实为慢词；另有《秋夜月》（82字）虽属中调，但字数接近长调，也具有慢词特征，应可归入长调慢词一类。可以看出柳永对已见词调的继承虽多为小令调，但唐五代有限的几个慢词长调（约13调）柳永便采用了近一半，这也反映出柳永即使在采用唐五代旧词调时也表现出对慢词长调的重视。

最后，从柳永所用已见词调的作品数量来看，18调共作词40首，平均每调作词只有2.2首，其作词总数占柳词总数的比例也只有18.8%。另外，每调只有单篇作品的共有11调，作词2首的只有《甘草子》《西江月》《燕归梁》《河传》4调，作词3首的只有《凤栖梧》，作词5首的只有《巫山一段云》，作词多达13首的也只有《木兰花》。说明柳永采用唐五代至宋初已有词调的作词数量既不多，创作成就也比较有限。

（二）柳永词仅见之“孤调”的定量分析

“仅见词调”是指仅见于柳词而无唐宋其他词人创作的词调，或虽有唐宋其他词人创作而柳词与之为同名异调的词调。这种仅见于某一人创作单篇或零星作品的词调，一般称“孤调”，或称“僻调”。

首先，从数量和比例来看，柳词中这种仅见的孤调共有48调（59首），占柳永所用词调总数（142）的比例为33.8%，已达1/3的比重，占柳词创用新调总数（124）的比例更高达38.7%，说明柳词孤调之多。在以用调和创调而著称的宋代词人中：周邦彦共用110调，创用新调52调，仅有3调为孤调；姜夔共用56调，创用新调21调，孤调有8调；吴文英共用142调，创用新调16调，孤调为13调。在与柳永同时的著名词人中：张先共用89调，创用新调39调，孤调有14调；欧阳修共用65调，创用新调21调，孤调为9调；晏殊共用37调，创用新调12调，孤调为4调。这些词人所用孤调的数量都比柳永少，除了欧词和吴词孤调占其创调总数的比例高出柳词外，其他词人的孤调比例都没有超过柳词。柳词孤调数量之多，既反映了柳永大胆用调、积极创调等方面的创作成就，应该也一定程度地反映了柳词用调或曲高和寡、或失之俗艳等方面的瑕疵。

其次，从词调源流和性质来看，柳词所用48个孤调大致可分为三种类型。

一是无唐宋音乐文献记载为曲名且无唐宋其他人作词而仅见于柳词者，约有17调（20首）。它们是：

柳腰轻#（82字）、迎新春、梦还京#（79字）、受恩深#（86字）、惜春郎、传花枝、双声子、阳台路、宣清、轮台子1、轮台子2、祭天神1#（84字）、如鱼水（2首）、玉山枕、西施#（3首）、祭天神2#（86字）、爪茉莉#（82字）。

这类词调一部分可考为柳永自创的新调，另有一部分当为柳永采用北宋“新声”来填词的作品。

二是虽有唐宋音乐文献记载为曲名却无唐宋其他人作词而仅见柳词者，约有9调（10首）。它们是：

曲玉管、征部乐、隔帘听#（74字）、思归乐、彩云归、夜半乐（2首）、安公子（近）#（80字）、小镇西犯#（71字）、郭郎儿近拍#（73字）。

这些词调多数与唐教坊曲名相同或相近，少数或源于唐宋大曲或戏弄，但都没有其他唐宋人填词和词作流传，其中一部分词调也有可能是柳永借旧曲名而翻制的新声。

三是虽有唐五代或宋词作品传世但柳词与之不同而属于同名异调者，约有22调（29首）。它们是：

早梅芳（慢）、送征衣2、倾杯乐2、倾杯乐3（2首）、倾杯乐4、倾杯乐6（2首）、看花回#（2首）、女冠子1（慢）、女冠子2（慢）、定风波慢1、迷仙引1#（83字）、婆罗门令#（86字）、秋蕊香引#、鹊桥仙（慢）#（87字）、凤归云1、抛球乐（慢）、离别难（慢）、归去来（2首）、临江仙（慢）、甘州令#（78字）、临江仙引#（3首）、瑞鹧鸪1（慢）#（2首，88、86字）。

这类词调大多数属于唐五代或宋代虽另有同名词调之作，却往往多为小令，只有极少数为中长调，而柳词却为长调慢词，即属于典型的“变旧声作新声”，形成较突出的同名异调现象。只有少量词调如《看花回》（67、68字）、《迷仙引1》（83字）、《秋蕊香引》（60字），柳词为“引”

曲或中调。欧阳修等人的《看花回》皆为长调，关咏《迷仙引2》变为长调；晏殊等《秋蕊香》多为小令，而曹勋等《秋蕊香（慢）》变为慢词；另有《归去来》一调柳词为小令，而杨万里《归去来兮引》属于套曲（或大曲）。

再次，从柳词所用孤调的体式分类来看，属于小令的仅有3调4首，属于中调的占19调25首，属于长调的共26调30首，仍以长调为主体，占其孤调总数的比例为54.2%。在属中调的19调中，字数在80字以上的词调有10调，这10调在字数篇幅上比较接近长调，多数也具有慢词的特征，除《安公子（近）》《迷仙引1》《婆罗门令》3调外，其余7调若计入长调慢词，则柳词所用孤调中的长调慢词已多达33调，占其孤调总数的比例更高达68.8%。另外，在中调里也具有丰富多样的词体形式，不仅有《迷仙引1》《秋蕊香引》《临江仙引》《郭郎儿近拍》等“引”“近”之曲，而且还有《小镇西犯》这样的“犯”调，甚至还有字数多达86字的《婆罗门令》。这些都反映了柳永大力开拓长调慢词及其探索词调体式的用调特色和创作实践。

最后，从柳词孤调的作词数量来看，48调共作词59首，平均每调作词仅1.2首，说明这些孤调的创作绝大多数是零章单篇，只有少量词调作词在2首或3首，明显带有选调或创调的尝试与探索的色彩和性质。当然，这59首孤调之词，占柳词总数（213首）的比例达27.7%，已超出柳词沿用唐五代旧调和宋初新调作词的数量和比例，值得关注和探讨。

（三）柳永词首见之常用词调的定量分析

“首见词调”是指首见于柳词且有宋人继作的常用词调或流行词调，共计76调（113首），占柳永所用词调总数（142）的比例达53.5%，占柳词创用新调总数（124）的比例更高达61.3%。这是柳词用调和创调的主要成就所在。

首先，从词调源流和性质来看，这类词调又可细分为以下三种类型。

一是无唐宋音乐文献记载为曲名且无唐五代宋初人词作而首见于柳词者，共计39调（60首）。它们是：

黄莺儿、玉女摇仙佩、尾犯1、斗百花（近拍）#（3首，81

字）、昼夜乐（2首）、笛家弄（慢）、满朝欢、凤衔杯#（2首）、柳初新（慢）#（81字）、两同心#（2首）、金蕉叶#、尉迟杯（慢）、慢卷䌷、佳人醉#、御街行#（2首）、归朝欢、一寸金、永遇乐（2首）、夏云峰（慢）、锦堂春（慢）、殢人娇#、合欢带、少年游（10首）、尾犯2、驻马听、戚氏、引驾行（2首）、击梧桐、过涧歇近#（2首，80字）、菊花新、望海潮、满江红（4首）、竹马子、促拍满路花#（83字）、剔银灯#、红窗听、忆帝京#、红窗迥、凤凰阁#。

这些既无文献记载又不见前人作词而首见于柳词的新词调，占了柳词用调相当大的比重，其中一部分就是出自柳永的自度曲，另一部分则是柳永采用当时的新声曲。

二是虽有唐宋音乐文献记载为曲名却无唐五代宋初人填词而首见柳词者，共计16调（20首）。它们是：

雨霖铃（慢）、法曲献仙音（2首，含《法曲第二》）、西平乐1（慢）、荔枝香#、二郎神、醉蓬莱（慢）、留客住、望汉月、长寿乐（2首）、小镇西#、迷神引（2首）、六幺令（94字）、透碧霄、安公子（慢）（2首）、鹧鸪天、梁州令。

这些词调皆有唐五代宋初音乐曲调的渊源，多数与唐教坊曲名相同或相近，如《雨霖铃》《二郎神》《留客住》《安公子》等，与唐崔令钦《教坊记》所载教坊曲名和大曲名相同；《望汉月》《小镇西》《迷神引》《透碧霄》《六幺令》《梁州令》等，也与《教坊记》所记《忆汉月》《镇西乐》《镇西子》《迷神子》《透碧空》《绿腰》《凉州》等曲名相近，或有渊源关系；而《荔枝香》为唐玄宗幸骊山时梨园法部小音声所奏新曲，《法曲献仙音》则为宋初所传法曲仅有的二曲之一，《长寿乐》为宋太宗制曲之一，《醉蓬莱》为宋仁宗时教坊所奏新声，也都见诸唐宋史志的记载。柳永这类词调虽然调名见诸记载，或有渊源可考，但因为没有前人作词，无从勘比，实际上完全沿用旧调的可能性极小，多数应为以旧翻新，或另创新声。

三是虽沿用了唐五代宋初调名却翻制为新声或另创新调且首见于柳词

者，共计 21 调（33 首）。它们是：

倾杯乐 1、鹤冲天#（2 首，84、86 字）、采莲令（91 字）、浪淘沙（慢）、破阵乐、定风波慢 2、诉衷情近（2 首）、应天长（慢）、长相思（慢）、望远行（慢）（2 首）、洞仙歌（慢）（3 首）、玉蝴蝶（慢）（5 首）、八声甘州、凤归云 2、减字木兰花、木兰花慢（3 首）、塞孤、瑞鹧鸪 2#（2 首）、倾杯乐 5、女冠子 3（慢）、十二时（慢）。

这类词调虽皆有唐五代宋初词作出现和流传，但多为小令或中调，柳永则多将它们翻制为长调慢词：或将小令翻为减字变韵的异调，如《减字木兰花》；或将小令变为“近”曲，如《诉衷情近》；或将令曲衍为长调，如《采莲令》；即使是原为中调或令曲的《洞仙歌（令）》《凤归云》，柳词也完全变成了长调慢词。由于词体改变甚大，这类与唐五代词同名的词调应该在音乐曲调上的改变也很大，同样属于“变旧声作新声”，甚至完全是自创新声，只不过借用了旧曲名或偶然同名而已。

其次，从柳永首见而得到宋人继承的新调的数量来看，76 调的总数在宋代词人中独占鳌头。以宋代擅长用调和创调的著名词人为例，周邦彦创用新调共 52 调，只有 3 调为孤调，首见 48 调都得到了宋人的采用，虽然流行率高于柳永，而总数却远远不及柳永。姜夔创用新调共 21 调，8 调为孤调，首见 13 调得到了宋人的采用。吴文英创用新调共 16 调，13 调为孤调，只有首见 3 调得到了宋人的采用。他们创用新调的数量都无法与柳永相比。同时代的张先（25）、欧阳修（12）、晏殊（8）三人首见词调的数量和比例，与柳永相比也都大为逊色。柳词创用新调的成就及其对宋代词史发展的影响，于首见词调的数量上也就得到了有力的凸显。

再次，从柳永首见词调的体式分类来看，小令调只有 8 调（17 首），中调占 18 调（27 首），长调多达 50 调（69 首）。其中《六幺令》《采莲令》2 调虽标有“令”字后缀，但字数篇幅已达到长调的范围，姑归入长调慢词一类。另外，《鹤冲天》等 5 调在篇幅上也超过了 80 字，若将这部分词调也计入的话，则柳永首见词调中的中长调或慢词调更多达 56 调，柳永大力创作长调慢词的特征和成就也昭然可见。另外，在首见词调中，柳永对“令”“引”“近”“慢”“犯”等各种音乐曲调体式都有尝试与实践，其中还表现出较丰富多样的用调特征，如调名及宫调相同而词体不同、调名及词体相同而宫调不同、宫调不同而词体亦异等，也都体现了柳永在用调上富于开拓创新的精神。

最后，柳永首见词调76调，共作词113首，平均每调作词为1.5首，其用调总数和作词总数都已远远超出其沿用旧调和孤调的数量，其每调作词的平均数量也已高出其孤调的作词比率，说明柳永对这些新词调的创作付出了更多的努力和实践。另外，113首的作品数量，占柳词作品总数高达53.1%的比例，代表了柳词创作成果和用调成就的主体部分。

（四）柳永词用调整体成就的定量分析

关于柳永用调的整体成就和基本特色，我们可以在上文所做分类考察和定量分析的基础上，总结出以下四个方面的认识或结论。

第一，从用调总数量来看，柳永用调共计142调，在两宋词人中成就最为卓著。北宋词人中用调较多的除柳永外，还有张先（89调）和周邦彦（110调），但他们的用调数量都比不上柳永。柳永不仅是北宋用调最多的词人，而且在整个宋代词人群体中，柳永用调数量也与南宋的吴文英并列第一。然而考虑到柳永处于北宋前期而吴文英处于南宋后期，一为开创局面，一为集成总结，则柳永在创用词调上对两宋词人所起的示范作用，对宋代词调的开拓、丰富和发展所做出的历史贡献，以及在宋代词史和词调史上所占据的突出地位，都是吴文英、周邦彦等人无法比拟的。

第二，从用调来源及性质来看，柳永用调也体现出继承与创新兼备而以创新为主的成就与特色。柳永所用的142调中，完全沿用唐五代宋初的词调（调名词体都相同者）只有18调，只占柳永所用词调总量12.7%的小比例；而首见和仅见于柳永词的常用调和孤调共有124调，却占了柳永所用词调总量87.3%的高比例，柳词用调虽不无继承却重在开拓创新的特色也就不言而喻。在柳永首用和仅见的词调中，无唐宋文献记载且无前人作词者总计56调（39+17），占柳永创用新调总数的比例为45.2%，占柳永用调总数的比例为39.4%，这些词调多属柳永自创新调，或采用北宋新声；即使是虽有唐宋文献记载为曲名却无前人作词而首见和仅见柳词的25调（16+9），以及虽有唐五代宋初人作词而柳词首见和仅见之作却与之为同名异调的43调（21+22），也大多为“变旧声作新声”，或自创新调，或另倚新曲。这些也都体现了柳永用调以创新开拓为主体的创作实践。

第三，从词调的体式来看，柳词用调则体现了体式丰富多样而以长调慢词为主体的鲜明特色。柳永用调 142 调中，小令只占 22 调（15.5%），中调为 40 调（28.2%），长调却多达 80 调（56.3%）。如果将一部分 80 字以上的慢词及篇幅接近长调的词调也计入的话，则柳永长调慢词的数量更是多达 92 调。历代词学评论多以慢词创始于柳永，称柳永是第一个大力创作长调慢词的词人，我们于统计数据和定量分析上便得到了确切的印证。在两宋词人中，吴文英也以多用慢词长调而著称，共计 90 调，然吴文英所用 90 个慢词长调多属对北宋以来慢词长调的继承，而柳永所用慢词长调则多有他自己的创调和创始，实不可同日而语。即使是以“创调之才”而著称的周邦彦，其所用长调慢词的总数也不过 58 调，若计入中调里的《蓦山溪（慢）》《芳草渡（慢）》2 调，总计 60 调，亦逊色于柳永。除了大量创制和采用慢词长调外，柳永用调中还体现了更丰富多样的体式特征。仅从词调名称所用后缀语或前置语来看，就有“令”“引”“近”“近拍”“慢”“犯”“促拍”“减字”等多种，几乎囊括了绝大多数的曲类与词体；在同一词调名称下，柳词还时常出现令、引（或近）、慢兼具的情况，如《临江仙》就有令、引、慢三调，又如《木兰花》亦有齐言调、减字调和慢词调三种，等等。此外，柳永所用词调分属 16 种宫调，又有着宫调相同而词体亦同、宫调相同而词体不同、宫调不同而词体相同等多种现象，柳词中同名异调、同调异体也表现得比其他词人更为突出。这些都彰显出了柳永在用调上的独特性与丰富性。

第四，从用调数量和作词数量的比率来看，柳词创作也显现出更注重创调用调的意识与实践。柳词共用 142 调，作词 212 首（不计失调名残句 1 首），平均每调作词为 1.5 首。每调作词的平均值越低，越说明作者对创调与用调的重视。拿与柳永同时的三位著名词人来比较：晏殊作词总数为 140 首，用调总数为 37 调，平均每调作词 3.8 首；张先作词总数为 165 首，用调总数为 89 调，平均每调作词 1.9 首；欧阳修作词总数为 242 首，用调总数为 65 调，平均每调作词 3.7 首，都高出柳永很多。再拿两宋以创调用调而著称的大家来比较：周邦彦平均每调作词 1.7 首（185 首/110 调，另有失调名 1 首未计）；姜夔平均每调作词 1.6 首（87 首/56 调）；吴文英平均每调作词 2.4 首（340 首/142 调，另有失调名 1 首未计），也都高出于柳永。古今词论多称柳永善于用调，为“创调名家”①，我们于数据统计和定量分析中也得到了印证。

A Statistical Analysis of Quantity and Achievements on Liu Yong's Ci-Poetry Tunes

Liu Zunming

Abstract: There are 213 Liu Yong's Ci-Poetry, all with 142 tunes. Only 18 old tunes were from the Tang Dynasty, the Five Dynasties and the beginning of Song Dynasty, and 124 new tunes were created by Liu Yong; with 22 xiaoling tunes, 40 middle tunes, and 80 long tunes. Quantitative analysis shows that Liu Yong's overall achievements in tune creation are mainly reflected in the following four aspects. First, Liu Yong's total number of tunes ranks first in the Song Ci-poets, ranking first with Wu Wenying; second, Liu Yong's use of tunes reflects achievements and characteristics of both innovation and inheritance; third, Liu Ci's tunes also reflects the distinctive characteristics of rich and diverse forms with long tunes and slow words as the main body; fourth, Liu Ci's creation also shows more emphasis on innovation of tunes and awareness and practice of using tunes.

Keywords: Liu Yong; The Use of Tunes; Quantitative Analysis

About the Author: Liu Zunming (1961 -), Ph. D., Professor at School of Humanities, Shenzhen University. Research interests and specialties: Ci studies and literature in Tang and Song Dynasties. Magnum opuses: *Cultural Observation of the Ci in the Tang and Five Dynasties*, *An Overview of Tang and Song Ci*, *Song Ci and Song Dynasty Culture*, *A Quantitative Analysis of Tang and Song Ci*, *Tang and Song Literature*, etc. E-mail: zunzhe61@sina.com.

① 蔡嵩云《柯亭词论》：“屯田为北宋创调名家。”“柳词胜处……为后起清真、梦窗诸家所取法，信为创调名家。”见唐圭璋编《词话丛编》，中华书局，1986，第4911页。

"莫嗟白日依山尽，且看黄河入海流"

——张国光先生先秦文史研究的学术特色及其启示

何新文*

摘　要　张国光先生因其关于《水浒传》《红楼梦》和明代文学批评家金圣叹等的研究成果，以及他特有的争鸣论辩风格而闻名当代中国古代文史学界。事实上，崇尚"博览宏通"的张国光，学兼文史，具有深厚的国学根基和终生不减的学术热情，对于古代中国的文史典籍几乎都有兴趣。其中，对于先秦文献尤为重视。张先生关于先秦文史的研究成果，相对集中在"炎黄文化与孔子思想评价""屈原与楚辞研究""《学记》评注"等方面。通观张先生先秦文史的研究成果，虽然所涉及的内容颇为广泛，但是细心的读者仍然能领悟到其中一以贯之的思想脉络和研究方法上的某些共同特点，并且能从中获得许多有益的启示：一是，"围绕着弘扬民族优秀文化的主旨命笔"的学术精神；二是，坚持"两分法"方针以"去粗取精"的研究方法；三是，"在详细占有资料的基础上探索创新"的治学态度。

关键词　张国光　先秦文史　孔子思想　楚辞

张国光先生（1923～2008），生前是湖北大学中文系古典文学教授。在当代的中国古代文史学界，张先生主要是因其关于明清小说《水浒传》《红楼梦》和明代文学批评家金圣叹等的研究成果，并在此基础上提出以

---

* 何新文（1953～），湖北大学文学院教授。主要研究方向为中国古代文学与古典文学目录学。著有《中国赋论史》《中国文学目录学通论》《左传人物论稿》《"赋家之心、包括宇宙"——论汉赋以"大"为美》等。电子信箱：hexw111@sina.com。

“两种《水浒》、两个宋江”为代表的“双两说”，以及他特有的争鸣、论辩风格而闻名的。

但是，崇尚“博览宏通”的张国光，所关注的领域并不只是明清小说。他学兼文史，具有深厚的国学根基和终生不减的学术热情，在中国古典文学的教学、科研领域都取得了重要的成绩。比如，在教学方面，张先生曾经撰写过一篇题为《把“探索和创新理论勇气”运用到古典文学教学中来》的文章，在教学经验交流会上发言，介绍自己的教学经验和教学思想。例如，张先生提出要“在教学指导思想和教学方法上力求做到五个并重”，即“德育与智育并重”“教学与科研并重”“讲授古典文学教材做到思想性和艺术性并重”“理论水平的提高与基本功的加强并重”“教学内容的改革与教学方法的改革并重”；同时，他主张在课堂教学中也要贯彻“百家争鸣”“教学相长”，认为“教学民主更是教师应该遵守的准则”。

> 作为教师，要敢于说真话，不怕冒犯名家、讲新见解，但这样的见解……论据要确凿，分析要透辟，通过比较，使学生择善而从。如果学生有不同意见，要鼓励他们不怕冒犯教师而畅所欲言。……如果教师提出的某一新观点确是论据不足，甚至是错误的，因而引起学生的非议，这也是好事。这样一来可以提高学生的钻研兴趣，二来也可以形成学生“吾爱吾师，吾尤爱真理”的学风。①

张国光先生既提倡教师在课堂教学中说真话、讲新见解，也要求教师鼓励学生不怕冒犯教师而畅所欲言。他对于学生的作业、试卷和论文，“总是自己挤时间批改，发现了写作能力较差的学生，就注意个别地进行教育、督促，使之改进、提高。对于成绩突出的学生则通过多种方式予以表扬”。显然，张先生这些教学经验和关心学生进步的思想品质，都是弥足珍贵的，值得我们继承和发扬的。

在学术科研领域，张国光先生由衷赞赏“博览宏通”②、学贯中西的古今学术大师，其实自己也是一位涉猎广泛、创获丰厚的学者。他不仅在明

① 张国光：《古典文学论争集》，武汉出版社，1987，第4～5页。

② 张国光：《文史哲学新探》，武汉出版社，1992，“自序”，第6页。

清小说研究方面成绩斐然，对于唐诗宋词乃至于中国历代的文史典籍也几乎都有兴趣。其中，对于先秦文献尤为重视。张先生以为："研究任何一门中国的学问，如果不上溯到孔子和先秦文献，那所得到的知识就只能是无源之水。"①

张先生的先秦文史研究，不仅卓有成绩，而且在他长达近五十年的学术生涯中，也具有特别的意义。20 世纪 40 年代初，还是一名大学生的张国光，就在国立湖北师范学院（湖北大学前身）陈友松、汪奠基两教授的启发下，开始研习《山海经》及先秦诸子，他的大学毕业论文也是研讨先秦文学的《荆楚艺文志》。21 世纪初的 2005 年，晚年的张国光最后在病中写下的学术文字，竟然仍是回复一位图书馆工作人员关于研究《山海经》的信。因此，正如张国光先生的弟子喻学才教授所说，先秦文献中的奇书"《山海经》是张先生学术生命的起跑点，也是他学术生命的终结点"。②

张先生关于先秦文史的研究成果，包括一部专书《学记新讲》（武汉出版社 1992 年版）和选编《金圣叹诗文评选》（岳麓书社 1986 年版）中的评释《孟子》《小雅》《左传》《国语》《国策》《离骚》的部分内容；还有发表的 20 多篇学术论文，约 25 万字。发表于各地报刊的 20 多篇论文大都收在所著《文史哲学新探》这本论文集中。所研究的内容，则相对集中在三个方面：（一）炎黄文化与孔子思想评价；（二）屈原与楚辞研究；（三）《学记》评注。此外，对《诗经》、《庄子》、《山海经》及《吕氏春秋》诸书亦有所论述。

通观张先生先秦文史的研究成果，虽然所涉及的内容颇为广泛，但是细心的读者仍然能领悟到其中一以贯之的思想脉络和研究方法上的某些共同特点，并从中获得许多有益的启示。

一 "围绕着弘扬民族优秀文化的主旨命笔"

研读张先生关于先秦文史的丰富论著，我们首先就会被作者热爱祖国

---

① 张国光：《文史哲学新探》，第 61 页。

② 喻学才：《业师六记》，载喻学才、何新文主编《争鸣与创新：张国光教授纪念文集》，长江文艺出版社，2009，第 271 页。

优秀传统文化的炽热情感感染。

作为一名中国古典文学的教师和研究工作者，张先生认为：中国古代的文、史、哲学，是一片丰富无比的矿区，正如陆机《文赋》所说：“石韫玉而山辉，水怀珠而川媚。”它以自身特有的魅力，召唤着海内外专家来这里安营扎寨，从事开发的工作。他庆幸自己不期然而然地成了这一川流不息的采掘队伍中的一员，尽管道路曲折崎岖，征途中还有风雨阻滞，但他始终把这“收百世之阙文、采千载之遗韵”的事业看作“既是历史的使命，又是人生的乐趣”，以至于“焚膏油以继晷，恒兀兀以穷年”。[①]

因为有着对祖国文化的深切认识和深刻认同，张国光油然而生一种以“弘扬民族优秀文化”为己任的责任感。他在所撰《文史哲学新探·自序》中写道：

> 本书的内容，无论是阐扬孔子思想、儒家学说（特别是教育理论）之精华之作，或者是研究炎黄文化、先秦诸子、古代史、古代文学与关于当代文学评论诸文，都是围绕着“弘扬民族优秀文化”这一主旨命笔的。著者不敏，窃欲以鲁迅所期望的“不和众嚣”，“弗与妄惑者同其是非”的“独具我见之士”为楷模，为矫正多年以来泛滥于中国古代文、史、哲学研究领域的民族自卑感和民族文化的虚无主义争鸣，为迎接“卓立宇内”，“荣光俨然”并日新又新的中华文明讴歌。[②]

“围绕着弘扬民族优秀文化的主旨命笔”“为矫正民族文化的虚无主义争鸣”“为迎接日新的中华文明讴歌”：这既是张国光对祖国传统文化立下的铮铮誓言，又何尝不是他数十年古代文史研究的“夫子自道”。

如 1988 年夏秋之际，当电视系列片《河殇》在全国播出并在社会上引起热烈反响之时，张国光这个被目为在学术上爱“唱反调”的学者，就即时撰写了《要排除深化改革、开放中“巨大的心理障碍”——评〈河殇〉作者宣扬的“巨大的文化包袱”、“巨大的历史负罪感”论》的文章，

① 张国光：《文史哲学新探》，第 7 页。
② 张国光：《文史哲学新探》，“自序”，第 6 页。

批评《河殇》作者把孔子及儒家学说看作改革开放的“巨大心理障碍”的思想错误，进而肯定儒家思想、儒家理性主义对古代中国科技物质文化发展和国家统一的积极作用。张先生还在当年9月23日湖北大学青年教师“奥林匹克学术沙龙”与“文学争鸣社”的学术报告会上宣讲了此文的观点，此文后刊于10月13日的《武汉晚报》，更以“莫嗟白日依山尽，且看黄河入海流”的诗句为题，鲜明地传达了作者捍卫传统文化历史地位的自信与豪情。

在1990年至1992年间，针对学术界尚存在的某些怀疑和贬斥孔子思想的言论，张国光又先后发表了《论孔子思想是“属于整个世界”的“珍贵的文化遗产”——学习江泽民同志关于评价孔子的讲话答问录》《论“爱孔子”与“爱真理”的统一和“五四”的“打倒孔家店”——对蔡尚思教授〈我爱孔子、我尤爱真理〉一文的质疑》《论孔子思想的历史价值与时代意义》等一系列论文，充分肯定孔子思想在中国乃至世界文化史上的重要地位和影响，主张“中国的知识分子，特别是文史哲研究者……应担负起创造性地研究孔子思想的精华，使之成为各国人民共同财富的光荣任务”①，并且呼吁要贯彻“弘扬民族优秀文化”的方针，重新写出正确评价孔子、儒学的反映民族优良传统的中国哲学史、文化史、科技史。②

在先秦文化史上，屈原是继孔子之后又一位世界级的文化名人。屈原惊采绝艳的著名抒情长诗《离骚》，伟大的爱国精神和高尚的人格风范，都是中华民族思想文化中最优秀的宝贵遗产。对于屈原，张国光自然也怀着深深的敬爱之情。当张国光还是一个大学生时，他就在自己的毕业论文《荆楚艺文志》中记录了屈原的光辉名字及其千古传诵的楚辞创作；20世纪80年代，步入老年的张国光虽然已经多年没有写过研究屈原的文章了，但在他读到三泽玲尔和稻田耕一郎两个日籍学者关于“屈原否定论”的文章（译文刊于1983年第4期《重庆师院学报》）之后，他觉得事关否定屈原这个伟大历史人物真实存在的大是大非而“不可以不辨”。于是，便连续发表了《评所谓“最周密、最系统”的屈原否定论》《对〈屈原问题考辨〉之考辨——评日本三泽玲尔先生的“屈原否定论”》两篇论文予以反

① 张国光：《文史哲学新探》，第8页。
② 张国光：《文史哲学新探》，第59页。

击，以捍卫屈原的崇高地位；两三年后，当湖北大学中文系创刊《湖北作家论丛》时，张先生又为之撰写了一篇长达数千字的《屈原》小传，热情叙述了屈原的生平及其创作，高度评价“屈原是属于世界文学史的”世界文化名人，并且提出“批判地继承屈原的文学遗产，进一步开拓‘楚辞’研究的领域，提高‘楚辞学’的理论水平，这是中外文学史家的共同任务”①。

当然，不只是像孔子和屈原这样举世公认的文化名人，张国光研究其他先秦文史的文著，也都是围绕着“弘扬民族优秀文化”这一主旨而命笔的。

比如：关于炎黄文化的系列论文，张国光突出的是“弘扬东方文化、增强炎黄子孙凝聚力”的共同主题，他在三篇文章中三次提到陈云同志为《炎帝和炎帝陵》一书的题词“炎黄子孙，不忘始祖”，肯定炎黄文化的思想感情溢于言外。

关于《诗经》，张先生的文集中虽然只收录有一篇《我国第一个知名的女诗人：许穆夫人生平考证——兼析〈载驰〉一诗的主题与歧义》，但作者为弘扬优秀文学遗产而命笔的用意却同样鲜明，如文章开宗明义：

> “生当作人杰，死亦为鬼雄！”这是我国宋代女词人李清照的爱国诗篇中掷地有声的名句，在她之前的18个世纪，亦即公元前660年，我国百花初放的诗坛，也涌现出了一首引人注目、感人至深的诗篇——《载驰》，它就是我国最早的一位女诗人——许穆夫人为我们留下的一首洋溢着爱国主义激情并勇于打破封建礼教桎梏的作品。

在这里，读者当然不难体会到张先生同样热情洋溢的“爱国主义激情”。接下去，文章征引了《毛诗·载驰序》原文，并指出尽管自宋以来非议《毛诗序》的人甚多，但是《载驰序》却表现了“对许穆夫人的爱国主义精神的同情与赞许”，具有正确的解说，值得重视。

先秦道家学派的代表人物庄子，哲学史上一般把他归入唯心主义哲学

① 张国光：《湖北作家小传·屈原》，载《湖北作家论丛》第1辑，武汉大学出版社，1987，第290页。

的营垒而予以批评；即便是《逍遥游》这篇张国光认为“完全可以与《离骚》媲美”的优美哲理散文作品，也往往是“在艺术上肯定它，但在思想上却必须否定它”，学者们对《逍遥游》主题思想的认识也远未深入辟里，乃至于加以无情的贬斥；1961年出版的《庄子内篇译解和批判》一书，更认为“庄子思想是人类精神的堕落”而需要将其“彻底铲除”。对学术界否认庄子思想的倾向，张先生颇为不满。1989年，张先生在《殷都学刊》发表题为《人类认识从必然向自由王国飞跃——试解〈庄子·逍遥游〉主题之谜》的长篇论文，提出“《逍遥游》不是讲人生观而是讲认识论的”，是论证人类认识有初级和高级阶段之分，是形象地说明“人类认识从必然向自由王国飞跃”；文章呼吁“应澄清对庄子的曲解和误解”“恢复庄子的本来面目”。

后来，在1997年撰写的《〈庄子〉导读》的长文中，张先生更进一步全面肯定庄子在哲学、文学、美学史上的重要地位，指出庄子不仅“是我国思想史上具有深远影响的理论大师之一”，而且“是一位具有丰富的想象力，善于用形象化的语言来生动地表达深邃的哲理的文学大家”。①

即使是研究《山海经》的单篇论文，张先生也十分重视它在思想文化史上的价值意义。在所撰《〈山海经〉入南海之黑水即今金沙江考》的文章中，作者表明是为更多地了解“先民旅游探险、征服自然、开拓疆域的过程及其伟大成就”，高度估价“中华民族传统文化的成绩”而为文的；文章在考证出《山海经》之“黑水”即今之金沙江的结论的同时，得出结论：“我们伟大的祖先在两千多年以前就具有广泛的地理知识，和建立一个广大的统一国家的理想，从而也可以探索出我国各兄弟民族在经济上、文化上关系的密切、情谊的深厚。”并且指出：“这对读者来说，也是很有教育意义的。”

张先生在所著《古典文学论争集》的序文《把“探索和创新理论勇气”运用到古典文学教学中来》中曾说过这样的话：

> 在讲授古典文学的同时，应坚持用爱国主义、历史唯物主义的精

① 张国光：《〈庄子〉导读》，载《中国古代语言文学名著导读》（上册），华中理工大学出版社，1997，第200页。

> 神培养学生的高尚节操。因此无论是课堂教学、学术演讲，还是个别辅导、私人谈话，我都注意教导学生用马列主义的基本原理武装自己，树立民族自尊心、光荣感；并热爱自己的专业。[①]

这段平和朴素的话语，其实也可以作为张国光先生先秦学术研究的自注。张先生正是秉持着这种“弘扬民族优秀文化”的明确动机和自觉意识，终其一生，笔耕不辍地书写着他对古代文化遗产的无比执着和热情。

二　坚持“两分法”的方针以“去粗取精”

如果说围绕“弘扬民族优秀文化”的主旨命笔，是张国光先生古典文学研究的思想基础或出发点；那么，坚持“取其精华、弃其糟粕”的“两分法”方针，对具体对象进行辩证分析、科学评价，就可谓是他研究古代文学的基本方法论。

1992 年，年近七旬的张国光先生，撰写了题为《要坚持毛泽东同志关于孔子和传统文化的“两分法”——兼评李一氓同志给蔡尚思教授的一封信》的论文，明确提出：

> 笔者……通过反复学习毛泽东同志的有关著作，深切地体会到毛主席作为一位伟大的马克思主义者，尊重历史的辩证法，创立了科学的“两分法”，并把它运用到对文学遗产和传统文化的研究领域，从而为新中国的文学史、思想史、文化史家开辟了一条金光大道。……毛泽东同志这种“两分法”的思想应该作为我们对待传统文化的方针。

张国光先生从不讳言马克思主义理论和毛泽东“两分法”思想的指导作用。他曾经谈到自己“既不否定古人的艺术成就，也不掩饰其思想上的错误”。并举例说：对白居易的《新乐府》，既“肯定它具有可贵的批判锋芒”，也批评它“缺乏诗味”；对《琵琶行》既“肯定它对景物、人物形

① 张国光：《古典文学论争集》，第 2 页。

象和音乐的描写的高明，及其抒情气氛的浓烈”，但也指出了白居易为之洒泪的琵琶女“实则是一个没有灵魂的女子”。①

在先秦文史的研究中，张国光先生也是坚持“两分法”的。先以对《学记》的研究为例。张先生的《〈学记〉新讲——汇注、辨证并译解》一书，写成于 1963 年，后于 1992 年由武汉出版社出版。这是著者研究《学记》的总结，他在该书的“前言”中，首先说明其研究方法就是：

> 为了弘扬我国古代先进的教育理论遗产，给《学记》以应有的评价……对前人的解释择善而从，去粗取精，力求全面而正确地阐明《学记》的思想实质，批判其糟粕而吸收其精华。②

根据这种“去粗取精”的“两分法”，著者既用较大的篇幅从正面论述了《学记》“论教育目的与作用”“论教育制度”“论学习”“论教学原则”“论教师”等五个方面的丰富内容；又以“《学记》的思想局限”为题，具体分析了《学记》“与生活实践的脱离及对生产劳动的轻视”“忽视科学知识教育和不给妇女以受学校教育的权利”等“封建性糟粕”，理应“属摒弃之列”。

再如关于“《吕氏春秋》战争理论”的研究，张先生也是以“两分法”切入的。在题为《我国古代兵书中的又一宝典——〈吕氏春秋〉中关于战争理论的篇章读后》的专文中，张先生既充分总结了《吕氏春秋》明确区分正义和非正义战争等一系列创新性的理论成果，同时也分析了《吕氏春秋》不懂得战争是“从私有财产和阶级以来开始”的道理，而把战争的起源前伸至自有人类社会之时，从而在《荡兵篇》中提出“兵之所自来上矣、与始有民俱”的错误观点；并且还指出《吕氏春秋》“甚至把兵（战争）的概念和斗殴、争吵、愤激等个人表现混淆起来”的“诡辩”。张先生经过具体的分析论述，最后总结说：《吕氏春秋》“正确地发挥了儒家的征诛理论，而又综合了兵家的军事思想，因此成了一套较为系统的战争理论。它在阐述战略技术原则方面，固然不及《孙子兵法》的周详，但

---

① 张国光：《古典文学论争集》，第 2 ~ 3 页。

② 张国光：《〈学记〉新讲——汇注、辨证并译解》，武汉出版社，1992，第 1 页。

是在论证战争的起因，区分战争的性质及重视人民、兵士对战争的决定作用各方面，颇能补兵家学说的不足。因此，在我国及至世界军事史上它具有不容忽视的价值”，是“我国古代兵书中的又一宝典”。通过这样全面、客观的分析，显然有利于读者实事求是地认识和评价《吕氏春秋》战争理论的价值得失。

当然，在张国光先生先秦文史研究的一系列论著中，创造性地运用“两分法”具体分析论述且产生较大学术影响的成果，莫过于他关于孔子思想的评价及其“两个孔子”的观点。

张国光先生坦承：他“是根据”毛泽东“两分法”的思想而得出“两个孔子”的认识的。[①] 而张先生所谓“两个孔子”的认识，笔者认为应该从两个层次去理解。

其一，对孔子及其思想有一个“两分法”的评价。

张先生在《论“爱孔子”与“爱真理”的统一和“五四”的打倒孔家店——对蔡尚思教授〈我爱孔子、我尤爱真理〉一文的质疑》一文中说：“不应否认孔子是古代伟大的思想家，其思想遗产中精华多于糟粕”；“孔子不仅勤奋好学，知识渊博，而且思想广大精微，对整个中华民族和东西方人民都有积极的影响”。其思想的精华，具体来说则有如下八端：“广博的仁政思想，强烈的爱国精神，先进的民主意识，鲜明的理性思维，高尚的道德规范，积极的人生态度，宏伟的大同理想，深刻的辩证观念。”[②]

在《我国古代的教育诗与社会风俗画——〈歧路灯〉新论，兼评〈“埋没”说质疑〉》中，张先生又指出：“当然，我们不否认所谓儒家的正统思想中，含有保守的、落后的成分，属于应该剔除的糟粕之列。”[③]

如上所述，在张国光心目中，孔子及儒家思想是具有精华和糟粕两种成分的，而且是“精华多于糟粕”的，这应是他对孔子及儒家思想的基本看法。所以，张先生“主张用历史唯物主义观点，区分儒家思想中的糟粕和精华，而分别予以去取”；应该“全面理解毛泽东同志的‘两分法’，本

---

① 张国光：《文史哲学新探》，第 50 页。
② 张国光：《文史哲学新探》，第 37 ~ 41 页。
③ 张国光：《古典文学论争集》，第 371 页。

着取其精华弃其糟粕的精神来恢复孔子本来面目，评价其历史地位”。①

其二，针对“五四”以来学术界反复出现的尊孔和批孔的争论，提出“历史上的孔子”和“被歪曲了的孔子形象”的“两个孔子”的说法。

“两个孔子”乃至“多个孔子”的现象由来已久。早在孔子生活的春秋后期，《左传》就记载有两个不同的孔子。笔者曾在所著《〈左传〉人物论稿·孔子论》中提到：“《左传》中的孔子有两个：一个是《左传》作者借以发表议论的代言人，作者常常在某人某事之后，以‘孔子曰’或‘仲尼曰’的形式，用简短、概括的几句话来发表看法，这有如‘君子曰’或‘君子谓’中的‘君子’。这些话，有的是孔子在事后很久说的，《左传》引用来借以表达自己的某种倾向性，有的则是《左传》作者引用传闻或托为孔子之辞”；“另一个孔子，是实载其人其事的孔子”。② 又如战国之时，《庄子》书中更是虚拟了“醉心于道学的孔子、从儒学向道学转化的孔子、作为儒学代表人物的孔子”等三种不同的孔子的形象，与历史上原始的孔子相区别。对此，海南师范大学阮忠教授的《庄子创作论》也有专门的论述。③

当然，张国光“两个孔子”的说法与此不同。张先生认为，“五四”时打倒的孔子，与历史人物孔子并不完全等同。“五四”新文化运动的先驱来不及把历史上“真实的孔子”和“被后人歪曲了的孔子”区别开来，以至于错把“孔家店”货架上陈列的大多是法家、宋儒和明清统治者所炮制的封建货色一股脑儿挂到孔子账上，于是天下之恶皆归于孔子一人。④

同样，“鲁迅对孔子并不是全面否定的”。他在《汉文学史纲要》中称孔子“祖述尧舜”，是“欲以救世”；在《再论雷峰塔的倒掉》中还说“孔丘先生确是伟大，生在巫鬼如此旺盛的时代，偏不肯随俗谈鬼神”；而在 1935 年写的《在现代中国的孔夫子》中，又说“孔夫子的做定了摩登圣人，是死了以后的事，活着的时候却是颇吃苦头的”。可见“鲁迅明确地认识到有‘两个孔子’，其一是历史上的孔子……其二是被封建统治者用作傀儡的被扭曲了的孔子形象。这实际上是对五四时期，误把一个进步

① 张国光：《文史哲学新探》，第 2 页、58 页。
② 何新文：《〈左传〉人物论稿》，中国社会科学出版社，2004。
③ 阮忠：《庄子创作论》，中国地质大学出版社，1993，第 124～138 页。
④ 张国光：《文史哲学新探》，第 42～43 页。

的孔子，当作反动的孔子来批斗的偏向所作的不言而喻的矫正"。而"在今天，我们已有了充分的条件来运用历史唯物主义观点在详细占有资料的基础上，实事求是地恢复孔子的历史本来面目，那就应把孔子放到两千年前的广阔的世界背景上来考察，这才是科学的态度"。①

诚哉斯言。如果当下乃至今后的学者们，能够从历史的角度，运用"两分法"的方法，既全面认识孔子及其思想学说的民主性精华与某些落后的部分，又能分清楚历史上的思想家孔子和历代被赋予新的含义乃至被歪曲了的孔子形象，能够以客观、科学的态度对待孔子及不同时代的孔子现象，是其所当是，非其所当非，我们就一定能够正确地总结这份珍贵的思想文化遗产，使之成为建设新的进步文化的精神财富，当然也会减少许多误解和无意义的争论。

三 "要在详细占有资料的基础上"探索出新

熟悉张国光古典文学研究的读者，会发现花色多样的"新探""争鸣"是其论著中出现频率十分高的词语，诸如"古典文学论争集""水浒争鸣""文史哲学新探""学记新讲""古典文学新论""红学新潮"等。可以说，"创新"与"争鸣"，是张先生古典文学研究的惯常用语，也是他的惯常思维。

那么，如何去创新、出新？又怎样去论辩、争鸣呢？对此，张先生也有他自己的见解。且看他在《古典文学新论·卷头语》中的一段论述：

> 我们开辟的这一园地之所以命名为"古典文学新论"，就是要防止一种盲目崇拜古人，以至食古不化的偏向。我们认为应该把继承与创新结合起来；我们提倡把探索与创新的理论勇气，贯串到古典文学研究的全过程。
>
> ……当然，我们所谓的"新"，是"温故而知新"之"新"，不是为了标新立异而故意去标"新"。更不是凭主观臆断、信口开河，为了哗众取宠而发一些稀奇古怪之论。我们所说之"新"，就是要在详细占有资料的基础上，在马克思主义指导下，得出的新观念、新命

① 张国光：《文史哲学新探》，第42～44页、第3页。

> 题。我们提倡实事求是的治学态度。[①]

此外，在那篇张先生自许为颇有“新观点”[②] 的《试解〈庄子·逍遥游〉主题之谜》的长篇论辩文中，也强调过占有资料的重要性。文章说：

> 对于……《逍遥游》的思想主题究竟怎样理解，我结合攻读《反杜林论》、《唯物主义与经验批判主义》、《实践论》等经典论著，对它作了较长时间的探索，而且从1978年秋起，在教学或学术讲演中也不止一次地阐述过拙见。……今天的主要任务是要占有大量的文献资料，通过刻苦的探索，恢复庄子的本来面目，理解他的思想实质。[③]

所谓“新”，不是故意标新立异，更不是凭主观臆断信口开河，而是实事求是，在充分占有大量文献资料的基础上，通过刻苦的探索，恢复古人的本来面目，得出新的观念、新的命题。这是张先生对古典文学研究同人特别是年轻学者的期望，也是其治学态度与学术风格的自我表述和总结。

不必说《我国第一个知名的女诗人：许穆夫人生平考证——兼析〈载驰〉一诗的主题与歧义》和《〈山海经〉入南海之黑水即今之金沙江考》这样以“考证”名篇的论文，是以翔实的资料、严密的考证见长；张国光那些另辟蹊径的“争鸣”文章，也无一不是以占有大量文献资料为基础的。

为了质疑某些学者“孔子思想中否定的东西多于肯定的东西”的不实之词，张先生在充分占有资料的基础之上，详列“孔子思想精华八端”予以反驳，并进而说明孔子的思想遗产其实是“精华多于糟粕”。

在所撰两篇关于鲁迅与孔子的论文中，为了证明鲁迅笔下确有一褒一贬的“两个孔子”，张先生细读《鲁迅全集》，逐一检阅了其中《文化偏至论》《买〈小学大全〉记》《中国地质略论》《斯巴达之魂》《古小说钩沉序》《略谈香港》《摩罗诗力说》《会稽郡故书杂集序》《越铎出世辞》《中国小说史略》《汉文学史纲要》《在现代中国的孔夫子》《再论雷峰塔

---

① 张国光：《古典文学新论》，第2~3页。

② 张国光：《古典文学论争集》，第5页。

③ 张国光：《文史哲学新探》，第127、145页。

的倒掉》《〈出关〉的“关”》《所谓国学》《不懂的音译》《灯下漫笔》《十四年的读经》《两种黄帝子孙》《晨凉漫记》《看镜有感》等20多篇文章，归纳了鲁迅关于孔子的全部论述，比较了鲁迅在辛亥革命前后对孔子与传统文化的不同认识，并且在分析了易白沙《孔子评议》等相关资料以后，张先生才做出自己的判断：鲁迅对历史上真实的孔子是肯定多于批评的，而且“鲁迅之所以对孔子思想中的精华部分和优秀的民族文化，有着如此深切的认识和炽热的情感”也“不是偶然的”[①]；鲁迅所反对的是那个被“封建统治者用作傀儡的被扭曲了的孔子形象”[②]，有如鲁迅《在现代中国的孔夫子》中所言：“孔夫子到死了以后，种种的权势者便用种种的白粉来给他化妆，一直把他抬到吓人的高度”，“孔夫子这人，其实是从死了以后，也只当着敲门砖的差使的”。所以，张国光强调：“不能把鲁迅实际上只是对孔子思想中的落后成分和封建文化糟粕的批判”，“‘放大’为对孔子其人、其书和整个民族文化的彻底否定”。[③]

经过如此详细的考辩论证，所得出的结论自然能令人信服。对于这一点，张国光先生也颇为自信，他在所撰《〈全国孔子思想评价与弘扬民族优秀文化讨论会〉纪要》中说：“我们这些见解，都是通过详悉占有资料，并在马克思主义基本原理指导下得出的结论。相信它是经得起实践检验的。”[④]

对于那些质疑、驳辩形式的论文，张国光更是列举十分详细的论据予以充分的说理和有力的斥驳。如《对〈屈原问题考辨〉的考辨》一文，针对日本学者三泽玲尔否认屈原实际存在的言论，张先生列举屈原事迹及《离骚》内容的五条内证逐一剖析，说明三泽玲尔因为“着眼于猎奇”，故“一叶障目，不见丘山”，他的所谓“论断大都与事实背离”，用来否定《离骚》为屈原所做的五点“理由”也“无一能够成立”；三泽玲尔“把这样一些经不起检验的臆断之词作为论据，来否定屈原这个历史人物的真实存在，诚未免走的太远了，是不可以不辨！”

还有《评所谓“最周密、最系统”的“屈原否定论”——何天行〈楚辞新考〉条辨》一文，针对日本学者稻田耕一郎所据1937年大陆学人何天

① 张国光：《文史哲学新探》，第12页。
② 张国光：《文史哲学新探》，第44页。
③ 张国光：《文史哲学新探》，第51页。
④ 张国光：《文史哲学新探》，第63页。

行《楚辞新考》中的否定屈原的谬论，张先生详列了诸如《楚辞》用夏历是战国时代“在民间通行的历法”、《离骚》多用“修”字与汉刘安讳其父刘长之名字无关、怀疑《离骚》多用香草与刘安好“黄白之术”有关是因为何天行“不懂什么是黄白之术”、说《离骚》所咏“桂”与“菌桂”传入在汉武帝开拓疆域之后是何氏的“胶柱鼓瑟之见”、以《离骚》与《淮南子》有表述相似处证明《离骚》为刘安所写“是本末倒置”等多达 14 条论据，对稻田耕一郎所欣赏的何天行之说逐一批驳。最后，张先生总结说：

> 以上所论，可见何文列举的所谓 14 点外证，无一可以成立者，这除了表现作者之浅识外，就还剩下一个卤莽灭裂地对待古籍的态度……如此研究古典文学，未免太简便了！……何文的“价值”，不外是为我们批判这种否认屈原实际存在的臆断之词，提供了最充分、最典型的反面教材而已。①

字里行间，张先生对那种不充分占有资料就信口开河、凭主观臆断而妄立异说的研究态度的不满和愤慨之情难以掩抑。

以上是本文对张国光先生先秦文史研究及其方法的粗略叙述。随着时间的推移，一定会有更多关于张先生的研究成果出现。但笔者相信，张先生“围绕着弘扬民族优秀文化的主旨命笔”的精神，坚持“两分法”以“去粗取精”的研究方法和“在详细占有资料的基础上探索创新”的治学态度，都是值得我们认真总结和发扬光大的。

［作者附记］

大约是在 20 世纪八九十年代之交，当张国光先生的《水浒与金圣叹研究》等文著相继面世，其“两种《水浒》、两个宋江”，“两种《红楼梦》、两个薛宝钗”，以及“两个孔子与两类文化传统”等一系列“双两”学说蜚声学界的时候，我和大学时的同窗好友、后任教于华中师范大学文学院的张三夕教授，就萌生过一个想法：写一篇探讨张国光先生学术研究成果及其研究方法的文章。

---

① 张国光：《文史哲学新探》，第 168 ~ 169 页。

后来，由于精力尤其是学力的准备不足，写文章的事一直搁置。光阴荏苒，一晃二十多年时间过去了，自己的学问仍然没有多大长进，但令人敬仰的张先生却于2008年永远地离我们远去了！在张先生逝世一周年之际，《争鸣与创新：张国光教授纪念文集》也编成出版，这篇二十余年没动笔的文章已没有理由不交卷了。但以如此浅薄的文字来论说先生的鸿篇巨制，且又再也不能呈张先生批阅修正，真是惶恐之至。

笔者以为，张国光先生的研究成果及其惊世骇俗的新见宏论，或许见仁见智，不同的人会有不同的评价议论；但张先生关注现实、热爱生活、奖掖后进的人文情怀，对祖国优秀传统文化终生不减的执着和热情，敢于探索创新、争鸣论辩的治学态度与风范，则一定会成为他曾经奉献和贡献过的湖北大学古代文学学科的永远的精神财富。张先生生前穿戴朴素，总戴着一个不算精致的布帽，提着一个半新不旧的书包，奔走于教室、讲堂、会场、书店、图书馆、出版社之间的行色匆匆的身影，也将永远定格在我们的记忆之中。

张国光先生，还有李悔吾、曾昭岷、韩珉、刘道恩、王陆才先生等学科前辈，留下他们的文章、事业而离去了；古代文学学科的后来者们，则当继往开来，奋然前行。

The Academic Characteristics and Enlightenment of Zhang Guoguang's Research on the Literature and History of Pre-Qin Dynasty

He Xinwen

Abstract: Mr. Zhang Guoguang is famous for his research achievements on *Water Margin*, *Dream of the Red Chamber* and Ming Dynasty literary critic Jin Shengtan, and his unique style of argument and debate. In fact, Zhang Guoguang, who admires "reading extensively to understand knowledge" and has studied both literature and history, has a profound foundation of Chinese studies and an unwavering academic enthusiasm throughout his life, and is interested in almost all the ancient Chinese literature and history. Among them, the pre-Qin literature is paid special attention to. The research achievements of Mr. Zhang on the history of pre-Qin literature are relatively concentrated on "Yanhuang Culture and Confucius Thought Evaluation", "Qu Yuan and Chu Ci Studies", "The Commentary on *Xueji*", etc. Throughout the research results on pre-Qin literary history of Mr. Zhang, although the content involved is quite extensive, the attentive readers can still appreciate some of the consistent characteristics of thought and research methods, and can obtain many useful enlightenments from it: (1) the academic spirit of "writing around the promotion of national outstanding culture"; (2) the adherence to the "two-division method" principle and the research method of "getting rough and fine"; (3) the academic attitude of "exploring innovation on the basis of detailed possession of information".

Keywords: Zhang Guoguang; Pre-Qin Literary History; Confucius Thoughts; The Songs of the South

About the Author: He Xinwen (1953 -), Professor at School of Chinese Language and Literature, Hubei University. Research interests and specialties: bibliography of ancient Chinese literature and classical literature. Magnum opuses: *History of Chinese Fu Theory*, *General Theory of Bibliography of Chinese Literature*, *Discussion on Zuo Zhuan Characters*, "*The Heart of Embracing the Family, Including the Universe*"—*On Han Fu's* "*Big*" *as Beauty*, etc. Email: hexw111@sina. com.

“我自乐生非厌世，任教两鬓渐成霜”

——论顾随词中的人生态度

王　星[*]　李文迪[**]

摘　要　顾随是中国现代文坛上一位思想深邃的学者，在诗词、剧曲、文学理论等方面颇有建树，对词的钻研与创作贯穿了他的全部人生。秉持“为人生”和“用新精神作旧体诗”的创作理念，顾随词在继承中国传统文人风骨的基础上，渗透了词人在特殊时代对人生的体悟与反省。无论是写离别、悲愁、相思，还是上升到对整个人生的哲学思索，顾随词都在同一维度的不同侧面反映了顾随通达乐观、担荷运命的人生态度。顾随词极富生命力，这不仅得益于顾随自身的开放心态与博学多才，还得益于中国传统文化的熏陶以及与他同时代的思想先行者鲁迅的影响。顾随词带给我们的不仅是知识的学习，更是心灵的升华与品格的塑造。

关键词　顾随　民国词　人生观

基金项目　湖北省教育厅项目“民国词人顾随词学理论与学缘关系研究”（项目编号：201811021301001）

顾随（1897～1960），字羡季，一生执教并从事文学创作与学术研究。顾随生前无意于著书立说，其作品和理论并不被人熟知，加之动荡年代里顾随手稿多被毁，现存顾随的相关作品不足原本的十分之一，这给我们全

*　王星（1972～），湖北大学文学院副教授。主要研究方向为宋代文学与民国诗词。电子邮箱：229521086@ qq. com。

**　李文迪（1999～），湖北大学文学院 2017 级中文基地班学生。电子邮箱：393689397@ qq. com。

面深入地了解顾随其人及其学问造成了很大的阻碍。不过留存下来的顾随手稿数量仍旧可观，加之叶嘉莹、周汝昌、顾之京等人的搜集整理，有关顾随的书籍得以陆续出版。此外，叶嘉莹、周汝昌、黄宗江等弟子在学界的声望也在一定程度上提高了顾随的影响力。20世纪末的时候人们开始了对顾随的学术研究，重点集中在思想理论方面。总的来说，顾随在近几年才逐渐走进人们的视线，研究者相对较少，研究领域还有很大的扩展空间，这位隐蔽的国学大师有待人们进一步了解，本文旨在挖掘蕴含在一代学者身上的那种直面人生、担荷苦难、积极进取的现世价值。“顾随的意义不在于完成而在于展示了某种可能，不在是否成为经典而在体现了人生与学问的境界与活力：他是我们这个仓促而势利的时代一个必要的参照和补充。”①

顾随自幼学习四书五经、唐宋八大家古文、唐宋诗选等，这使他一生爱好古典韵文。青年时期顾随始学填词，从此和词相伴一生。顾随在1927年出版了自己的首部词集《无病词》，之后，《味辛词》《荒原词》《留春词》《积木词》《霰集词》等词集相继问世，作词可以说是顾随一生的事业，“羡季殆无一日不读词，又未尝十日不作，其用力可谓勤矣！”② 顾随曾在《留春词》序中说今后不再作词，却于自己身心交病、了无生趣之时又不由自主地重新提笔作词，可见顾随与词的缘分之深厚。综观顾随所有的文学作品：词作数量远在小说、散文、诗歌、剧曲等作品的数量之上；在质量上，词也远在诗之上。所以，词是顾随作品中最不可忽视的一部分。

顾随信奉“为人生而艺术”的创作理念，认为：“凡艺术作品中皆有作者之生命与精神，否则不能成功。古人创作时将生命精神注入，盖作品即作者之表现。”③ 顾随在给卢继韶的信中也谈到自己的文学主张，说自己“厌谈人生而喜写人生”。④ 顾随的整个人生都入了词，包括他对夫人的思念、对朋友的情谊、他在困病交加时的愁寂，以及他对人生百态的洞彻——他将满腔文人情怀都化而为词，所以，词最能代表顾随。透过词，

① 闵军：《顾随年谱》，中华书局，2006，第5页。
② 顾随：《顾随全集》第一卷，河北教育出版社，2000，第82页。
③ 顾随：《顾随全集》第三卷，河北教育出版社，2000，第3页。
④ 顾随：《顾随全集》第四卷，河北教育出版社，2000，第75页。

我们可以见出顾随的人生态度和他始终保持的乐观进取、积极昂扬的精神状态。他的作品“大多是源于知识却超越于知识以上的一种心灵与智慧和修养的升华”①，所以叶嘉莹才希望读者能以积学深思的态度去阅读顾随的著作。本文即按这种指导，在通读顾随全部词作并反复品味其中精品的基础上，围绕顾随的人生态度而得到一些启发，笔者相信这些启发，无论是在为学还是在为人方面，都将对我们的成长大有裨益。

一　对顾随词作的分类分析

顾随自1927年开始作词，至1960年去世，三十余年间共作词五百余首，大部分作品作于新中国成立前，是民国词人的代表。顾随词所表达的思想情感随词人人生经历的转变而不断变化，然就其不变而观之，顾随对人生的达观态度和担荷精神是贯穿词作始终的，下文将在对顾随词大致分类的基础上分别从离别、悲愁、相思、进取、退隐、人生共六个方面来进行阐释。

（一）“明朝挂起顺风帆，送君过大江南岸”——说离别

送别诗词大体抒写眷恋不舍、别易会难的离愁别绪，较少表现一种阔大的气象与平和豁达的风格。作为相对于诗来说抒情更为哀婉缠绵的词，更是将离别时千头万绪、柔肠寸断的感情表现得淋漓尽致。但顾随的送别词，一改旧时的感伤低沉，更多表现了词人面对人生离合时豁达乐观的态度，“挥手自兹去，努力爱韶光”②，使人不由为之鼓舞，为之消愁。以下是两首顾随送别词的代表作。

临江仙·送君培北上

去岁天坛曾看雨，而今海上秋风。别离又向月明中。沙滩潮定后，戏浪与谁同。　把酒劝君君且醉，莫言我辈终穷。中原逐鹿几英雄。文章千古事，手障万流东。③

① 顾随：《顾随全集》第一卷，“序言”，第2页。
② 顾随：《顾随全集》第一卷，第29页。
③ 顾随：《顾随全集》第一卷，第6页。

无论是把酒言欢还是借酒消愁，酒历来是文人寄托情感的一个常用工具。顾随的酒，一不助兴，二不解忧，在此词中，酒反而成了一个附属品，离别之际，索性就喝个痛快，醉个坦然，文人的清贫又算得了什么呢！沙滩、海浪、把酒且醉、中原逐鹿、千古文章，将这些出口朗阔的辞藻放入词中，淡化了离别的哀伤，将词人在穷困境地中的坦然、面对历史更迭的大气，以及送别好友的劝慰自然托出，达到“哀而不伤”的境地，可谓是真正的通达透彻。

鹊桥仙

试舒皓腕，倒垂金盏。案上榴华照眼。将来过去俱消融，只剩下眼前一点。 百年不短，天涯未远。沉醉高歌今晚。明朝挂起顺风帆，送君过大江南岸。①

过去、将来不可把握，只有现在才真正属于我们。未来可期，只要心里还挂念着彼此，物理距离的遥远又算得了什么呢！从中可见词人昂扬的精神状态，以及面对离别时达观的人生态度。词作贯彻了顾随的一贯主张，词人以新精神作旧体诗，将自己对聚散的思考和态度融入词中，展现了新一代词人焕然一新的精神面貌。

（二）“万斛闲愁，捎起掉头而走”——说悲愁

顾随常年体弱多病，但他意志坚强，悲愁、寂寞、苦闷等灰色情绪在他的词中常常是作为被嘲笑、被鞭挞、被藐视、被利用的对象，词人的主体地位和理性思索在关涉悲愁的词中占据了主导地位，我们看到的，是隐藏在词后的一位勇于担荷现实苦难的词人形象。先看一首他描写闲愁的词。

少年游

饱尝苦酒，闲成闷睡，此意自家知。海水温柔，天魔冶艳，吾愿老于斯。 鳞伤遍体疤痕在，剩有命如丝。休矣先生，几根胡子，卖

① 顾随：《顾随全集》第一卷，第64页。

却少年时。[①]

独自饮酒，酒苦人闲，只好借闷睡来打发无聊时光。但寂寞又如何呢？还有海水抚慰情感，还有天魔平和思绪，所以“吾愿老于斯”。快别说什么“满身伤痕、命若游丝”这样的话了，别像少年一样，登楼赋词强说愁。这首词内蕴一股气，这种气，是“劲”，是“健”，能够使词人在抒写寂寞心境的同时不至于耽溺其中难以自拔，否则他也不会在词的末尾戏谑道“休矣先生”了。

再看三首他描写悲愁寂寞的代表作。

蓦山溪·述怀戏效稼轩体

填词觅句。镇日装风雅。猛地梦醒来，是处堪愁人潇洒。樱花路上，来往不逢人，红叶底，小池边，闲杀秋千架。　新愁不断，愁不教人怕。最怕是闲来，心如叶、西风吹下。古人堪笑，寻地好埋忧，问何似，唤愁来，却共愁厮打。[②]

行香子（其三）·三十初度自寿

春日迟迟。怅怅何之。鬓星星、八字微髭。近来生活，力尽声嘶。问几人怜，几人恨，几人知。　少岁吟诗，中岁填词。把牢骚、徒做谈资。镇常自语，待得何时。可唤愁来，鞭愁死，葬愁尸。[③]

浣溪沙

郁郁心情打不开。旁人笑我太痴騃。那知我正费安排。　愁要苦担休殢酒，身如醉死不须埋。且开醒眼看愁来。[④]

顾随曾根据人对烦恼苦痛的态度区分了三类人：“第一等人不去病苦，不免烦恼，‘不断烦恼而入菩提。’烦恼是人的境界，菩提是佛的境界，惟

① 顾随：《顾随全集》第一卷，第 6 页。
② 顾随：《顾随全集》第一卷，第 15 页。
③ 顾随：《顾随全集》第一卷，第 18～19 页。
④ 顾随：《顾随全集》第一卷，第 45 页。

佛能之。烦恼痛苦在这种人身上不是一种负担而是一种力量、动机。第二等人是能借外来事物减少或免除痛苦烦恼。……第三等人终天生活于苦痛烦恼中，整个被这种洪流所淹没。”① 顾随赞赏第一类人，而他自己也做到了不去病痛，不免烦恼，这在他的词句例如“万斛闲愁，揹起掉头而走”“闲愁最好。且莫说销愁，合偕愁老”“愁中领略愁滋味”“自从读会灵均赋，不爱欢娱只爱愁”“此世不尝人世苦，今生不解人生趣”② 中都有所表现。顾随面对愁苦时不怨怼，不悲哀，以文人少有的战斗精神“共愁厮打”，这集中体现了顾随积极乐观、担荷运命的人生态度，极具生的色彩和力的表现，从中可见出词人的襟怀气度与人生智慧。

（三）“相思恰似樽中酒，君若尝时细细尝”——说相思

顾随的相思，甜而不腻，苦而不涩，浓而不闷，呈现出积极的状态，是美好多过哀伤的想念与告慰。他的所有抒发相思之苦的词，风格都趋于中正平和，既清且柔，久而知味，读来倍觉熨帖。且看他的三首关于相思的代表词。

八声甘州·春日赋寄荫君

嫩朝阳一抹上窗纱，依然旧书斋。尽朝朝暮暮，风风雨雨，有甚情怀。记得君曾劝我，珍重瘦形骸。不怨吾衰甚，如此生涯。

底事年年轻别，只异乡情调，逐事堪哀。看两行樱树，指日便花开。好遗君二三花朵，佐晨妆、簪上翠鸾钗。算同我、赋诗携手，共度春来。③

此词写对夫人的思念。上片似在倾诉生活的艰难，为自己消瘦的身体郑重其事地向夫人告饶，于清苦中见出诙谐。顾随喜樱花，在与夫人分隔两地之时，思念与盼望团聚之情都融为一句——“看两行樱树，指日便花开”，平实温馨而又情愫深重，颇有花开陌上缓缓归的入微细腻。鸾凤象征成双入对的恋人，词人想象着樱花被夫人簪在翠鸾钗上的情形，也算携

① 顾随：《顾随全集》第三卷，第 32 页。

② 顾随：《顾随全集》第一卷，第 28、36、37、42、184 页。

③ 顾随：《顾随全集》第一卷，第 9 页。

夫人之手，共享春景。这份相思，不是爱而不见的凄凉与惆怅，而是投入深情与乐观的相互慰藉，绵绵情意，醇厚有味。

鹧鸪天

午醉醒来觉嫩寒。闲庭徐步袷衣单。园花未醒三春梦，山柳才吹四月绵。 愁不断，梦回环。共伊隔得几重山。相思谁道催人老，使我情怀更少年。[①]

所念远隔千山，所以愁缠梦萦。但词人在此表现的不是相思之苦，而是一种积极的想念：相思并不会使人衰老，它会使我宛如少年般多情细腻，于甜蜜抑或苦涩中体味相思的复杂滋味。

木兰花慢

正东风送雨，急檐溜，恨楼高。更万点繁声，藤萝架底，薜荔墙腰。深宵。隔窗听取，者凄清、全不减芭蕉。何况长杨树上，平时已爱萧萧。 迢迢。断梦到江皋。愁思正如潮。恁夜半危楼，一条残烛，争禁飘摇。山遥。更兼水远，想故人、此际也魂销。两地一般听雨，不知谁最无聊。[②]

深宵坐听风吹雨，点点滴滴尽凄清，我的故人是否也同我一样，这般心情，无人与诉。通过渲染凄凉氛围，词的情绪被降至最低处。末一句力挽狂澜，词人在想念的酸楚中突然生发了一个念头：不知我俩谁更无聊些。说是“谁最无聊”，实则是肯定二人皆忠贞深情而为情所苦。单这一句就给整首词的阴郁色调刷上了别样的色彩，令人默然深思，与“相思有路路难通。松花江上好，莫管与谁同”[③] 皆为末句振起，有异曲同工之妙。

顾随的相思词别开生面，渗透着词人的理性思考，展现出词人细尝相思之苦时的达观心境。他的相思词，整体上乐观而豁达，用顾随同样写相

---

① 顾随：《顾随全集》第一卷，第 19 页。
② 顾随：《顾随全集》第一卷，第 28 页。
③ 顾随：《顾随全集》第一卷，第 34 页。

思的词句来概括，就是“千古事，九回肠。不须伤感与悲凉。相思恰似樽中酒，君若尝时细细尝”。[①]

（四）“领取忙中真趣，这般就是人生”——说进取

顾随认为：“人在有所爱有所求时是最向上最向前的。一方面是专一，在有所爱有所求时最专一（精诚），由精诚生出伟大。人在有所爱有所求是自然如此。别的都可不要，都可牺牲，什么都忘了，一忘便是最大舒服。而其来源皆生于进取之心。还有，人在有所爱时，他的生命力最旺盛，精神最活泼，而且这时人是最美的一个人。”[②] 顾随的进取心，源于对人生的热爱，这从他能够在繁忙中体味乐趣、在时光流逝里把握当下、在艰难苦恨中不断勉励自己要发光发热便可看出。

顾随认为，忙碌是人生常态，人应该努力投入到生活中去，而不是一面无所事事，一面抱怨无聊。且看一组他关于忙碌的代表作。

清平乐（四首）

（其一）

晕头涨脑。忘却天昏晓。镇日穷忙忙不了。那有功夫烦恼。　闲言闲事闲情。而今一笔勾清。领取忙中真趣，这般就是人生。

（其二）

眠迟起早。都把愁忘了。磨道驴儿来往绕。那有功夫烦恼。　我今不恨人生。自家料理调停。难道无花无酒，不教我过清明。

（其三）

鸦鸣鹊噪。妙处谁知道。听说疲牛还吃草。那有功夫烦恼。　天公真没天良。催人两鬓成霜。愁里翻身坐起，我能享乐穷忙。

（其四）

天公弄巧。捉弄闲人老。今日忙多闲苦少。真没功夫烦恼。　任他春夜凄清。新填数首词成。唤起天公听我，仰天大笑三声。[③]

---

① 顾随：《顾随全集》第一卷，第 74 页。

② 顾随：《顾随全集》第三卷，第 290 页。

③ 顾随：《顾随全集》第一卷，第 47 ~ 48 页。

顾随并不欣赏“偷得浮生半日闲”的状态，“最怕是闲来，心如叶、西风吹下”①，“民生在勤，勤则不匮”②，“流水不腐，户枢不蝼，动也”③。所谓的“忙中真趣”，在笔者看来，就是一个“单纯”：忙碌的人没有工夫烦恼，所以他是快乐的；没有时间去想“闲言闲语闲情”，所以他的心是专一而又轻松的。在忙碌中享受忙碌，在纷乱中清扫纷乱，这正是顾随积极担荷人生的通达之处所在。

顾随敢于正视当下，这使得他在对过去、今天、未来的思索中毅然选择了把握当下，珍惜现在。这从他的“且享用今宵，班荆道故，莫话离肠”“不辞明日无花看，且喜今宵有雨听”“将来过去俱消融，只剩下眼前一点。百年不短，天涯未远。沉醉高歌今晚”④ 等词句中可见一斑。

顾随关注人生问题，并尝试在词中体现出自己对人生的理解。在给好友卢伯屏的信中，他说：“我近来似乎发现了一个真理：享乐现在。人永远是惋惜着过去，而不会利用现在的。……现在我想把眼前的生活，过得切实一点，丰富一点；即使为将来的回忆打算，这也是值得过的事情哩!”⑤ 所以他赞赏热和力，在年华有尽的人生里，拼搏过、努力过，这人生才算是没白活。不信看他的“只人生、到此慢凄凉。君看孤星一个，尚摇万丈光芒”⑥ “一个流萤。自放微光暗处明”⑦，天际的孤星和明灭的流萤尚且光芒四射，用微弱的光照破山河万朵，物犹如此，人何以堪！“少年没曾挣扎，中年落得空虚”，所以才更要“拼将眼泪双双落，换取心花瓣瓣开”，才更要“索性吐丝作茧，一生直似春蚕”⑧。生命不息，奋斗不止，顾随用一生的时间，从“为人生”的角度诠释了究竟何为“春蚕到死丝方尽，蜡炬成灰泪始干”。

---

① 顾随：《顾随全集》第一卷，第 15 页。

② （春秋）左丘明撰，（晋）杜预集解《春秋左传集解》第二册，上海人民出版社，1977，第 586 页。

③ （战国）吕不韦著，王晓明注译《吕氏春秋通诠》，江西人民出版社，2010，第 59 页。

④ 顾随：《顾随全集》第一卷，第 20、50、64 页。

⑤ 顾随：《顾随全集》第四卷，第 401 页。

⑥ 顾随：《顾随全集》第一卷，第 20 页。

⑦ 顾随：《顾随全集》第一卷，第 57 页。

⑧ 顾随：《顾随全集》第一卷，第 28、57、53 ~ 54 页。

（五）“乐园如不在人间，尘寰何处寻天国”——说退隐

陶渊明笔下的《桃花源记》描绘出了一处令人神往的避世之所。但在现存的顾随的所有词作中，在他所有关于对人生所做的哲学性思考的词作中，对桃花源的批判一共出现了四次，这四次对桃源的否定，实际是对古代极其浓郁的退隐思想的批判，再次表明了他直面人生、积极入世的态度。且看这四首桃源词。

水调歌头·留别

收汝眼中泪，且听我高歌。人云愁似江水，不道着愁魔。长笑避秦失计。空向桃花源里，世世老烟蓑。悲戚料应少，欢乐也无多。人间事，须人作，莫蹉跎。也知难得如意，如意便如何。试问倘无缺憾，难道只需温暖，岁月任销磨。歌罢我行矣，夕日照寒波。[①]

这首词旋律积极，思想通达，写出了词人对人生的洞见。桃花源里，老幼同乐，无忧无愁，但是词人否定了这种生活。如果没有悲戚，那么欢乐也就显得不那么重要了，在悲愁的时候体味荒凉，在欢乐的时候享受美好，千帆历尽，才是真正活过。莫蹉跎，凡事尽力去做，虽然人生总是难求圆满，但又有谁的人生是毫无缺憾的呢？倘若毫无缺憾，又怎能称得上是人生呢！

永遇乐·夜读《大心》（俄丹钦柯小说）不能寐，因赋。

少岁无愁，爱将愁字，说又重说。今日闻人，言愁不觉，先自扪吾舌。沙场炮火，深沟弹雨，愁也怎生愁得。试翘首、战云滚滚，江南直到江北。　醉乡忘我，桃源避世，堪笑古人痴绝。万丈银河，可能倒挽，静洗平原血。家山自好，韶华未完，君莫蹉跎悲切。浑无寐、披衣坐听，声声画角。[②]

---

① 顾随：《顾随全集》第一卷，第 38 页。
② 顾随：《顾随全集》第一卷，第 46 页。

菩萨蛮·将去西山赋

夜来一阵潇潇雨。趁风吹得凉如许。西北有高峰。不遮西北风。桃源难久驻。又向人间去。黄叶舞山前。似催人下山。[1]

踏莎行

当日桃源，那般生活。算来毕竟从头错。乐园如不在人间，尘寰何处寻天国。　平地楼台，万灯照耀。人生正自奔流着。市声如水泛春潮，茫茫淹没天边月。[2]

“乐园如不在人间，尘寰何处寻天国”，此句与苏轼的“起舞弄清影，何似在人间”境界别无二致，在人间也可以得到快乐，又何必要到天上去呢？顾随欣赏苏轼，大概是因为苏轼身上有着与自己相同的特质，即在生活的捶打中还能以达观之心义无反顾地投入生活，热爱生活，并自得其乐。即便在太平之世，顾随也不愿选择桃源那样的平静生活，更何况是在“战云滚滚，江南直到江北”的特殊时代，虽然身在书斋，而诗人的心却与时代一起澎湃，这也是顾随一直讲解鲁迅作品、以鲁迅作品鼓励青年人走向新世界的内在根源。“世上只有一种英雄主义：那就是看出世界的本来面目——并且努力地去爱它。”[3] 顾随似乎就是这样的人，消极避世不是顾随的人生观，敢于直面人生苦痛的人不会将希望寄托在幻想中。“既不能舍此它图，便不能不与世浮沉。既不能与命运宣战，便不能不担负命运。”[4] 他愿意去体验生，去享受生，去“自辟心园。自种心田。自栽花，自耐新寒。一枝一叶，总觉鲜妍。问是仙山，是天国，是人间”。[5]

（六）“年华有尽，人生无价”——说人生

以上离别、相思、悲愁等诸多词作，都涉及人生的某一方面，而顾随词更多的是对人生问题做出直接的回答。顾随饱尝人世辛酸与无奈，但是

---

① 顾随：《顾随全集》第一卷，第 59 页。
② 顾随：《顾随全集》第一卷，第 60 页。
③ 〔法〕罗曼·罗兰：《名人传》，于鑫译，北京联合出版公司，2014，第 62 页。
④ 顾随：《顾随全集》第四卷，第 368 页。
⑤ 顾随：《顾随全集》第一卷，第 64 页。

他不允许自己耽溺其中，所以他积极寻找出路，抛却无用的伤感与牢骚，逐走心上的愁魔，总结出了属于自己的战胜生活的看家本领，那就是——担负运命！且看以下三首体现顾随对人生认识的词作。

采桑子（二）

清宵细数当年事，酒意阑姗。别意缠绵。月满平湖各下船。　人生原是僧行脚，暮雨江关。晚照河山。底事徘徊歧路间。①

我国修禅之人自古就有行脚传统，背一个简单的包袱，靠一双脚、一禅杖，独身走遍各地的山水林崖、街巷城乡，以此来提升自己的意志和悟识。行脚是一个融入生活、体验人生、参悟生命的过程。在顾随看来，人生本就没有太多的捷径和坦途，就像行脚僧一样，走过的地方危机四伏，生命不知道会在哪一刻停止，行脚僧也不知道自己还要走多远的路，只是脚步从未停止。顾随的这句话体现了他的人生观，就是要投入进去，做生活的参与者和主导者。正所谓"年华有尽，人生无价。待明晨早起上高楼，看江山如画"②。

瑞鹧鸪

安心还是住他乡，酸酒斟来细细尝。觅句谩诌肠子断，吸烟却看指头黄。　也知人世欢娱少，未羡仙家日月长。我自乐生非厌世，任教两鬓渐成霜。③

"乐生"用来形容顾随的人生观再适合不过。乐天知命，在生活重负下依然洒脱豪迈，即使头发花白，也能安然享受生命尾声赐予人的智慧与安详。就像他的"越不爱人间，越觉人生好"④，就像他曾在给卢季韶的信中宣称"我爱'生'，我将享用'生'"⑤，就像他在给卢伯屏的信中对自己的词句"一种人间味。须在人间会。有限青春，蒲桃酿注，珊瑚盏内。

---

① 顾随：《顾随全集》第一卷，第21页。
② 顾随：《顾随全集》第一卷，第59页。
③ 顾随：《顾随全集》第一卷，第38～39页。
④ 顾随：《顾随全集》第一卷，第40页。
⑤ 顾随：《顾随全集》第四卷，第57页。

待举杯一吸莫留残，更推杯还睡”[①] 这样解释道：“好好地爱惜我们的生命，好好地生活下去，有如把一杯好酒，一气喝干，待到青春已去，生命已完，我们便老老实实地躺在大地母亲的怀里休息，永远地，永远地。”[②]

临江仙·连日阅禅宗语录，迥无入处

春去已成首夏，秋深又到初冬。悠悠飞鸟度长空。却来杨柳岸，高唱大江东。　万事从教草草，此生且莫匆匆。共谁狭路好相逢。拈花知佛意，一笑见宗风。[③]

顾随能从消极情绪中挣脱出来，能认识到不可将有限人生无端消耗在悲观叹息上，要珍惜时间，努力进取。“杨柳岸”本就给人一种纤柔、缠绵的情感体验，该意象更是因为柳永的名句“杨柳岸晓风残月”而与感伤、幽怀紧密地联系在了一起。在杨柳岸高唱大江东去，写尽了词人面对逝水年华的坦直豪情，不同于柳永的纤巧，而是生出一股刚毅之气，情怀郁博，从中可窥得词人的阔大胸襟与必有所为的人格力量。

顾随对人生的态度，只两字便可总结：担当！生活有其不堪的一面，所以要担当，直面人生，直视痛苦，不去病痛，不免烦恼；年华有其匆忙的一面，所以要担当，静看庭前花开花落，坐赏四季春华秋实，把握当下，努力有所作为；人生有其苦涩的一面，所以要担当，热泪深藏，葵心向阳，通达积极，背负命运。顾随是把“对人生的无奈升华为对人生的热爱，把人生的苦难当作对自我的磨练和前进的动力，他在品味思索中获得面对人生的大智慧，义无反顾的担荷人生”。[④]

二　影响顾随人生态度的因素

（一）博古通今、学贯中西的知识背景

顾随是一位作家，新旧文体涉猎广泛；顾随是一位教育家，一生执

---

① 顾随：《顾随全集》第一卷，第 62 页。
② 顾随：《顾随全集》第四卷，第 402 页。
③ 顾随：《顾随全集》第一卷，第 99 页。
④ 李云：《论顾随词的艺术成就》，《保定学院学报》2015 年第 3 期。

教，桃李满天下；顾随也是一位学者，幼年接触中国传统文化，青年师从名家，接触西方文学，可以说是学贯中西。“父亲认为文学现象从来不是孤立的，他大量阅读古今中外的文学作品，比较对照，使他的研究触类旁通，左右逢源，绝无小儒的狭隘与拘束，立足点高，眼界开阔，完全走出了旧式文人的窠臼。”① 此外，顾随对禅学也深有参悟。渊博的学识使得顾随在面对人生困惑时能够超脱出去，运用所学为自己人生的迷途谋划出路，找寻摆脱烦恼忧愁的办法。他可以“从禅学中参悟超脱的智慧与担荷的精神——‘不断烦恼而入菩提’，把烦恼痛苦当成一种力量和动机”②。他也可以融合儒释道三家思想为己所用，从中吸取符合自己人生态度的成分。新中国成立后，顾随又凭借着自己对新事物的热爱，接受了马克思列宁主义和毛泽东思想，在年老多病的时候，精神面貌焕然一新，一改新中国成立之前自己在风雨飘摇的流年里低迷沉郁的心情，发出“风景非殊时代变。山要低头，人要埋头干”“故国重新，事业如云，百忙中肯作闲人。莫言衰老，且自精神。且忘风华、扫风月，走风尘”③ 的高昂声音，这就是他的人生颂。

（二）体弱多病，命途坎坷的生命砥砺

顾随在世仅 64 个年头，他的词描写了一人执教多所大学的繁重压力、长期客居他乡的离愁别绪、病痛体验带给他的身心折磨，以及钻研学问的清苦贫寒。这些生活重担压在他身上，迫使他不得不担荷生活，主动探寻出路，在“乐生”与“厌世”中做出自己的抉择。顾随选择了乐生，既然不能脱离苦恼，还不如直截地面对它。所以，顾随表达苦闷心情的词作，情感节制，哀而不伤，与表达自己乐观态度的激昂热烈形成鲜明比照，这或许与他常在词中融入自己对消极情绪的理性思考有关。顾随的书斋名更像顾随本人——“倦驼庵”，这一名字大有深意，“父亲一向看重骆驼坚毅耐劳的品格，埋头苦行的生命路程，以及他来往于大漠风沙、长城脚下的

① 顾之京：《学者顾随——先父的学术研究与治学道路漫议》，《泰山学院学报》2005 年第 2 期。

② 李云：《顾随先生之诗学与词学思想研究》，硕士学位论文，天津师范大学，2008，第 6 页。

③ 顾随：《顾随全集》第一卷，第 173、172 页。

历史人文的沧桑内涵。……而此刻，父亲以‘驼’命名自己的书斋却又特于前加一‘倦’字，正是国难时期特殊环境、特殊心境之下，自身形象的写照。我想，这‘倦驼’之中包含了父亲默默耐受心力交瘁之痛、坚持操守、坚毅前行的深衷”。[①]骆驼走得慢，也走得艰难，但它从未放弃过行走，脊背被压弯了，头颅也还是高昂着。骆驼就像是顾随的人生写照，顾随大概也是从骆驼的身上生发出了对生命的感动，才在自己的作品和著述中多次提及“担荷命运”“担负人生”的话题。

（三）中国传统文化的熏陶

“在顾随先生身上明显的有着一种坚毅前行、担荷苦难的精神。这种精神除了受禅宗影响外，主要还来自于对中国传统文化的继承。如屈原之‘亦余心之所善兮，虽九死其犹未悔’，明知路途艰难却执著求索；杜甫之‘窃比稷与契’‘盖棺事则已’，哪怕自己困顿落魄也要‘致君尧舜上，再使风俗淳’。”[②] 顾随能够从中国历代文人身上发掘帮助自己享受人生苦难的积极内涵。他喜欢辛弃疾，认为辛弃疾不追求成仙成佛，而是踏踏实实地在人间做一个有血有肉的人，是一个身体力行实践着入世精神的人；他欣赏陶渊明，认为陶渊明的精神在于担荷和解脱，生丰富，力坚强，无一时不在挣扎奋斗；他欣赏曹操和杜甫，认为两人身上有着相同的特质，即坚苦精神，永远都是睁开眼看痛苦，双肩扛起生活的重担；他欣赏孔子，认为“他五十时便舍却不惑而取知天命；六十时又舍却知命而取耳顺；及至七十，知命与耳顺一齐舍却而取得从心所欲，不逾矩了。此是何等底自强不息，日进不已！真乃儒门千古为学底楷则也”[③]。中国传统文化的深厚土壤使得顾随能够在找寻人生答案的过程中，有源可溯，有理可据。历代不同文人的优秀范本塑造了顾随身上的热和力，成就了他通达乐观、担荷运命的人生态度。

（四）对鲁迅的崇敬

顾随虽然“是周作人的弟子，他的审美情调与治学方式，也与周作人的风格有相同之处，如喜谈禅，主张‘诗人必须精神有闲’等等。但对鲁

① 闵军：《顾随年谱》，第122～123页。

② 李云：《顾随先生之诗学与词学思想研究》，第6～7页。

③ 顾随：《顾随全集》第二卷，河北教育出版社，2000，第435页。

迅却景行仰止。身在北平，但却神往上海的鲁迅，以为‘鲁夫子’的世界才是知识人应有的情怀”①。1927 年，顾随不顾禁令，在课上给学生讲鲁迅的作品以及鲁迅所倡导的北欧、东欧及日本的作品。1942 年，他在给友人的信中感慨：“自古皆有死，在大师那样地努力过而死，大师虽未必（而且也决不）觉得满足，但是后一辈的我们，还能再向他们作更奢的要求吗？想到这里，再环顾四周，真有说不出的悲哀和惭愧。”② 1956 年，顾随在词中更是表达了自己对一代大师逝去的惋惜和敬仰。

木兰花慢·鲁迅先生逝世廿周年纪念作

去来三十载，所爱读、大文章。有鲁迅先生，先之呐喊，继以彷徨。悠扬、傍河社戏，驾乌篷遥望旧家乡。日记始于何日，狂人信是真狂。荒唐、礼教真豺狼，祝福也悲凉。怎导致离婚，木姑奋斗，枉自奔忙。茫茫，一条路，算阿 Q 孤独最堪伤。天上人间何恨，皇皇日出东方。③

顾随欣赏鲁迅那种不向生活低头的战斗精神。他的词作总是表现出直面人生、勇于斗争、担荷运命的高昂热情，这与鲁迅对他的深刻影响是分不开的。这一点，我们将另文阐释。

三 结语

作词是顾随一生的事业，在“为人生而艺术”“用新精神作旧体诗”等理念的影响下，顾随词更像是顾随的编年史，记录着他的点滴生活和深邃思想，其散发的理性光芒与进取精神至今熠熠生辉。我们在词中可以体悟到词人对生命的感发与热爱，传统诗词主题在顾随笔下焕然一新，这是一代文人于中西交互中对中国传统文化的反思与创新，这也使得顾随词极富人文情怀，多方面展现了词人通达乐观、担荷运命的人生态度。顾随词炽热、有力，饱含生命热情。叶嘉莹从中体会到了一种“兴发感动的生命”，这种感发生命的热情指引她挺过颠沛流离，并将之传授给一代又一

① 张芳：《顾随文艺思想研究》，硕士学位论文，山东师范大学，2009，第 15 页。
② 闵军：《顾随年谱》，第 127 页。
③ 顾随：《顾随全集》第一卷，第 172 页。

代学生。“诗词中的那种感发，绝不只是知识，它是一种生命，是能够提升你的心灵和品质的一种能量。这就像是佛教所说的传灯，‘一灯然百千灯’，从一个灯的火焰能够点燃百千灯的火焰，灯灯的继续相传，能使‘冥者皆明，明终不尽’。”①

Discussion on the Attitude of Life in Gu Sui’Ci-Poetry

Wang Xing　Li Wendi

Abstract: Gu Sui is a profound scholar in the modern Chinese literary world. He has made great achievements in poetry, drama, and literary theory. His research and creation of the Song poems has ran through his entire life. Adhering to the creative concept of "for life" and "making old-style poetry with new spirits", Gu Sui Ci infiltrates the literati's understanding and reflection on life in a special era on the basis of inheriting the traditional Chinese literati style. Whether describing grief, lovesickness, or the philosophical thinking of the whole life, Gu Sui Ci reflects Gu Sui's optimistic and responsible attitude of life in the different aspects of the same dimension. Gu Sui Ci is very vital, which not only benefits from Gu Sui's open mind and abundant knowledge, but also benefits from the influence of Chinese traditional culture and the influence of his contemporary thought pioneer Lu Xun. Gu Sui Ci brings us not only the study of knowledge, but also the sublimation of the soul and the shaping of character.

Keywords: Gu Sui; Ci of the Republic of China; Outlook on Life

About the Authors: Wang Xing (1972 –), Associate Professor at School of Chinese Language and Literature, Hubei University. Research interests and specialties: Song Dynasty literature and poetry of the Republic of China. Email: 229521086@ qq. com.

Li Wendi (1999 –), 2017 Grade Undergraduate of Chinese Base Class at Hubei University. Email: 393689397@ qq. com.

① 叶嘉莹：《师生情谊七十年》，《文学与文化》2013 年第 1 期。

刘熙载的点染说及其文学批评

魏家文[*]　楚亚萍[**]

摘　要　刘熙载的词论美学思想将绘画领域的点染技巧和文学领域的意象创造实现了自然的融合，围绕审美意象的创造，从形式美到内容美，全面阐述了以点染艺术技法为轴心的诸多创作技巧。在"艺者道之形""诗乃天人之和"美学观的指导下，在创作技巧上提出了"起收对并重""骚人三昧""以不言寄言""神光所聚，一动万随"等命题。作为过渡性的美学家，刘熙载的点染说在全面总结继承中国古典美学的同时，也为中国古典美学的现代转型打下了理论基础。

关键词　刘熙载　点染说　文学批评

刘熙载是晚清著名的学者、文艺理论家和教育家，其代表作《艺概》被视为"文艺理论批评史上继《文心雕龙》之后又一部通论各种文体的杰作"。① 作为"中国古典美学的最后一位思想家"②，刘熙载的美学思想上承古典美学诸流派，下启王国维、梁启超等近代新秀。《艺概》探讨了诸多的文艺理论问题，而《艺概·词曲概》所探讨的有关词的创作技巧中的点染技法，在词学史上则具有首创性。"点染"旨在强调意象创造的问题，但长期以来学术界对其词学理论的研究多集中在对其"词品出于人品"等

* 魏家文（1970～），博士，贵州大学文学与传媒学院教授。主要研究方向为中国现当代文学及文艺美学。出版专著《民族国家视野下的现代乡土小说》，发表论文《〈骆驼祥子〉悲剧成因新探》等40余篇。电子邮箱：wjw00123@sina.com。

** 楚亚萍（1987～），硕士，贵州师范学院物电学院副教授。主要研究方向为文艺美学。电子邮箱：444871725@qq.com。

① （清）刘熙载撰，王气中笺注《艺概笺注》，贵州人民出版社，1986，第2页。

② 叶朗：《中国美学史大纲》，上海人民出版社，1985，第548页。

关于词品与人品关系的论述、“词品说”的生成背景以及对其词学艺术理念的评价上[①]，这就在很大程度上导致了对刘熙载词论美学思想的创新性认识不足。事实上，只有将点染技巧与意象创造结合起来探索刘熙载的词论美学思想，才能更为全面深入地阐释刘熙载的美学理论，认识其理论的价值所在。

一　点染艺术技法概述

点染，本是绘画术语，是指构图着色、染色的绘画技巧。北齐颜之推在《颜氏家训·杂艺》中道：“武烈太子，偏能写真，坐上宾客，随宜点染，即成数人，以问童子，皆知姓名矣。”[②] 这是艺术史上首次提出“点染”一说，其论述主要是针对绘画而言的。唐宋时期，我国诗画艺术高度发达，涌现了阎立本、吴道子等著名画家，也涌现了王维这样被苏轼誉为“诗中有画，画中有诗”的代表诗人。在这一文化背景下，唐宋词人在创作中有意无意间将一些绘画的技法运用到词的创作中，点染技法便是其中成功的典范。

虽然点染艺术技法的运用古已有之，但只是在绘画中运用，最具代表性的当属“点染体”绘画。这一画法初现于宋代，成熟于明代，分为水墨“点染体”和敷色“点染体”。水墨“点染体”如明代徐渭的《花卉图》，敷色“点染体”如沈周的《琵琶图》、孙艾的《木棉图》等。尽管在绘画艺术中，点染技法运用得相当普遍，但在文学艺术中，还没有人将这一技法进行系统阐释，直到清末的刘熙载才首次将它提炼并阐述出来。他在《艺概·词曲概》中谈到柳永词时这样说：“词有点有染，耆卿《雨霖铃》‘念去去’三句，点出离别冷落，‘今宵’二句，乃就上三句染之。点染之间不得有他语相隔，否则警句亦成死灰矣。”[③] 这是他在文学批评中首次提出“点染”技法，并结合具体作品阐明了它在词中的作用与运用方法。刘

① 代表性的论文有：郭强《刘熙载对诗品与人品的美学思考》，《艺术百家》2017 年第 5 期；杨柏岭《刘熙载“厚而清”艺术理念评介》，《安徽师范大学学报》（人文社会科学版）2006 年第 1 期。

② （北齐）颜之推撰，王利器集解《颜氏家训集解》，上海古籍出版社，1980，第 444 页。

③ （清）刘熙载撰，袁津琥校注《艺概注稿》，中华书局，2009，第 558 页。

熙载认为柳词的成功在于将点染融合，点明离别的孤寂，渲染出无限悲凉的独特技法。在笔者看来，所谓点，指点明题意；染，指紧扣题旨，渲染出生动的形象。点染艺术就是通过有限的言辞勾勒出生动的形象，旨在创造无限的言外之意。

作为创作技法，点与染是辩证统一的，彼此作为自身存在的基础，即没有点也就无所谓染，没有染也就无所谓点，其审美价值集中于意象的创造上。由于词的美感特征集中体现在“隐”上，其审美意象多追求“象在言外”，以创造出“微言大义”的审美效果，“词也者，言有尽而意无穷也”。[①] 要求词作家能用有限的言辞勾勒出生动的审美形象，正是刘熙载词论美学思想的关键所在，其创新之处在于将点染艺术技法与词的审美意象创造结合起来，总结并提出了诸多富有启发性的创作技巧。

二　点染技巧与审美意象创造

词之所以能给人带来美的享受，其根本原因在于它能在内容与形式的融贯中产生美感。不论是创作者还是欣赏者，其主体的能动性表现为驾驭、欣赏语言文字的能力以及运用各种创作技巧的能力，但在刘熙载之前的理论家对艺术技巧并没有给予过多的关注。中国台湾学者林枚仪在晚清词论研究中指出：“历来词论诸家，对创作技巧方面多不堪措意，《词概》中讨论这方面的文字比例却相当大，且多精到之语。”[②] 与历代词论家相比，刘熙载的可贵之处在于他以词的艺术技巧为中心，从物我合一的自然哲学观出发，围绕审美意象的创造，从形式美到内容美，全面阐述了他以点染艺术技法为轴心的诸多创作技巧。

（一）反复点染的文体结构：起、收、对并重

从文章的形式美上来看，词的语句长短、词语对称是形式美创造的基础，集中体现在文体结构的安排上。作为文体形式的总体呈现，文体结构上的起、收、对是叙事系统的基本元素，属于复调叙事的形式，在艺术技

① （清）刘熙载撰，袁津琥校注《艺概注稿》，第483页。

② 林枚仪：《晚清词论研究》，博士学位论文，台湾大学中国文学研究所，1979，第58页。

巧上一般使用反复点染的手法。

对文章形式美的重视，集中体现在对文体结构的关注上，关于文体结构安排问题，刘熙载之前已有论述（见表1）。

表1　历代关于文体结构的代表理论

朝代	姓名	理论
宋	张炎	作慢词，看是甚题目，先择曲名，然后命意；命意既了，然后思量头如何起，尾如何结，方始选韵，而后述曲，最是过片不要断了曲意，需要承上接下。——《词源》
宋	沈义父	作大词，先须立间架，待事与意分定了，第一要起得好，中间只铺叙，过处要清新，最紧要是末句，须是有一好出场方妙。——《乐府指迷》
元	陆辅之	对句好可得，起句好难得，收拾全藉出场。——《词旨》
清	刘熙载	余谓起、收、对三者皆不可忽。大抵起句非渐引即顿入，其妙在笔未到而气已吞；收句非绕回即宕开，其妙在言虽止而意无尽；对句非四字六字即五字七字，其妙在不类于赋与诗。——《艺概》卷四《词曲赋》

可见，对文体结构安排上的论述古已有之，张炎看到了对句的起承转合之用，认为对句最重要，沈义父认为文章末句最为重要，陆辅之看到了起句的重要性。纵观这三家的说法，各有精辟创新之处，然而却都只是对起句、对句、收句各执一词。词学理论发展到清代，刘熙载在继承这三家说的基础上，尤其是在继承陆辅之观点的基础上，提出起、收、对并重的理论。

> 元陆辅之《词旨》云："对句好可得，起句好难得。收拾全藉出场。"此盖尤重起句也。余谓起、收、对三者皆不可忽。大抵起句非渐引即顿入，其妙在笔未到而气已吞；收句非绕回即宕开，其妙在言虽止而意无尽；对句非四字、六字即五字、七字，其妙在不类于赋与诗。①

所谓起、收、对并重，起即开端，收即结尾，这表明刘熙载不仅看到了起句的重要性，而且更加注重文章承转的叙事方式，这也是刘熙载的创新之所在。在刘熙载那里，渐渐引入和突然顿入两种词的起句方式，是在

① （清）刘熙载撰，袁津琥校注《艺概注稿》，第530页。

笔墨轻描淡写时，文章虽未整篇呈现，却已经渲染出了吞吐的气势，这一气势就是审美意象的形象层，这是其一；其二，指出词中收句的两种形式，即绕回来和宕开去，其妙在谱写的言语虽然停止了，但渲染的韵味却无穷无尽；其三，指出了词的对句形式包括两种，即四字、六字和五字、七字，这就使得词在文体形式上区别于赋和诗，从而创造出词特有的审美意象。起、收、对并重的文体形式，旨在从文章的形式层面上把握审美意象，有了起、收、对句的创作技巧，方可在谋篇布局上选择有益于意象呈现的物与情来驾驭。刘熙载举例对此进行了具体说明。

> 词之好处，有在句中者，有在句之前后际者。陈去非《虞美人》“吟诗日日待春风，及至桃花开后却匆匆”，此好在句中者也；《临江仙》“杏花疏影里，吹笛到天明”，此因仰承“忆昔”，俯注“一梦”，故此二句不觉豪酣转成怅悒，所谓好在句外者也。倘谓现在如此，则呆甚矣。①

刘熙载区分了词之好有在“句中”者，有在“句外”者。好在“句中”者是文体形式起、收、对句接衔恰当，起到了前呼后应的作用，最终引起主体的审美想象；好在“句外”者则是比较明显的点染艺术效果的呈现，它是以点笔谱写言辞，以染笔引发无穷言外之意。总而言之，不管是“句中”者还是“句外”者，其之所以好，是因为它们所建构出的审美形象引起了主体丰富的想象，继而将隐含的意蕴层阐释了出来。

（二）点染骤转的谋篇布局：骚人三昧

从词的整体策略上看，谋篇布局是形式美创造的关键，它与审美形象、意境相互关联。谋篇布局要达到语脉贯通，使文本构成各部分、诸要素间相辅相成、浑然一体，文章形式对立统一、曲折有致，它们之间的关系如下（见图1）。

谋篇布局的重心在于文本结构的宏观领域，涉及文章首尾前后的有机应合及起、收、对的承接转合整体形式的创作技巧。词的完整、和谐并存于结构布局的对立统一之中，它的重要性很早就为古人所关注（见表2）。

---

① （清）刘熙载撰，袁津琥校注《艺概注稿》，第537页。

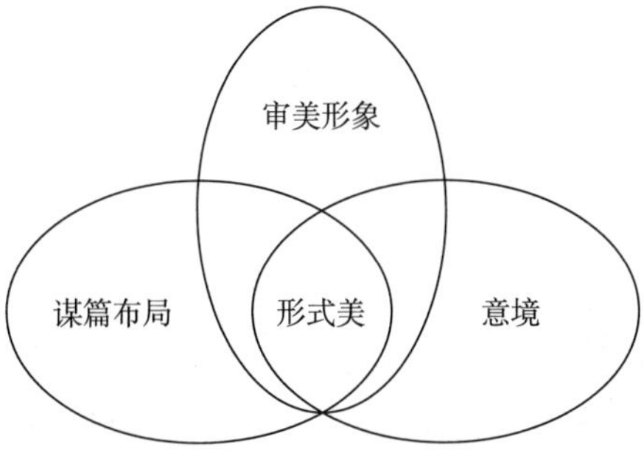

图1　词的谋篇布局与其他要素的关系

表2　历代关于谋篇布局的代表学说

朝代	姓名	学说
宋	姜夔	作大篇，尤当布局，首尾匀停，腰腹肥满。——《白石道人诗说》
清初	吴乔	诗仅从头做起，大抵平常，得句成篇者，乃佳；得句即有意，便须布局，有好句而无局，亦不成诗。——《围炉诗话》
清初	张谦宜	好诗只在布置处见本领。——《茧斋诗谈》
清	刘熙载	一转一深，一深一妙，此骚人三昧，倚声家得之，便自超出常境。——《词曲概》

可见，前人都看到了谋篇布局的重要性，但都没有对谋篇布局的技巧策略做出论断。刘熙载在继承前人的基础上，提出了谋篇布局的技巧：骚人三昧。刘熙载在《词曲概》中说：

> 一转一深，一深一妙，此骚人三昧，倚声家得之，便自超出常境。①

意象表达的技巧是层层深入、婉转曲折。“骚人三昧”是诗人创作的诀窍，即“转—深—妙”，用婉转迂回的方法来写景，刻画出深层的审美形象，目的在于创造绝妙的意境。简言之，婉转深厚的“骚人三昧”是刻画审美形象的妙笔，是渲染意境的宏观条件。“骚人三昧”的要害在于“空中荡漾”，刘熙载补充说：

① （清）刘熙载撰，袁津琥校注《艺概注稿》，第533页。

> 空中荡漾，最是词家妙诀。上意本可接入下意，却偏不入，而于其间传神写照，乃愈使下意栩栩欲动，《楚辞》所谓“君不行兮夷犹，蹇谁留兮中洲”也。①

“空中荡漾”是词的整体和谐同起合转折相互作用的一种形式，实际上是意象表达的深层结构，它同“衬跌”共同构成了词曲折婉转、转合有致的审美形态。

所谓“衬跌”，是衬托的一种特殊形式，是言辞所刻画出的审美形象与前文相反，创造出急转直下的审美意义。刘熙载举例言之：

> 词之妙全在衬跌。如文文山《满江红·和王夫人》云：“世态便如翻覆雨，妾身元是分明月。”《酹江月·和友人驿中言别》云：“镜里朱颜都变尽，只有丹心难灭。”每二句若非上句，则下句之声情不出矣。②

两句中上半句所写的世态、朱颜，都是为了衬托出下半句的忠贞之情，世态翻云覆雨、瞬息万变，而感情却坚若磐石、高洁似月，这是“衬跌”的艺术效果，即以衬跌的技巧使爱情的坚贞在世态多变的反衬中更彰显其高洁。

“骚人三昧”和“衬跌”的艺术表现技巧旨在提高作品的艺术感染力，是个性化意境创造所必不可少的艺术技巧。就词的结构本身和语言符号所引起人的审美享受而言，这种仅靠形式而创造出的美，实际上暗合了康德对“纯粹美”的强调。

（三）先点后染之语言内容：以不言寄言

在词的内容上，历代词学家以“隐”为追求目标，体现在语言上便是“以不言寄言”。在刘熙载看来，要达到这一目的，就必须采用先点后染的

① （清）刘熙载撰，袁津琥校注《艺概注稿》，第533页。

② （清）刘熙载撰，袁津琥校注《艺概注稿》，第539页。

方法，即先确立主体的情思和文章的主旨，但不是直白地写出，而是通过渲染景象来寄托其深意。同时，为了准确描述这种心理状态，要求在词作中，染笔要多于点笔，点笔最大的幅度以与染笔旗鼓相当为限度。只有点笔精炼，染笔迂回，才可能产生言有尽而意无穷的艺术效果。对此，刘熙载说：

词之妙莫妙于以不言言之，非不言也，寄言也。如寄深于浅，寄厚于轻，寄劲于婉，寄直于曲，寄实于虚，寄正于余，皆是。①

"不言言之"是借用寄言的方式，"寄深于浅，寄厚于轻，寄劲于婉，寄直于曲，寄实于虚，寄正于余"。不是直接去说，而是用婉转的方式来点染，意义同样能令人领会。可见，"以不言言之"乃是点染的另一种说辞，不言处便是染笔，寄言处便是点笔，不言并非真的不把思想情感表达出来，而是把主体的情思寄托在隐约的语言中，通过点写精炼的言辞，渲染出无穷的韵味，通过形似达到神会，写出象外之象、味外之致的审美效果。

刘熙载以此来评论苏东坡的词："东坡《水龙吟》起云：'似花还似非花。'此句可做全词评语，盖不即不离也。"② "不即不离"本是佛教术语，《圆觉经》："不即不离，无缚无脱。"刘熙载借它来指言语既不直接点题又不离题的境界，这是审美距离的呈现方式。东坡的《水龙吟》妙在咏物拟人，浑然一体，王国维也认为："咏物之词，自以东坡《水龙吟》为最工。"③ 由此可见，只有当审美主体在与审美客体保持一定的距离，又能达到与审美对象相融合的境界时，审美意象才能完美呈现。

以不言寄言，是通过形似达到神会，创造出象外之象、味外之味的审美效果。用言在此而意在彼的"寄言"技巧，使得主体通过想象去观照词的言外之意象，意象则在对日常生活经验浓缩的基础上，引发主体的审美情趣，情趣和意象共同奠定了词的审美价值基础。

---

① （清）刘熙载撰，袁津琥校注《艺概注稿》，第546页。

② （清）刘熙载撰，袁津琥校注《艺概注稿》，第556页。

③ 王国维：《人间词话》，黄霖等导读，上海古籍出版社，1998，第9页。

（四）先染后点之文眼：神光所聚

从内容上看，炼词造句是内容美的微观呈现。炼词造句使得词情畅达、语义准确、意旨鲜明，别有一种清劲疏宕的美感。炼词造句尽系于“文眼”之上，通篇之“眼”一般用先染后点的技巧，先渲染景象，而后点明旨意，使全篇皆“活”，历代关于“词眼”的代表学说如下（见表3）。

表3　历代关于“词眼”的代表学说

朝代	人物	学说
元	陆辅之	词眼：燕娇莺姹（潘元质），绿肥红瘦（易安）——《词旨》
明	王昌会	五言以第三字为眼，七言以第五字为眼。凡诗眼要用实字，方得句健。——《诗话类编·用字格》
清	脂砚斋	复高吟一联云：“玉在匮中求善价，钗于奁内待时飞。”云：表过黛玉则紧接上宝钗：前用二五合传，今用二宝合传，自是书中正眼。——清脂砚斋评点《红楼梦》第一回
清	刘熙载	余谓眼乃神光所聚，故有通体之眼，有数句之眼，前前后后无不待眼光照耀。若舍章法而专求字句，纵争奇竞巧，岂能开阖变化，一动万随耶？——《艺概·词曲概》

最早提出“词眼”说的是元朝的陆辅之，但他只是例证了词眼，没有对词眼做详细的论述。在陆辅之之后又有王昌会，但他只重视字、句的锤炼，却没有注意到字、句与全局是相互关联的。后来脂砚斋在点评红楼梦时说到了字眼的问题，他说的“正眼”其实就是“文眼”，同陆辅之一样，他指出了《红楼梦》词眼的位置，但没有对“眼”做出论述。刘熙载在对前人学说继承的基础上，对词眼进行了更合理、更深刻的论述。刘熙载论炼词造句，最有价值的是对“词眼”的阐述。他说：

> “词眼”二字，见陆辅之《词旨》。其实辅之所谓眼者，仍不过某字工、某句警耳。余谓眼乃神光所聚，故有通体之眼，有数句之眼，前前后后无不待眼光照映。若舍章法而专求字句，纵争奇竞巧，岂能

开阖变化，一动万随耶？[①]

也就是说，“词眼”是全篇审美意象构成的“基点”，数句或全篇的“神光”都受制于“眼”，所以词眼应该安排在能够“映照前后”的位置，它的位置往往是“一动万随”，会牵动全篇的变化。虽然词眼、诗眼的论述古已有之，但是前人多着眼于诗词中的某字或某句，认为一个字词用得工巧，或者一句话写得精辟，它就可以带动全局，例如“春风又绿江南岸”的“绿”字、“红杏枝头春意闹”的“闹”字都是历代词话称赞的“词眼”。刘熙载在继承陆辅之观点的基础上更进一步，他从论述“词眼”入手，全面阐述了点染说。他认为“词眼”须服从于全篇审美意象创造的需要，不能仅仅追求某字或某句的奇巧而忽略全局。他一方面认为“词眼”是“神光所聚”之处，另一方面又认为“词眼”的数量并不局限于某一句或者某一字，位置也不是局限于开篇或者结尾，而是“前前后后无不待眼光照映”。词眼不拘一格，它牵动着全词意境的变化，能产生“一动万随”的艺术效果。

在“词眼”的具体操作上，刘熙载主张先从文章的结构入手。他说：“词以炼章法为隐，炼字句为秀。”[②] 结构章法是下笔的第一步，在这第一步尚未落笔前，就定位文章的意义层面——“文眼”，之后的炼词造句等表面功夫都是为“文眼”服务。不管是从创作主体还是从接受主体的角度来看，“词眼”都是全文的核心。创作者首先要定位“词眼”，确定文章想要渲染的意蕴，继而有针对性地选择内容，谱写全篇。这就意味着炼词炼句和谋篇布局都是以预设的“词眼”为导向，词眼是审美意象之“神光所聚”。刘熙载强调“词眼”、锤炼字句，把它视为审美意象创造的点睛之笔。这种通篇先染后点的技巧，在生动丰富的形象描写之后，再点出题旨，多有提升意境、画龙点睛之妙。

总之，刘熙载评论词的创作技巧时，以点染技法为轴心，涉及与点染一脉相承的多种技法，如文体形式上承接转合的起、收、对，谋篇布局上的“骚人三昧”，文体语言上的寄言衬托，炼词造句上的画龙点睛等点染

---

① （清）刘熙载撰，袁津琥校注《艺概注稿》，第540页。

② （清）刘熙载撰，袁津琥校注《艺概注稿》，第86页。

技巧的四类形式。刘熙载从形式与内容两个维度来探讨词的艺术价值，突出了点染艺术技巧在词的审美创造中的重要作用，从而使得词在内容和形式上达到有机的统一，正如黑格尔说的那样：“内容非它，即形式回转到内容；形式非它，即内容回转到形式。”①

三 刘熙载词论点染艺术技法的意义

首先，“点染说”将绘画的技法明确地引入诗词的创作和欣赏领域，在文学领域实现了艺术与技术的融合，为后来艺术家的创新提供了有益的启示。

当代美国汉学家苏源熙（Haun Saussy）教授在《中国美学问题》一书中指出：“中国古代对诗歌的评论是相当印象式的。……但谈到诗歌时，他们强调诗歌的主题以及情感，而非创作的技巧。”② 苏源熙所论及的这种重视艺术而忽略技术的问题，是中国文学尤其是诗歌艺术（词是诗的形式之一）中一直存在的问题。中国诗词强调主题及情感的审美取向，例如《论语》推崇《关雎》是因为它“乐而不淫，哀而不伤”，《乐记》评价诗词高下时曰：“治世之音安以乐，其政和；乱世之音怨以怒，其政乖；亡国之音哀以思，其民困。”这说明古代的美学家、文学家们所关注的焦点仅仅在于对象的审美效果上，而促使审美效果得以生成的创作过程、创作技巧却常常被艺术家有意或者无意忽视。刘熙载的可贵之处在于他将“点染”技法明确地引入诗词的创作领域，在文学上实现了“艺”与“技”的有机融合，从而有力推动了中国诗歌艺术水平的提高。但刘熙载囿于传统美学视野的束缚，没有对现代美学的发展变化做出及时的回应，所以他只看到了“点染”技法之于诗词意象的价值，而没有发现“点染”技法作为一种形式创造本身所具有的独立审美价值，这不能不说是刘熙载美学思想的一大缺憾。

其次，“点染说”对文辞安排方式上的总结，为后来的词评家提供了新的评价标准。

---

① 〔德〕黑格尔：《小逻辑》，贺麟译，商务印书馆，1982，第278页。

② 〔美〕苏源熙：《中国美学问题》，卞东波译，江苏人民出版社，2011，第246页。

自刘熙载首次归纳“点染”论之后，清代词学家江顺诒在《词学集成》中深表赞同：“点与染分开说，而引词以证之，闻者无不点首。得画家三昧，亦得词家三昧。”① 当代学者陶尔夫、诸葛忆兵承接并扩展了刘氏的“点染说”，在《北宋词史》中论道：“词（主要是慢词）中的所谓‘点染’，就是说，根据主题与艺术表现的需要，有的地方应予点明，有的地方则需要加以渲染。点，就是中锋突破；染，就是侧翼包抄。这二者相互配合，里呼外应，便造成强大攻势，给读者留下深刻印象。”② 在此，他们虽然对点染技法的论述比较贴切，但他们只对柳永词中的点染做了解析，并未对其他词作中的点染进行讨论，这可明显看出是受到刘熙载“点染”论的影响。由此可见，刘熙载的“点染说”在对文辞形式和内容的讨论上所提出的诸如“起收对并重”“骚人三昧”“不言寄言”“神光所聚，一动万随”等命题，既是对古典文论的总结，又为现代词论提供了新的批评标准。

但是，刘熙载在文辞安排方式上所表现出的尊古倾向，则显示出其思想上保守的一面。比如刘熙载在论述点染技法上，要求“衬”字要沿袭古用，强调要依照古已有之的格律和意思填词，提出：“曲莫要于依格。同一宫调，而古来作者甚多，既选定一人之格，则牌名之先后，句之长短，韵之多寡、平仄，当尽用此人之格，未有可以张冠李戴、断鹤续凫者也。”③ 这种过分强调依牌名创作要依照固有的宫调、句式，甚至要依照原作者的个人风格和先后顺序的看法，难免有附庸陈规俗套之嫌，显示出刘熙载思想上因循守旧的一面。

四 结语

总之，刘熙载将绘画领域的点染技巧引入文学领域，以审美意象的创造作为作品价值的取向，从作品形式美到内容美，详细论述了以点染为起点的诸多艺术技法，提出了“艺者道之形”“诗乃天人之和”的美学命题，在“艺者道之形”“诗乃天人之和”的美学观指导下，在创作技巧上提出

① 转引自周振甫《诗词例话》，江苏教育出版社，2006，第320页。

② 陶尔夫、诸葛忆兵：《北宋词史》，黑龙江教育出版社，2002，第240页。

③（清）刘熙载撰，袁津琥校注《艺概注稿》，第59页。

了“起收对并重”“骚人三昧”“以不言寄言”“神光所聚，一动万随”等命题。作为一个过渡性质的美学家，刘熙载的美学思想既是对中国古典美学较为全面的继承和总结，同时他的不足也促使后世的美学家开始寻找新的发展道路，从而推动了中国古典美学向近现代美学的现代转型。

Liu Xizai's Theory About Dianran and His Literary Criticism

Wei Jiawen, *Chu Yaping*

Abstract: Liu Xizai's aesthetic thought of Ci theory has achieved a natural fusion of Dianran techniques in the field of painting and the creation of imagery in the field of literature. Around the creation of aesthetic images, from the beauty of form to the beauty of content, he has fully elaborated many artistic techniques centered on the technique of Dianran. Under the guidance of the aesthetic concept of "Artist Taoism" and "Poetry is the harmony between man and nature", he puts forward opinions like "equal emphasis on both the beginning and the ending", "three flavors of Sao Ren", "speaking without words", "The divine light gathers and moves with the proposition", etc. As a transitional aesthetician, Liu Xizai's Dianran theory not only summarizes the inheritance of Chinese classical aesthetics, but also lays a theoretical foundation for the modern transformation of Chinese classical aesthetics.

Keywords: Liu Xizai; Theory About Dianran; Literary Criticism

About the Authors: Wei Jiawen (1970 –), Ph. D., Professor at School of Literature and Media, Guizhou University. Research interests and specialties: contemporary Chinese literature and aesthetics of literature and art. Magnum opuses: *The Contemporary Local Novel Under Nation State*. He has published more than 40 academic essays such as "The New Explain of Tragical Causes About *Camel Xiangzi*", etc. Email: wjw00123@ sina. com

ChuYaping (1987 –), Associate Professor at School of Physical Power, Guizhou Normal College. Research interests and specialties: aesthetics of literature and art. Email: 444871725@ qq. com

王季思校注《西厢记》与张国光校注《金圣叹批本西厢记》比较研究

张家国*

摘　要　王季思校注《西厢记》与张国光校注《金圣叹批本西厢记》二书的出版是《西厢记》在新时期整理出版的重要成果。王注《西厢记》是王本系统（王实甫《西厢记》）在新时期的代表，张注《西厢记》则是金本系统（《金圣叹批本西厢记》）在新时期的体现，然而二者在点校底本、体例、文字以及注释附录等方面都存在很大的差异。与王注《西厢记》受到广泛传播和阅读的命运不同的是张注《西厢记》受到的冷遇，这正好表现了王注《西厢记》与张注《西厢记》不同的旨趣。

关键词　王实甫《西厢记》　《金圣叹批本西厢记》　王注　张注

当《西厢记》的文本传播不再以重印历代刊本为业而转向以整理校注为主的时候，王季思先生的新校注本《西厢记》（简称王注《西厢记》）算是这一转向所取得的重要成就之一。这一校注本以普通读者为接受对象，因为便于阅读欣赏而受众广泛，后来又多次修订出版，其传播愈为广泛深入，成为1949年以后流传最广、影响最大的《西厢记》读本。与此相反，显得颇为寂寥的是张国光先生校注的《金圣叹批本西厢记》[①]（简称张注

---

* 张家国（1973～），博士，怀化学院文学与新闻传播学院讲师。主要研究方向为先秦两汉魏晋南北朝文学以及辞赋文学。电子邮箱：zhangjiaguo001@163.com。

① 以上海古籍出版社1978年12月新一版的王注《西厢记》为例，仅以1978年12月至1986年11月为统计期限，印数就已经达到了989500册，如果计入其他版本（如上海古籍出版社横排简体字版王注《西厢记》、上海古籍出版社集评校注本等）的话，印数当在百万册之上；而张注《金圣叹批本西厢记》由上海古籍出版社1986年4月出版，印数不过20000册而已，且并无再版。

《西厢记》)。如果说王注《西厢记》算是王实甫《西厢记》系统在新时期的整理出版成果的话，那么张注《西厢记》则是《金圣叹批本西厢记》系统在新时期的整理出版结晶。

一　所据底本之比较

对于《西厢记》版本系统的划分，无论学者们有着怎样的复杂标准，笔者以为不过二种：一为王西厢系统，一为金西厢系统。[①] 在“王西厢”系统里，尽管各种《西厢记》刊本的体例、曲文有着细微的差别，但故事的轮廓、主要人物的主要性格特征并没有根本性的改变。而“金西厢”是真正对王西厢的文字、内容以及立意都进行了大幅度改变的版本，可以与“王西厢”并立为二。他则大同小异，无伤大雅。王季思先生在《西厢记》1954年版“后记”里交代了王注《西厢记》所据底本来源，“现在这个校注本是以暖红室翻刻明末凌濛初的刻本为主，同时根据《雍熙乐府》所录《西厢记》曲文和王伯良刻本、汲古阁六十种传奇本、毛西河刻本等加以校正”。[②] 凌濛初校注《西厢记五剧》为明天启年间（1621～1627）刻本。是书卷首“凡例十则”中，凌濛初声言他校刻的《西厢记》：“悉遵周宪王元本，一字不易置增损，即有一二凿然当改者，亦但明注上方，以备参考，至本文不敢不仍旧也。”尽管凌氏所言周宪王本是否真的存在过曾引起后世学界的怀疑，但几乎公认凌濛初本是现存古代《西厢记》刊本中最切合元杂剧体制的。在《西厢记》刊刻传奇化的时代，凌濛初本对元杂剧体制的坚持和回护，赢得了后世学界的高度赞誉和支持。[③] 此后的《西厢记》刊本，大多以凌刻本为底本。凌濛初本可说是古代《西厢记》刊本中流传最广、影响最大的一种，而1916年贵池刘氏的《暖红室汇刻传剧第

---

① 比如张人和先生在《〈西厢记〉的版本系统概观》一文中将《西厢记》的版本系统划分为“分本（卷）”与“不分本（卷）”两大系统，“分本（卷）”系统又下分为“分折”“不分折”二类，其中“分折”类又有“无折目”“有折目”之分；“不分本（卷）”系统有“无出（折）目”“有出目”之分。此外，两大系统实又包含了“元杂剧型”、“传奇型”以及“混合型”三类。参见《社会科学战线》1997年第3期，第216～223页。

② （元）王实甫：《西厢记》，王季思校注，上海古籍出版社，1978，第237页。

③ 比如刘世珩《西厢记题识》云：“凌濛初所校刻，考订详审，悉遵元本。”王国维《戏曲散论》认为：“《西厢》刊本，世号最善者，亦仅明季翻刊周宪王本（按即凌本）。”

二种》为其重刻本。因此王注《西厢记》可以算作王西厢系统的。

一般认为，金批《西厢记》完成于顺治十三年（1656），目前所见的最早刊本为清顺治年间（1644～1661）的贯华堂刻本。在清代九十余种《西厢记》刊刻本中，有七十余种是金圣叹批点《贯华堂第六才子书西厢记》的翻刻本，由此可窥金批本在清代影响之一斑。张国光先生在《金圣叹批本西厢记》一书的“例言”中说：“本书选择了用铜活字排印的袖珍本，即康熙庚子吕世镛题序的《绣像第六才子书》为底本。这个袖珍本和其他的翻刻本比较起来，可说是时间较早而又校勘得较为仔细的本子。”[①] 同时张先生考虑到这个袖珍本系排印本，也有误植及字迹模糊之处，故又校以上海中原书局1926年的重校印本《全图足本第六才子书》。由此可知，张注《西厢记》是属于金西厢系统的。

二　体例之比较

（一）本（卷）目及折目

因为王注《西厢记》以天启年间凌濛初刻本为底本，故而王注《西厢记》在体例上一仍其旧。全书分为五本，每本又分为四折，每折无标目，然而每本却各有标题。

凌濛初本（或者说王注本）每本的标题是：

> （第一本）张君瑞闹道场，（第二本）崔莺莺夜听琴，（第三本）张君瑞害相思，（第四本）草桥店梦莺莺，（第五本）张君瑞庆团圆。

这五本的剧名恰恰是每本题目正名的末句。凌本的这种格局是符合元杂剧以题目正名的末句作为本剧剧名的标名规律的，这也是迄今所见全部明清刊本中，唯一一部以题目正名末句作为每本剧名的。凌濛初在“凡例十则”中曾说他校刻的《西厢记》“悉遵周宪王元本，一字不易置增损”，并说“周宪王本分为五本，本各四折，折各有题目正名四句”。如果凌氏所

① （元）王实甫著，（清）金圣叹批改《金圣叹批本西厢记》，张国光校注，上海古籍出版社，1986。

说的周宪王本确实存在过的话，那么它在体制上当然也同凌本一样，是保持元杂剧固有的格局的。从每本的标题来看，显然存在以张君瑞为故事主角的痕迹，五本标题中有四本的标题是以张生为主语的（其中第四本“草桥店梦莺莺”，虽没有出现张君瑞的名字，但张君瑞却是“梦”的主体）。

张注《西厢记》称卷不称本，全书共分五卷，无卷名，仅于卷数下缀以“圣叹外书”四字。每卷又分为四章，有标题，如卷一的四章分别名曰“一之一 惊艳”（卷一第一部分）、“一之二 借厢”（卷一第二部分）、“一之三 酬韵”（卷一第三部分）、“一之四 闹斋”（卷一第四部分）等，既简洁明了，又恰当地概括了本章的内容。张国光先生在其校注本的“例言”中说：“根据我的研究，金圣叹批改《西厢记》是以王伯良的《古本西厢记校注》为底本，并参照了其他本子的。……并把前人的本子每折用的四字标题，改为用两字标题，而金圣叹本也如此。但金本标题，却是后来居上，超过了王本。如王本《艳遇》金本改为《惊艳》，一个‘惊’字就使莺莺之美跃然纸上；而张生被她吸引住了的神情，也突出地展现在读者的眼前了。”① 唯卷五的四章名曰“续之一”“续之二”“续之三”“续之四”。之所以名之曰“续”是因为金圣叹认为此卷非出王实甫之手，且有狗尾续貂之嫌。金圣叹曰：“此续《西厢记》四篇，不知出何人之手，圣叹本不欲更录，特恐海边逐臭之夫，不忘膻芗，犹混弦管，因与明白指出之，且使天下后世学者睹之，而益悟前十六篇之为天仙化人，永非螺蛳蚌蛤之所得而暂近也者。因而翻卷更读十百千万遍，遂愈得开所未开，入所未入。此亦不可谓非续者之与有其功也。”金圣叹是把《西厢记》当成与《庄子》《史记》一样的文章来读的，《西厢记》在金圣叹的眼里是所谓的“妙文”与“妙笔”。他在总评“借厢”时称道《西厢记》：“若用笔而笔前、后、不用笔处无不到者，舍《左传》吾更无与归也。……吾独不意《西厢记》，传奇也而亦用其法。”② 金圣叹常以《西厢记》拟韩、柳、欧、王、三苏之文，又称《西厢记》“为文一十六篇”③。“可以说，金圣叹之所以将《西厢记》命名为‘才子书’，与《离骚》、《庄子》、《史记》、杜

① （元）王实甫著，（清）金圣叹批改《金圣叹批本西厢记》，张国光校注，“例言”，第4～5页。

② （元）王实甫著，（清）金圣叹批改《金圣叹批本西厢记》，张国光校注，第46～47页。

③ （元）王实甫著，（清）金圣叹批改《金圣叹批本西厢记》，张国光校注，第195页。

诗相提并论，主要是从传统的‘文章学’的观念出发的。因此，他所着重阐发的是《西厢记》作为广义的文章的一般属性与具体特征。”① 由此看来，金圣叹既然以文章视《西厢记》，那么在体例的安排上自然仿照文章的体例以“卷”论之，此金圣叹之良苦用心也。

（二）题目正名

所谓“题目正名”，王季思先生有注云：“元剧题目正名，或四句，或二句，盖书于纸榜，悬之作场，以示观众，有似于今之海报者。”② 王注《西厢记》共有五本，每本皆有题目正名，均为六言四句，置于每本的结尾，有总结本折内容的用意。如第一本“张君瑞闹道场”的“题目正名”为：“老夫人闲春院，崔莺莺烧夜香。小红娘传好事，张君瑞闹道场。”③

张注《西厢记》“金圣叹批本西厢记卷一”之首有题目总名，八言四句，云：“张君瑞巧做东床婿，法本师住持南禅地，老夫人开宴北堂春，崔莺莺待月西厢记。”④ 又有卷一四章题目总名云：“老夫人开春院，崔莺莺夜烧香。小红娘传好事，张君瑞闹道场。”⑤ 与王注本比较，易“闲”为“开”，易“烧夜香”为“夜烧香”，增加了动作性。纵观二书，张注本的题目正名与王注本的题目正名大同小异，只有个别字词的改动。

张注本（即金圣叹批本）对王注本（即王实甫原本）的“题目正名”的改动在第一、四本上几乎没有，除第一本易王本的“闲”为“开”，易“烧夜香”为“夜烧香”，增强了动作性之外，第四本易“私情”为“由情”，减弱了对崔张二人相爱的道德指责。金圣叹“续卷”的“题目正名”一字不改沿袭王本，这本身就说明了金圣叹对第五本的蔑视。

张注本对王注本的“题目正名”改动比较大的是第二、三本。金圣叹对王本第二本的“题目正名”的改动表现在去掉了王本“莽和尚生杀心”一句，而以“老夫人赖婚事”替之，这一改动是成功的，莽和尚惠明只是替张生送信而已，算不得重要人物，而老夫人赖婚却是大事，与剧情发展

① 朱伟明：《〈西厢记〉与明清戏曲观念的嬗变》，《戏剧艺术》2002 年第 1 期。
② （元）王实甫：《西厢记》，王季思校注，第 45 页。
③ （元）王实甫：《西厢记》，王季思校注，第 41 页。
④ （元）王实甫著，（清）金圣叹批改《金圣叹批本西厢记》，张国光校注，第 29 页。
⑤ （元）王实甫著，（清）金圣叹批改《金圣叹批本西厢记》，张国光校注，第 31 页。

有重要的关系，所以金圣叹是为了突出老夫人赖婚在全剧中的重要性而做出这样的处理的，而且将“老夫人赖婚事”的顺序调至“崔莺莺夜听琴”之前、“小红娘昼请客”之后，也是符合戏剧故事发展顺序的。金圣叹“寺警”尾评云：“世之愚生，每恨恨于夫人之赖婚。夫使夫人不赖婚，即《西厢记》且当止于此矣。今《西厢记》方将自此而起，故知夫人赖婚，乃是千古妙文，不是当时实事，如《左传》句句字字是妙文，不是实事。”[①] 正是因为老夫人赖婚在剧中的重要性，所以金圣叹在拟定“题目正名”的时候要将“老夫人赖婚事”列入。同时，将王本“张君瑞破贼记”改成“张君瑞解贼围”也较合理。张君瑞一介书生，本无破贼之力，他是借白马将军之力才解了围的，所以易“破贼记”为“解贼围”是合理的。

至于第三本写的是张生首先寄情诗于莺莺，然后才有莺莺的回信，故而二人的书信往来也才频繁起来，所以金圣叹拟为“张君瑞寄情诗”，而不是如王本的“崔莺莺寄情诗”。而为二人传递情书的正是红娘，是红娘充当了二人的情使，故有金本“小红娘递密约”，而非王本“小红娘问汤药”，小红娘问汤药是假，传递相思是真，更何况已经有了“老夫人命医士”，又何须小红娘再去问汤药，显得重复。另外此本中有一重大事件，那就是崔莺莺的“乔坐衙”。崔莺莺在这一本中有两次装模作样的情形：一是红娘将张生之信放在妆盒上暗示莺莺，莺莺大怒；二是莺莺写信与张生相约而又爽约。至于莺莺为何这么做，金圣叹在《赖简》总评中有详尽的论述。金圣叹称赞莺莺曰：“双文，天下之至尊贵女子也；双文，天下之至有情女子也；双文，天下之至灵慧女子也；双文，天下之至矜尚女子也。”“盖双文之尊贵矜尚，其天性既有如此，则终不得而或以少贬损也。”“（双文）又娇稚、又矜贵、又多情、又灵慧千金女儿，不是洛阳对门女儿也。”[②] 所以金本的“题目正名”加上“崔莺莺乔坐衙”是完全有必要的。

（三）楔子

所谓“楔子”，王季思先生注引吴瞿安先生曰：“楔子者，元词中常有

---

① （元）王实甫著，（清）金圣叹批改《金圣叹批本西厢记》，张国光校注，第 104 页。

② （元）王实甫著，（清）金圣叹批改《金圣叹批本西厢记》，张国光校注，第 177～182 页。

之。盖剧中情节，间有非四折所能尽，遂加一楔子。楔读如屑，为门户两旁木楔。今衙署大门脱限时，有两木柱于橛端者是也。楔所以辅佐门限，此则以辅佐剧情之不足。”又自释曰：“楔为一端扁平之木杙，匠者于梁柱或车箱疏松处，辄椓楔以实之。小说戏剧中之楔子，虽似在正文以外，而亦有加紧结构之用，故以此名之也。”① 王注《西厢记》因袭凌濛初刻本的目的大约也正是在为保持王实甫《西厢记》的原貌而努力。王注本每本皆有楔子，但楔子在每本中所处位置则不一。第一本的楔子在开头，主要内容为老夫人自报家门，介绍故事的起因；第二本的楔子在第一折之后，主要内容为惠明和尚夸说自己勇猛以及白马将军解围；第三本的楔子在开头，内容为莺莺吩咐小红娘去探视张生；第四本的楔子也在开头，内容为莺莺下书私会张生，而又乔装不赴约，红娘见状催促之；第五本的楔子在开头，内容为张君瑞得中状元，吩咐琴童送书信于夫人、小姐。由以上分析可知，楔子大多处于一本的开首处，也有处于中间的，但情形不多见。楔子的内容通常较为简单，篇幅也较为短小，主要用于剧情上的联系，王注《西厢记》共五本，所以共有五个楔子，除第二本的楔子篇幅稍为冗长外（但内容其实非常简单，即惠明和尚送信，白马将军解围），其余四本的楔子都极其简略。

张注《西厢记》无楔子。金圣叹既然将《西厢记》视为文章，那么体例自然与戏剧相异，所以不设楔子，而将楔子的内容并入剧中，以便与剧情融合得更为密切。就融合的情形来看，金圣叹对曲词部分因袭较多，而对宾白的内容改动较大，且有文字顺序的调整。如王注《西厢记》第二本的楔子在第一折与第二折之间，有关“张生与法本、老夫人商定修书白马将军以求解围”的计策在王本中属于楔子的内容，而“老夫人许婚众僧俗”却在第一折中，张注《西厢记》中金圣叹则将张生献计紧接老夫人许婚之后，使二者前后融合无间，收一气呵成之效。

（四）【络丝娘煞尾】

王注《西厢记》每本皆以“络丝娘煞尾”曲结束。所谓“络丝娘煞尾”，王季思先生注引毛西河语曰：“院本以四折为一本，中用络丝娘煞尾

---

① （元）王实甫：《西厢记》，王季思校注，第2页。

联之。……杂剧亦间有用络丝娘煞尾作结者。”又解释说：“西河词话谓此二语在演者下场后，由在坐间之司唱者念唱，盖尚沿院本旧例也。”① 由此可知，“络丝娘煞尾”在剧中的重要性实在是很小的，即使有少许总结上文和暗示下文的作用，然而去掉它也不会造成结构和内容的残缺，反而因为有它容易造成内容上的冗赘。删去“络丝娘煞尾”并不是金圣叹的创举，王伯良的《古本西厢记校注》就已经这样做了，金圣叹只是沿用了王伯良的做法而已，当然这也说明金圣叹对删去“络丝娘煞尾”的认同。仔细考察“络丝娘煞尾”，它既没有补充剧情的内容，也没有推动剧情的发展，甚至都不是出自剧中人物之口，那么金圣叹要删去它是有道理的。不妨看看王注《西厢记》里“络丝娘煞尾”的文字：

(1) 只为你闭月羞花相貌，少不得剪草除根大小。(第一本)

(2) 不争惹恨牵情斗外，少不得废寝忘餐病症。(第二本)

(3) 因今宵传言送语，看明日携云握雨。(第三本)

(4) 都只为一官半职，阻隔得千山万水。(第四本)

(5) 只因月底联诗句，成就了怨女旷夫。显得有志的状元能，无情的郑恒苦。(第五本)

文辞鄙陋，立意庸俗。以金圣叹对文辞的讲究，必定要斥之为“海边逐臭之夫”抑或是“村野伧夫”所为了。

(五) 第五本 (卷) 的真伪

《西厢记》“王作关续”或“关作王续”之说起源甚早。明末凌濛初刻本即称为“王关正续本”，前四本为“王实甫正本”，后一本为“关汉卿续本”。近人刘世珩刊《暖红室汇刻西厢记》，在《题识》中也称仿凌氏前例，将《西厢记》杂剧称为《王关西厢五剧》。可见认为后一本为关汉卿续作之说乃明代以来直至21世纪多数学者的观点。② 金圣叹就完全否认《西厢记》前四本与后一本乃一人所作，他矢口断定第五本是无知妄人

① (元) 王实甫：《西厢记》，王季思校注，第44页。

② (元) 王实甫著，(清) 金圣叹批改《金圣叹批本西厢记》，张国光校注，第3～4页。

所续，而径称为“续书”。近人王国维、郑振铎、阿英等皆以为前四本与后一本非一人所作。

虽然金圣叹坚定地认为《西厢记》前四本与第五本非一人所作，且续卷的立意、文辞等皆不能望前者之项背，但张国光先生却认为《西厢记》五本皆王实甫一人所作，张先生有《〈西厢记〉杂剧第五本系王实甫原作辨》一文可证明之。在这篇文章里，张国光先生说：“拙见以为金圣叹本《西厢记》径行删去原作第五本而使故事止于《惊梦》，这在客观上的效果是好的。但是他断言第五本非王实甫原作云云，则是一种托词，是为他删去这四折戏寻找的一个借口。”① 张先生分析认为：金圣叹并非不知道第五本也是出自王实甫之手，只是金圣叹对第五本的创作非常不满意，所以寻找托词要将其删去。笔者认为张先生的分析是符合金圣叹删去第五本戏的原意的。在关于《西厢记》的作者以及第五本与前四本是否为王实甫一人所作这一问题的判断上，张、王二人是一致的。王季思先生也不认为《西厢记》五本非一人所作。即使王注《西厢记》所据底本乃凌濛初刻本，而凌氏又有“王关正续”之说，然而王季思先生却并未采信凌氏之说。王季思先生在《西厢记·前言》里说：“后人有的说《西厢记》是关汉卿作，有的说王实甫作了前四本，第五本是关汉卿续的，这些话都可以不攻而破。”② 王季思先生还撰写了两篇文章——《关于〈西厢记〉作者的问题》《关于〈西厢记〉作者问题的进一步探讨》，论述了《西厢记》五本的作者乃王实甫一人，而非“王作关续”或“关作王续”。而且张、王二先生都认识到《西厢记》第五本写得不够成功。

不过需要申辩的是：即使是金圣叹，也没有对第五本一意贬之，虽然金圣叹对第五本从总体上是否定的，但是这并不意味着金圣叹对第五本的局部不持褒扬的评价。虽然第五本满篇充斥着金圣叹的批评，如“真乃丑极”“皆丑极也”“丑极”“丑语”“丑极，使人不可暂注目”“不可注目，丑极”等批语，但我们也能看到金圣叹不同于前者的批语，如“此是好句，我不忍没。此亦寻常好句耳！然我便不忍没。但有一点好处，我即不忍没古人也”③。另外如“此是好句，我不相没”“此三语好”“妙！妙！”

① （元）王实甫著，（清）金圣叹批改《金圣叹批本西厢记》，张国光校注，第328页。

② （元）王实甫：《西厢记》，王季思校注，“前言”，第2页。

③ （元）王实甫著，（清）金圣叹批改《金圣叹批本西厢记》，张国光校注，第276页。

等语亦多见，尤其对末句“愿天下有情人都成了眷属”的批语为“妙句”“结句实乃妙妙!”[①] 这大约也是金圣叹处理《西厢记》第五本没有像对《水浒传》后四十九回一样的原因所在吧，金圣叹将《水浒传》的后四十九回完全摈弃不顾，但对于《西厢记》第五本仍然选择附之于书后，不同的处理方法，金圣叹应该是有考虑的。

三　注释与附录之比较

（一）注释

王季思先生在《西厢记》的 1954 年版“后记”中说：“注解方面主要是在文字语言上，根据元人杂剧、话本、散曲里的习用语，加以疏通证明。原文含义比较难于领会或经过后人曲解的地方，也尽可能的加以说明。”[②] 考察王先生的注释，主要集中在如下几个方面。

第一，元杂剧的戏剧专用语。有关于戏剧结构的如“楔子”“题目正名”等，有关于戏剧角色的如“外”“正旦”“正末”“旦倈”“净”等，关于曲牌的如“幺篇”“络丝娘煞尾”等，关于戏剧动作的如“开”“白”“科”等。

第二，宋元习语或方言。如“俺”“小厮儿”“紧不紧”“小二哥”“颠不剌”“庞儿”“偌远”“的当”“睃趁”“赤紧”“傻角”“浑家”“咱”等。

第三，典故。如“血洒杜鹃红”“日近长安远”“萤窗雪案”“蓬转”“浮槎”“窃玉偷香”“织锦回文”“胸中百万兵”“刺股悬梁”“倾国倾城”等。

第四，专门词语。人名如“则天”“阮郎”“司马相如”“白马将军”等，地名如“蒲郡”“梁园”“武陵源”“巫山”等，佛教专门语如“伽蓝”“檀越”“长老”“剃度”“梵王宫”“舍利塔”“香积厨”“方丈”“随喜”“上刹”“兜率宫”“圆光”“常住”“开启”等，专用语词如“犀表”“红定”“解元”“万福”“金莲”“云板”“社家”等。

---

① （元）王实甫著，（清）金圣叹批改《金圣叹批本西厢记》，张国光校注，第 307 页。

② （元）王实甫：《西厢记》，王季思校注，第 237 页。

第五，难解生僻词语。如“齠齔”“棘围”“旖旎”“镬铎”等。

王季思先生在“前言”里又说：“注释方面删去了一些不必要的引证，但有些对读者阅读元人杂剧或考证金元方言有参考价值的，还是保留下来。此外还根据读者的意见和近年来读曲所发现的新材料，加以修正和补充。”[①] 可以看出，王季思先生对《西厢记》的注释是全方位的，并且是为着读者能读懂原文而不断努力的。

而张国光先生的注释却有另外的目的。张先生在《金圣叹批本西厢记》的“前言”里说：

> 在金圣叹对《西厢记》的批语中，大量引用了经、传、子、史等文献资料和文学掌故，又每以佛教教义与老、庄、《周易》思想糅合，有些总批也确实达到了“汪洋恣肆”的程度，为我国明清散文别开生面，这使广大读者感到阅读时存在着一些障碍。为此，本书对其批文中引用的一些难词典故作了疏释，以供读者参考。[②]

由此可知，张国光先生的注释只是针对金圣叹的批文的，而不涉及《西厢记》原文。这完全是一项首创性的工作，正如张先生所言，“草创性的工作，尚无前人的成果可资借鉴”。如果说王季思先生的努力是为了普及《西厢记》的文本传播的话，那么张国光先生则是致力于金圣叹文字的阐扬。二位先生的努力皆可谓功莫大焉。

（二）附录

因为王注《西厢记》的目的在于传播和普及王实甫《西厢记》的文本，所以在“附录”里，王先生缀以《元稹会真记》《赵令畤蝶恋花鼓子词》《摘翠百咏小春秋》《王实甫韩彩云丝竹芙蓉亭残折》《王实甫苏小卿月夜贩茶船残折》等文。王先生所缀皆为作品，前三篇都是有关《西厢记》的，后两篇是王实甫的另外两篇杂剧的残折，可以说阅读这些作品有助于读者更准确、更全面地了解《西厢记》文本以及王实甫其人。除此以

---

① （元）王实甫：《西厢记》，王季思校注，“前言”，第7页。

② （元）王实甫著，（清）金圣叹批改《金圣叹批本西厢记》，张国光校注，“前言”，第6页。

外，王先生还附录了两篇自撰的关于《西厢记》作者王实甫的考辨文章：《关于〈西厢记〉作者的问题》《关于〈西厢记〉作者问题的进一步探讨》。在这两篇文章中，王先生论证了《西厢记》的作者是王实甫无疑，而且《西厢记》的前四本与后一本都是王实甫一人所作。

而张注《西厢记》的目的似乎更倾向于对金圣叹文字的传播和研究，所以张先生在《金圣叹批本西厢记》一书的“附录”里缀以《重刻绘像第六才子书序》（录自怀人堂《绘像增批六才子书》卷首）、《金圣叹先生传》（录自廖燕《二十七松堂文集》）、《金人瑞》（录自蔡丐因《清代七百名人传》）、《辛丑纪闻》（无名氏）、《研堂见闻杂记》（录自王家祯《痛史》）、《诛邪鬼》（录自归庄《归庄集》卷十）、《闲情偶寄》（录自李渔《闲情偶寄·词曲部》）、《曲话》（梁廷柟）、《柳南随笔》（录自王应奎《柳南随笔》卷三）、《啬庵随笔》（录自陆文衡《啬庵随笔》卷五）、《山志》（录自王弘撰《山志》卷四）、《三冈识略》（录自董含《三冈识略》卷九）、《一亭杂记》（毛庆臻）、《茶香室续钞》（俞樾）诸篇，皆为评述金圣叹其人或其书的文字，可见张先生着力之所在。与王季思先生一样，张先生亦附《〈西厢记〉杂剧第五本系王实甫原作辨》一文，论证《西厢记》作者为王实甫且全剧皆出于王实甫一人之手，这跟王先生的看法完全一致。

四　结语

王注《西厢记》属于王本《西厢记》系统，王季思先生校注的目的也在于保持王本的原貌，同时通过自己的努力使王本《西厢记》得以更广泛地传播和阅读；张注《西厢记》却是沿袭金圣叹本《西厢记》的面貌，保存了金圣叹的评点文字，且以一己之力疏通注解金批文字，这样的努力无论怎样都是值得尊重的。不过，当张注《西厢记》在 20 世纪 80 年代中期出版的时候，王注《西厢记》已是名满天下，早已经宣告了王本《西厢记》的胜利。尤令人不解的是，即使张注《西厢记》已经出版了很多年，然而问津者仍是寥寥。曾经在整个有清一代独占鳌头的金本《西厢记》到了 20 世纪却未曾料到蒙受如此冷清的待遇，有时候难免会令人作人生世事升沉新故之叹。

A Comparative Study of Wang Jisi's Annotation of *The West Chamber* and Zhang Guoguang's Annotation of *Jin Shengtan's Approved Edition of the West Chamber*

Zhang Jiaguo

Abstract: The publication of Wang Jisi's annotation to *the West Chamber* and Zhang Guoguang's Annotation to the *Jin Shengtan's Approved Edition of the West Chamber* are important achievements in the collation and publication of *The West Chamber* in the new period. Wang's annotation of *The West Chamber* is the representative of the Wang Ben system (Wang Shifu's *The West Chamber*) in the new era, and Zhang's annotation of *The West Chamber* is the embodiment of the Jin Ben system (*Jin Shengtan's Approved Edition of the West Chamber*) in the new era, but there are great differences in proofreading, styles, texts and annotated appendices. What is different from the fate of Wang's annotation of *The West Chamber* being widely disseminated and read is the cold reception received by Zhang's annotation of *The West Chamber*, which just shows the different intentions of Wang's annotation of *The West Chamber* and Zhang's annotation of *The West Chamber*.

Keywords: Wang Shifu's *The West Chamber*; *Jin Shengtan's Approved Edition of the West Chamber*; Wang's Annotation; Zhang's Annotation

About the Author: Zhang Jiaguo (1973 –), Ph. D., Lecturer at School of Literature and Journalism, Huaihua University. Research interests and specialties: literature of pre-Qin, two Hans, Wei, Jin, Southern and Northern Dynasties, and Ci Fu literature. Email: zhangjiaguo001@163. com.

黄华二牍　一笔双书

——宋克夫教授《元明清文学考论》读后

李春光*

摘　要　作为一部集成之书，《元明清文学考论》见证了湖北大学文学院宋克夫教授的全部学术历程。在文学与哲学之间把脉问诊、在考证与论析之间架椽成屋、在小说与戏曲之间烛壁探幽、在冷点与热点之间生发转化，构成了这部集成之书的四大学术特色。宋克夫教授对宋明理学的执着开掘、对章回小说的价值探寻、对明代诗文的理念建构，均有效地促成了21世纪以来古代文学史特别是明代文学史研究哲学维度的确立。三十五年的时间跨度，俨然使该书成为改革开放四十余年中国学术发展史的一个组成部分与重要见证。

关键词　宋克夫　元明清文学　学术史

宋克夫教授的《元明清文学考论》（中国社会科学出版社，2019，以下简称《考论》）是一部个人论文自选集。作为“湖北大学文学院教授文库”的一个重要部分，《考论》收录了宋克夫教授从事学术研究以来发表于各种级别刊物上的学术论文近四十篇。这些论文，纵跨三十五年，见证着宋克夫教授学术发展的全过程。作为一部记录个人学术历程的著作，《考论》一书呈现出“黄华二牍，一笔双书”的学术特色。

其一，“文”杏裁为梁，“哲”匠发幽诠。探讨文学与哲学的关系，是贯穿宋克夫教授学术历程的一条主线。诚如黄霖教授所言，“循哲思之脉

* 李春光（1986～），文学博士，湖北师范大学文学院讲师。主要研究方向为元明清文学。电子邮箱：281415734@ qq. com。

搏，探文学之律动”，是宋克夫教授治学的一大特色。宋明理学与明代文学的关系，是宋克夫教授审视明代文学发展的一个重要维度。宋濂的朱学渊源、罗贯中的理学思想、徐渭的心学交游、吴承恩的心学渊源、何心隐的人欲观念、兰陵笑笑生的价值困惑等问题，无不折射出宋明理学对明代文人理想人格与治学路数的潜在塑形作用。宋明理学与章回小说的价值取向、“对阳明心学的接受与认同”标志着唐宋派的形成、“东林学派对阳明心学的反拨”造成了晚明文学思潮的消歇等问题，基本上厘清了构成宋明理学核心的价值论哲学对明代主要文学思潮、主要文学流派的影响。美国学者古斯塔夫·穆勒称：“不断变化的文学风格，就是艺术以及其他一切文学活动里潜在的哲学变化的结果。”在《考论》一书中，宋克夫教授正是抓住了“文学流变的背后是哲学的变化”这一要津，从作家、作品、流派、思潮四个角度，全方位地展示了明代儒家价值论哲学对明代文学的深远影响。因此，以“文”为“梁”，以“哲”探“幽”，文哲双修，构成了《考论》一书的第一大特色。

其二，“考”评道精粗，“论”诗重性灵。考证与论析相结合，是宋克夫教授极为重要的治学方法。宋克夫教授以“考论”二字命名是书，大有深意。诚如是书“自序”所言：“所谓‘考’，即考证，着眼于事实判断；所谓‘论’，即论析，着眼于价值判断。而在文学研究中，事实判断是基础，价值判断是提升。”论析容易考证难，乃学界通识。有“考”有“论”，“考”然后“论”，方显学术底气。王兆鹏教授曾盛赞宋克夫教授长于“广泛搜罗挖掘史料”，长于考证“文学家与心学人物在行为上的交往及其师承关系”。《考论》一书的上、中、下三篇，分别涉及“明清小说”、“明代诗文”以及“古代戏曲”的考论问题，尤以中篇“明代诗文考论”见出作者的学术功底。对王阳明弟子王畿与唐顺之、徐渭、李贽关系的考察，对徐渭与王阳明弟子季本、钱德洪、万表、薛应旂关系的考察，以及对吴承恩与王门后学徐阶、李春芳、胡琏关系的考察等问题，无不彰显着作者精深的考证功底与谨严的治学态度。当然，正续《小五义》作者考、鲁迅进化论渊源考、诸宫调体制源流考等问题，也从考证的层面体现着作者广袤的视域。在论析的层面上，宋克夫教授对袁宏道提倡的“性灵说”情有独钟。在考证了袁宏道与李贽的关系（“见龙湖始知一向掇拾陈言，株守俗见”）后，作者认为“性灵说”是在“童心说”的哲学基础上建构起来的美学思想体系，并进一步阐释了“性灵说”的美学意涵、哲学指归，以及该学说对袁宏道理想人格观念以及通俗文学观念的建构作用。可见，“考”道源流，“论”重性灵，考论双得，构成了《考论》一书的第二大特色。

其三，“稗”书志海翻，“戏”源指旧踪。深入小说和戏曲的神髓，对二者进行深刻的文化解读，是宋克夫教授认知元明清三代主要叙事文学作品的一贯方式。首先，价值论哲学引导下的人格分析，提升了古典小说人物形象的品位。奥地利学者亚历克修斯·迈农在《一般价值论的基础》一文中指出：“价值在我们内心存在的首要含义就是人格价值。”《考论》所言及的孙悟空人格的自我完善、贾宝玉的人格解析、西门庆的自我实现等问题，无不从人格价值这一新的视角解诠了明清小说人物性格发展的内在动因。其次，悲剧意识影响下的主题研究，廓清了古典小说、戏曲主题的哲学外延。《三国演义》仁政思想的悲剧实质、《水浒传》的忠义悲歌、贾宝玉的悲剧心态、《精忠旗》的悲剧特征等问题，将忠与义、色与空这些二元悖反的问题，拈出了古代小说史与古代戏曲史的地表，并从形而上的角度探索出中国叙事文学发展史的某些特征。在此基础上，《考论》总结出了章回小说的“伦理特点与发展线索”、“人格探索”、“人格悲剧”以及“对宋明理学的超越”等“史”的脉络，可以说不是章回小说史，胜似章回小说史。难能可贵的是，宋克夫教授虽未把研究重心放在戏曲之上，但其对古典戏曲源流的考证，仍然得到了学界的高度肯定。《诸宫调体制源流考辨》《从〈张协状元〉和宋代曲体的关系看戏文的起源》等文章，分别被《文学遗产》《文献》等权威刊物载录，便是明证。故而，“稗”海筑史，“戏”踪清源，稗戏双染，构成了《考论》一书的第三大特色。

其四，“冷”碧新秋水，“热”尽自清凉。生发学术冷点，创新学术热点，是宋克夫教授学术研究的一大方略。对于宋明理学与文学的关系，宋克夫教授关注较早，并于 1995 年出版了自己的第一部学术著作——《宋明理学与章回小说》。而在此之前，只有马积高先生于 1989 年出版的《宋明理学与文学》一书探讨了这一议题。自此之后，前述学术冷点便成了宋克夫教授构建自己学术体系的重要支撑点。《考论》中，唐顺之的“天机说”、季本的“龙惕说”、何心隐的《聚和老老文》、徐渭的《论中》等在宋明理学观照下衍生出的、被明代文学史忽略的学说的发现与析出，不但丰富了明代文学史尤其是明代文论史的面相，而且还填补了不少明代哲学史的研究空白。自 1983 年发表第一篇学术论文《金批中的小说艺术辩证法——读〈第五才子书〉札记》开始，对学术热点的关注，亦成为宋克夫教授治学的一个切入点。不同于常规性的学术热点研究，作者更加关注学术热点背后的思辨方式。《三国演义》的思维方式、《水浒传》的思维方式、“性灵说”的哲学思考、毛宗岗的评改倾向等问题，无不体现着作者创新求变的学术追求。宋克夫教授还从明代中后期心学的角度出发，探讨了吴承恩诗文集及《西游记》中所反映出的心学思想，进而力证吴承恩是《西游记》的作者，使得该说成为“《西游记》著作权问题”这一学术热点论辩中不可忽视的一股力量。2006 年，由陈曦钟先生等编写的《中国古代小说研究论辩》一书，在探讨《西游记》的“作者之争”时，就曾明确将宋克夫教授归入“挺吴派”的队伍（包括苏兴、刘怀玉、钟扬、刘振农、蔡铁鹰、杨子坚、陈澉、何锡章等人）之中。不难看出，“冷”点发之，“热”点新之，冷热双兼，构成了《考论》一书的第四大特色。

戚蓼生《石头记序》有言：“黄华二牍，左腕能楷，右腕能草。”其实，文哲双修、考论双得、稗戏双染、冷热双兼，体现的正是《考论》一书“黄华二牍，一笔双书”的学术特色。循哲思之脉搏、探文学之律动，立考证之根基、塑论析之依据，觅稗海之隐秘、究戏踪之渊薮，发冷点之壶奥、赜热点之钥窍，体现的正是宋克夫教授治学的理想与境界。研究对象的确定性、研究方法的严谨性、研究思路的多样性，不仅描摹出宋克夫教授的治学过程，而且代表了这一辈学者的治学方略。故而，透过《考论》一书，去管窥改革开放四十余年中国学术发展的某些视点与路数，必然会有所得、有所想、有所叹。

A Review on Prof. Song Kefu's *Studies on Literature of the Yuan, Ming and Qing Dynasties*

Li Chunguang

Abstract: As a collected works, *Study on Literature of the Yuan, Ming and Qing Dynasties* shows the whole academic course of Prof. Song Kefu, Department of Chinese Language and Literature, Hubei University. It focuses on the interflowing of literature and philosophy, textual research and logical argument, fiction and drama, less popular academic and academic focal point, which presents its significant academic characteristics. Prof. Song's studies about Neo-Confucianism of Song and Ming Dynasties, the traditional Chinese fiction and poetry in Ming Dynasty, establish a philosophical dimension in the research field of ancient Chinese literary history, especially the literary history of Ming Dynasty since the new century. This work covers Prof. Song's thirty-five-year achivements in academic, which make it being a necessary part and an important witness of the academic history of China since the forty years of Reform and Openning-up.

Keywords: Song Kefu; Literature of Yuan, Ming and Qing Dynasties; Academic History

Aboout the Author: Li Chunguang (1986 –), Ph. D., Lecturer of Hubei Normal University. Research interests: literature of Yuan, Ming and Qing Dynasties. E-mail: 281415734@ qq. com.

出版与文化

主持人语

出版是指专业机构、专业人士将作品（文字、图像、声音等）编辑加工后经过复制向公众广泛传播的社会活动，是人类社会的政治、经济、文化发展到一定阶段的产物，凝结着人类的思想和智慧。从这个角度看，出版当然是一项典型的文化活动。但同时，出版又是一项经济活动，因为出版物的“生产和销售是一种需要投入各种物资、需要富有经验的管理者、企业家参与的经济工作”（〔美〕约翰·德索尔）。出版的双重属性已经十分明了，其中的文化属性、经济属性所占比重孰大孰小，成为改革开放以后出版学界、业界的焦点话题，因观点的分野产生了“产业派”“文化派”的不同阵营。经过较长时段的讨论，目前出版界普遍认可“出版的终极目标是文化，是传承知识、创造文化、创新文化、发展文化”（聂震宁），“文化是目的，经济是手段”（刘杲）。

厘清了出版的本质，在出版活动中占据重要角色的编辑的本质也就清楚了。编辑首先是文化人，肩负着传承文化的社会使命，因此“编辑应该用文化自觉理念来指导实践，如在民族文化中寻根、从国外文化中借鉴，最终落实到自主文化创新之上”（王舒）。以此标准来看，本专栏两位作者周百义先生、梅杰先生堪称出版界的楷模。周先生 1987 年从武汉大学毕业时，已是小有名气的作家，可他心中认为“编辑工作是一件十分神圣的事业”，毅然投身出版业，一干就是三十多年。在他的职业生涯中，带领长江文艺出版社成为国内顶尖出版社，作为《雍正皇帝》《张居正》的责编引领长篇历史小说新风尚，作为编辑与作家二月河长久的私人友谊，等等，都已成为业界流传甚广的佳话。这些不凡经历正好说明了他成为优秀出版家的原因。湖北大学文学院编辑出版学系青年教师张晓蒙于 2019 年年中拜访了周百义先生并进行了访谈，本专栏刊发的这篇访谈录，翔实记录了周百义先生投身出版业的经历，他对编辑与作家的关系、历史小说出版、目前行业瓶颈等问题的看法，以及作为资深出版人对于当今知识付费潮流、文学作品影视化改编等新兴事物的观点，为致力于出版行业的编辑提供了重要的理论和实践启迪。

梅杰老师是出版企业转型后成长起来的优秀青年编辑，2014 年被评为“中国好编辑”，2018 年荣获“中国出版新星”称号。作为已在现代文学史料、儿童文学、方志学等研究领域颇有影响的研究者，梅杰显然还有更宏伟的想法。《为重写中国儿童文学史做准备——“中国儿童文学大视野丛书”漫谈》是他为自己主编的“中国儿童文学大视野丛书”写的出版漫笔，文章呼吁从儿童本位论、泛儿童文学论出发，重新检视百年中国儿童文学史。而策划出版“中国儿童文学大视野丛书”，就是为重写儿童文学史做前期资料的准备。这些工作充分显示出梅杰不仅是深入的思考者，也是积极的实践者，他本人研究者、出版者的双重身份，既展现了作为一个优秀编辑应该具备的素养，客观上也促进了出版与学术的良性互动。

在市场经济大潮来临之初，许多作为文学青年入行出版业的编辑常常陷入困惑之中。1993 年，时任厦门大学出版社总编辑的陈福郎先生在第六届国际出版学研讨会期间，曾与同行有过“作者是上帝还是读者是上帝”的讨论，当时他“隐隐觉得，在市场这个旋转舞台上，纯学者的价值评判，往往显出跛脚的窘态”。在经过与会者发言以及个人深入思考以后，他写道：“在学术氛围浓重的大学校园里，高校出版社以其文化产品的市场性，形成一种独特的文化精神，它既有别于纯学术的价值认同，又不同于唯利是图的商业本性，这是一种雅俗兼备、儒商合一的自在张力。”（《总编辑手记·出版文化的洗礼》，2015）这显然是一种观点的调和。

时至今日，出版业界还会有“应该更重视经济效益还是社会效益”的争论，而无论持哪方观点的人，都愿意回望过去，“念念不忘老商务”。范军先生认为老商务印书馆的价值“不仅仅是因为它所创造的经济辉煌和产业奇迹，也不仅仅是因为它曾经跻身于世界出版前三强”，更多是作为一家出版机构，通过数量庞大、种类齐备的出版物，在促进我国新式教育的发展、推动现代知识的传播、弘扬西方文明精华、传承中国传统优秀文化等方面做出了巨大的贡献。（《岁月书痕》，2017）本专栏何国梅先生《早期商务印书馆责任竞争力分析》一文，正是研究商务印书馆的佳作。文章从市场竞争力核心要素之一的责任竞争力出发，分析了商务印书馆在办社宗旨、出版主业、经营手段、企业管理等方面的成功因素，论证了商务印书馆作为物质产品和精神产品的生产者、传承者，如何平衡出版的文化属性和经济属性，成长为近代出版史上最著名的社会效益、经济效益俱佳的“双效”企业，为今天的出版业界提供了很好的启发。

湖北大学编辑出版学系成立于2013年，2014年开始招收编辑出版学专业本科生。在传统出版行业被普遍看衰的当下，我们为什么会成立本系呢？这里面既有历史的夙愿，也有对现实的思考。我们单位也称作古籍整理与研究所，从1985年成立以来，古籍所为适应国家、社会对古籍出版、辞书出版的需要，向出版社输送了大量人才，其中有崇文书局前社长李尔纲、副社长邹华清，湖北人民出版社编审王粤汉，福建人民出版社编审江中柱，湖北人民出版社前重点出版分社社长张琦，外研社汉语辞书室主任李斐，等等。2002年，编辑出版学专业由国家控制专业调整为自由申报专业，时任古籍所所长的张林川先生即动议申办该专业。可囿于当时办学条件不成熟，加上张老师身体非常不好，此事搁浅。

转眼来到2012年，教育部又有一轮申报专业的热潮，文学院领导动员古籍所申报新专业，老师们也有培养本科生的热情。大家一拍即合，立即投入了筹备工作，一边撰写申报新专业的论证报告，一边组织力量到全国相关院校相关专业调访。在将近一年的调研中，我们逐步形成了几点共识：第一，编辑出版学是应用文科，该专业有理论支撑，更强调实践操作；第二，针对出版社的编辑出版人才培养已进入饱和状态，但在新技术、新经济、新业态下，需要大量不同于以往概念的编辑出版人才，即要有“大编辑”的理念。

调研过程中，我们得到兄弟院校的热情接待和大力支持，如北京大学肖东发教授，中国传媒大学蔡翔教授、李频教授，北京印刷学院陈丹教授、魏超教授、叶新教授、朱宇教授、周斌副教授，等等。在北京的调研工作仰赖肖东发先生牵线搭桥，才得以见到北京诸多出版学界的名流。而令人痛心的是肖先生英年早逝，本想请他给予我们专业更多指导的愿望竟成憾事。上海的调研由洪久来副教授引荐，我们拜访了华东师范大学传播学院的严三九教授、雷启立教授、刘影副教授以及上海师范大学出版传媒系陈丽菲教授，并进行了座谈。经闵定庆教授介绍，我们还前往华南师范大学文学院编辑出版学专业了解了相关情况，华南师范大学的编辑出版专业也设在文学院且就业情况很好，这次调访取得了很好的效果。由于地域、学缘或其他机会，我们也得到了武汉出版学界的大力支持，武汉大学方卿教授、黄先蓉教授以及华中师范大学范军教授给予了我们很多指导和帮助。

湖北大学编辑出版学系现有教师9人。其中有学术期刊的执行主编、从业界引进的高级人才及科班出身的博士，另有一部分老师兼跨了文献学、编辑出版学的教学科研任务。虽然编辑学、出版学实践活动、理论探讨在中国古已有之，中国编辑史、中国出版史与中国文献学史几乎等长，文献学专业教师得以拥有不少编辑出版史领域的知识储备，然而毕竟是两个专业、两个学科，兼跨教师的教学科研压力巨大。几年来，大家一直致力于研读相关著作，参加培训及会议，重新学习，努力转型。胡涛是留校任教的青年教师，担任“中国出版史”课程的教学工作，发表在专栏中的《我国基础教育阶段移动教辅产品发展历程探析》就是他在出版学方面的转型尝试之作。文章聚焦中国基础教育阶段的移动教辅产品，分析了这些产品发展的历程及存在的问题，并结合当前科技界热门的人工智能、AR/VR技术，对移动教辅产品未来的发展方向进行了大胆的猜想。文章材料丰富、论证翔实，既反映了胡涛博士扎实的文献学功底，也展现出他对新兴事物强烈兴趣之上的宽阔视野。之前知道胡涛讲课风趣幽默，常常采用设问的方式，具有很强的启发性，现在又看到他在出版学领域的文章，我非常欣慰，因为系里还有一批像胡涛这样年富力强、敬业又专业的年轻教师。编辑出版系除了拥有文学院的相关专业教师外，还得到本校新闻传播学院、艺术学院视觉传达系的大力支持。同时我们还延聘了业界精英走进课堂，如长江文艺出版社前社长周百义编审、长江出版集团章雪峰编审、长江少年儿童出版社梅杰编审、长江出版集团数字出版部蒋海鸥编审等。相信在各方人士的鼎力帮助下，湖北大学编辑出版学专业一定会蒸蒸日上、越办越好！

《中文论坛》主编聂运伟教授一向以提携后进为要务，提议开设“出版与文化”专栏，作为编辑出版学专业的研究阵地，以便传播学术，广交朋友。学院副院长刘继林教授亦大力支持，亲自向梅杰老师、严国梅老师约稿，在此谨向聂教授、刘教授致以真挚的谢意！

湖北大学编辑出版学系还十分年轻、弱小，需要我们自身持续不断地努力进取，也需要编辑出版学界、业界的大力支持。借《中文论坛》“出版与文化”专栏的领地，我们诚恳邀请各位专家、学者不吝赐稿，切磋讨论相关论题，为推进编辑出版学专业的健康发展贡献力量！

湖北大学文学院　杜朝晖

我的出版实践与观察

——周百义先生访谈录

周百义[*]　张晓蒙[**]

摘　要　从1987年武汉大学毕业，在长江文艺出版社做编辑，到如今担任湖北省编辑学会会长，三十多年的编辑生涯，让周百义先生积累了大量的出版经验，成为国内出版领域具有重要影响力的知名专家。2019年5月底，《中文论坛》编辑团队前去拜访了周先生并进行了交流。本文为此次访谈的文章，周先生从自身的出版实践出发，生动而翔实地介绍了自己投身出版业的经历，探讨了编辑与作家的关系、历史小说的出版、目前的行业瓶颈以及新时代编辑的定位和职业素养等问题，发表了对知识付费、文学作品的影视化改编等现象的看法，并分享了有效进行图书市场调研的具体方法，为致力于投身出版行业的编辑提供了重要的理论参考和实践启迪。

关键词　出版实践　图书市场　周百义　出版业

张晓蒙：周老师，1987年您从武汉大学毕业后，开始在长江文艺出版社做编辑，请您谈谈当时做出这个选择是机缘巧合呢，还是说早已心有所属？

* 周百义（1954～），湖北省编辑学会会长，原长江出版集团总编辑，长江文艺出版社社长，湖北省大型出版文化工程“荆楚文库”编纂工作委员会办公室副主任，编纂委员会编委，编辑部主任。作品有《竹溪上的笋叶船》《武经七书新译新注》等，编校有《雍正皇帝》（上、中、下卷）、《张居正》（4卷本）等。

** 张晓蒙（1990～），湖北大学文学院教师，主要研究方向为数字出版、出版管理。电子邮箱：zxmhubu@126.com。

周百义：1987 年我从武汉大学毕业后，到何处去工作，当时面临着很多的选择。上学前，我已是河南省潢川县文联主席，是带着工资来插班上学的。单位希望我回去，我通过反复“陈情”，单位最后同意放我的档案。当时我是系里毕业分配委员会的学生代表，我知道有哪些单位找学校要人。当时北京需要人，但要没有结婚的，我当时已经成家并且做了父亲。所以，我做好了各种准备，要不回河南去，要不留在武汉。当时担心没地方去，毕业前我在郑州已经找好了省教育厅的一家报社，他们已同意接收我。不过，按我自己的打算，是希望留在武汉的。毕业前夕，经过武汉长江大桥，看着长江两岸的万家灯火，心中突然涌出一种十分眷恋的暖流。后来果然有武汉的很多单位来学校要人，如报社、电台、电视台。当时《湖北日报》要人，按我当时的情况是可以去的。我专程到报社去看了看，我没有进去，围着报社的大楼转了一圈。当时这儿还很荒凉，报社大楼四周一片荒地，半尺高的茅草，盖住了我的双脚。我想，这可能就是我将来要工作的地方了。结果，系里告诉我，长江文艺出版社来学校要人。原因是他们虽然从学校招进了一个研究生，结果这个研究生只待了不到一个月就离开了。

在我的内心，我是希望到出版社去的。在读书之前，我在县委宣传部新闻科做过两年的新闻干事，我对中国新闻的现状及其可以发挥的作用，可以说是太了解了。另外，在读书前，我已是河南省作家协会会员，写过一些文学作品，出版过一本书，与出版社、杂志社有过一些交往。在我的心目中，编辑工作是一件十分神圣的事业。当年写作时，编辑给我的来信，哪怕是只言片语，我也保留至今。

张晓蒙：您的个人文集《周百义文存》于 2014 年出版，里面既收录了您的文学作品，也有您对出版业的一些思考。虽然我们熟知的是您作为出版人的身份，但您觉得自己更像一个作家还是出版人呢?

周百义：我自己也没有想到，今生会以一个出版人的身份留在这个世界上。到武汉大学我读的是“作家班”。我们考试时先交作品，作品算一半的分数，考试只算一半分数。因此，我们班里的同学个个都有写作能力。入校前，我出版过一本儿童短篇小说集，因此，我入学时的分数，在我们班里是最高的。但是，同学们都很努力，上学的两年时间里，他们都发表了不少作品。我不敢懈怠，争分夺秒地读书写作。毕业后的一段时间，在当编辑之余，我的创作出现了一个井喷状态，一年里发表了很多篇小说。后来，我又开始从事文学批评，写了一些作家作品评论。再后来我又开始做古籍整理。在出版社工作四年后，承蒙领导厚爱，我被调到了湖北省新闻出版局，负责全省的出版社管理工作。

在出版社的四年，是我写作的一个高峰期，但来到政府机关后，一是日常事务多，二是我这人干一行爱一行，或者说觉得干什么都不甘人后，因此，我将主要精力放在了行政工作上。1995 年，我回到了出版社负责，又觉得肩上的担子很重：一个社几十号人的吃饭问题，还有领导的信任问题，如何把出版社办好的问题。我不能每天还去惦记着写什么，只能放弃了自己的文学爱好。偶尔有一点创作的冲动，但很快被繁杂的日常事务给淹没了。人的一生，在一定程度上，环境决定了你的发展方向，除非，你觉得你在某一方面有特殊的才能，才可以排除外界的干扰，心无旁骛地做自己喜爱的事情。否则，你只能随波逐流。

当然，从出版的角度来看，我具有一定的写作和鉴赏能力，对于做好出版工作，还是大有裨益的。对于一部作品的评价，我不仅有理论的判断，还可以从一位写作者的角度，对作品的优劣得失做出判断，甚至可以用我在创作实践中取得的经验，帮助作者提高作品的质量。在这方面，我做了很多的工作。因此，我是一个出版人，创作上我只能算是业余作者。

张晓蒙：作家二月河 2018 年底去世，《雍正皇帝》作为他的代表作之一，也是您作为责编的首次组稿作品，您和二月河先生三十年的友谊也给读者带来了很多优秀的作品。那么您是如何看待编辑和作家之间的关系的？

周百义：编辑与作家的关系，应当是相辅相成的关系。优秀的编辑，能够成就优秀的作家；优秀的作家，又会成就一位编辑的事业。中外出版史上，这种编辑与作家互相促进、互相帮助的事迹已有很多。如叶圣陶在商务印书馆负责《小说月报》时，发现了尚在法国留学的巴金创作的中篇小说《幻灭》。当时巴金还是一个没有任何名气的文学青年，他自己希望能够为商务印书馆翻译一些作品来出版这本书。结果叶圣陶看了稿子后，认为巴金写出了一战之后上海青年理想破灭之际的情景，具有时代性和典型性，不仅在《小说月报》上刊载，还为其出版了单行本。受到鼓励，巴金后来写出了《寒夜》《家》《春》《秋》等一系列优秀作品。而巴金后来从事编辑工作后，又大力扶掖文学青年。曹禺创作的话剧《雷雨》，因为负责的编委不看好，在郑振铎和靳以主编的《文学季刊》处放了半年而没能刊载，后来稿子到了巴金手上，巴金凭着他的艺术鉴赏力对《雷雨》给予了很高的评价，这部剧因此才得以与读者见面。因此，有人认为，叶圣陶是巴金的伯乐，巴金又是曹禺的伯乐。到了“文革”后，河南作家张一弓创作的中篇小说《犯人李铜钟》寄到巴金担任主编的《收获》，巴金顶着压力，刊载了这部以20世纪河南信阳地区大饥荒时代为背景的小说，而从此也成就了作家张一弓。还有如美国斯克里伯纳的知名编辑麦克斯韦尔·珀金斯培养与发现菲茨杰拉德、沃尔夫、海明威三位作家的经典故事，也说明了编辑与作家关系的重要性。珀金斯以自己的敬业与专业精神，发现了作家的创作才能，并帮助他们完善作品，顶着各方压力，坚持要出版托马斯·沃尔夫的第一部长篇小说《时间与河流》，因此为美国文学史和世界文学史奉献了优秀的作品。而同时，三位作家的作品获得成功，也使珀金斯成了编辑这个行业的明星，因此人们称他为“天才”。有作家为他撰写传记并改编成电影《天才捕手》，使本来位居后台的编辑走上了前台，并在银幕上展露风采。

我与二月河交往三十年，我个人的体会是，无论是出版社的编辑还是作家，都要换位思考，用孔子的话说，叫“己所不欲，勿施于人”。出版社是一个要创造经济效益的企业，但不能不考虑作者一个字一个字“爬格子”的辛苦。如果出版社从作家的作品中获得了效益，一定要考虑作家的利益。我们主动将二月河的千字稿酬25元改成版税的6%，从表面来看，出版社多支付了上百万元，但出版社赢得了作家的信任，将作家的作品留在了出版社，反过来又给出版社带来了更大的效益。当然，当初我们主动将二月河的作品改为版税支付时，并没有想到希望得到作者什么额外的回报，我们是凭着一种朴素的做人做事的原则来处理与作家的关系的。这也应了中国的一句俗话：“种瓜得瓜，种豆得豆。”

张晓蒙：由您主编的《二月河文集》《张居正》等历史小说均收获了不错的反响，像这些既能够达到出版要求又能成为经典的历史小说一般较少，您在主编这些历史小说的过程中有哪些考量？

周百义：一部历史小说能否成功，能否成为经典传之后世，一般要考虑三个要素。一是题材的选择。中国历史有五千年，可歌可泣的故事如恒河流沙，但并不是所有的历史时段都适合作为故事展开的背景。从罗贯中的经典历史小说《三国演义》来看，作者写的是东汉末年的动荡岁月，魏、蜀、吴三分天下又归于晋，波澜壮阔而又错综复杂，适合展示人物的性格。二月河的历史小说，将帝王将相作为一个个普通人物来写，不仅写他们的政治生活，也写他们的家长里短，这就打破了新中国成立以来以农民起义英雄作为历史小说主角的政治思维，为新时期的文学画廊增添了新的艺术形象。特别是三卷本的历史小说《雍正皇帝》，改变了野史中关于雍正的负面形象，塑造了一个勤于政事、肃贪倡廉、铁面无私的皇帝形象，这就给人以耳目一新的感觉。而历史小说《张居正》，写的是明代朝政经过多年的皇帝怠政和政治腐败将致土崩鱼烂之际，张居正力挽狂澜，一手打造万历新政的特殊历史时期。二是人物的塑造。任何一部小说，其主要任务就是要塑造出栩栩如生的人物群像，才能达到审美预期。在二月河的小说中，无论是三位皇帝，还是书中描写的文臣武将，抑或是三教九流、市井平民，都有鲜明的人物性格。如《雍正皇帝》中的师爷邬思道，虽博学多才，但命运不济，得以佑助未登基的雍正夺权，纵横捭阖，有如神助，但他深谙帝王心术，雍正夺权成功之际，即隐身告退，大隐隐于市。还有小说中的仆人狗儿，聪明伶俐，调皮有趣，后来出任封疆大吏，成为雍正的干臣。三是小说的情节与细节也很关键。小说的情节不仅是推动故事发展的关键因素，也是人物塑造的重要手段。人物的性格，故事的铺展，都要在合理的情节设置中推进。二月河与熊召政的小说，在情节的设置上都别具匠心，让读者如入山阴道上，奇花异草，让人目不暇接。小说中的矛盾和冲突，一环套一环，读者急于知道故事的结局，往往欲罢不能。同时，小说的细节更为重要，故事作者可以根据史实进行必要的虚构，有一定的依傍，但细节却是营造人物血肉的重要材料。一部小说的故事再曲折，如果没有丰富的细节，也如一个衣服架子，没有生气。而历史小说的细节，在于作者对典籍的研读，对历史知识、历史文化的把握。要塑造出特定历史环境中的人物，必须营造出那个特定时代的历史文化氛围，从典章制度到日常生活，从传统文化到风俗民情，要根据不同人物的身份，再现他们的精神面貌。

因此，我在担任二月河和熊召政的历史小说责任编辑时，是从上述三个方面来衡量小说的优劣与是否成功的。

张晓蒙：您从事出版的这三十多年里，中国出版业历经了多次变革浪潮。那么在图书市场环境急剧变化的今天，您能否结合2018年出版业发展状况谈谈目前有哪些瓶颈需要去突破？

周百义：如果谈到突破，就要谈到“瓶颈”。中国的出版业，面临着来自不同方面的压力：一是品种数量的不断增长与读者需求之间的矛盾，二是数字化时代传统媒体与新兴媒体之间的矛盾。

中国的图书出版数量，2018年已经达到了53万种，其中新版图书20.3万种。如果从人均来看，数量并不多，但中国是一个统一的图书市场，一年有20多万种新书上市，一般的书店，是无法陈放的。这就造成了很多新书没有上架的机会，或者说上架的时间很短。同时，这些图书，很多是重复出版，或者说仅仅在形式上有一些创新，因此，图书的重复出版是中国出版的一个瓶颈。2019年，出版主管部门采取限制书号的方法来控制新书品种的增加。解决图书重复出版的问题：一是要保护原创，鼓励原创，增加市场的有效供给；二是出版单位要从自身的效益出发，适当控制品种，精耕细作，在经营思路和管理措施上进行调整；三是在中国这个庞大的市场中，对于重复出版也不要过分担心。中国地域辽阔，人数众多，一种书如果在某个区域市场做好，就会有很大的销量。因此，从全国的角度来看，有些品种重复出版，就近销售，占领区域市场，也未尝不是一种经营策略。

数字化时代传统媒体与新兴媒体之间的矛盾，将会是一个较长时期的矛盾。一方面，新兴媒体在不断地扩大规模，通过技术的迭代推出新的产品，争夺读者的时间和空间。另一方面，传统的媒体因为认识的问题、技术的问题、体制的问题、人才的问题，在转型升级和融合发展上进展不快，尚处于摸索阶段。因此，为适应数字化时代读者获取知识和服务的变化，要加快融合发展的步伐。

目前，融合发展的问题，我认为一是出版单位的领导层要提高认识，看到新兴媒体发展的趋势与前景。传统媒体虽然还有一定的市场，而且会延续较长的时间，但是，随着数字化时代出生并成长的“数字原住民”队伍的不断壮大，此消彼长是一个客观现实。出版社要在资金和人才配置上向新兴媒体倾斜，从某些项目入手，积累经验，然后逐步扩大范围。二是要运用资本，与具有潜力的新兴媒体合作，进入新兴媒体市场。三是要密切跟踪科学技术的发展变化，特别是人工智能的不断进步，要有计划地将新兴技术用在出版的适当环节上。

当然，无论是传统媒体还是新兴媒体，都与管理者的领导能力、组织能力、战略视野有密切的关系，媒体要选拔有专业背景、懂经营、会管理的复合性管理人才担任出版单位的领导，这是我们中国出版业当前需要重视的一个首要问题。特别是大学出版社，实行社长任期制，一个社长在出版岗位刚刚摸索到经验，积累了一些资源，结果又要换到另外一个岗位去。这对于中国大学出版社的发展是不利的。

张晓蒙：知识付费是互联网催生出的新兴知识售卖模式，传统出版业如何在知识付费的时代分一杯羹？

周百义：知识付费是数字化时代出版服务的一个新领域，作为传统媒体，在向数字化转型的过程中，知识付费是一个很好的途径。传统出版业要从知识付费中取得收益，就要充分发挥自己的优势。国内大多数的出版单位都已拥有一定的版权资源、作者资源，这些纸介质上的知识如果通过一定的途径和方法，可以转化为数字化的知识付费。如北京大学经济管理学院薛兆丰教授的“薛兆丰的经济学课”，在得到App上卖得很火，据说销售收入达到了2000多万元。在此之前，同心出版社、北京大学出版社先后出版了薛兆丰的《经济学通识》，遗憾的是，传统出版社没有将薛兆丰的作品搬到互联网上，而是新兴媒体将薛兆丰的作品炒火了。这从一个方面说明，传统媒体实际上是拥有自己的版权资源和作者资源的，如果通过一定的方式，是可以将纸质出版物转换成知识付费项目的。

因此，出版单位要清理自己的版权资源和拥有的作者资源，看看哪些内容适合做知识付费，哪些作者可以做知识付费。从目前知识付费的方式看，主要有三种。一种是听书；一种是有偿互动；一种是采用AR/VR技术，在纸质作品上为读者提供增值服务，提高阅读在场体验。听书这种形式目前比较普遍。出版社可以将适合的图书请人朗读，或者用读书软件制作成音频，放在听书平台上。如知名的喜马拉雅音频分享平台，目前有4.8亿听众，听众通过付费，就可以找到自己喜欢的图书，而出版单位与平台根据听众的订阅情况按照一定的比例分账。当然，出版社也可以将这种音频文件附在自己的图书上，读者通过二维码这个“桥梁”进入后台。如中国青年出版社的《格兰特船长的女儿》，书上附有二维码，读者扫码后进入听书频道，免费听作品的音频，同时了解图书翻译的过程，了解凡尔纳科幻经典“海洋三部曲”的秘密线索。目前更多的一种方式是出版社创办自己的微信公众号，读者通过图书或者期刊上的二维码扫码进入公众号，与后台的专家进行交流，或者听专家的解读。如重庆《课堂内外》杂志社，在中考前夕，让读者通过扫码进入后台，与专家沟通，五天内刊物增收几千元。该刊物公众号一年时间内粉丝数量增加10倍，为杂志社每月增收几十万元。《三联生活周刊》通过“中读”客户端和“松果”App，为读者提供知识付费服务。2018年，《三联生活周刊》的听书收入达到2000多万元。第三种方式是采用AR/VR/MR技术为读者提供增值服务。长江文艺出版社科幻读物《侏罗纪世界》运用AR技术，通过手机扫描图片，让孩子身临其境进入远古世界，观看恐龙的一举一动。湖北科学技术出版社《医学混合现实》一书，则在AR/VR的基础上采用了MR技术。骨科医生在手术室中为病人手术，不仅可以让患者家属在室外观看手术的过程，还可以供医学院学生教学使用。同时，可以通过MR技术进行远程医疗。人民文学出版社的《朗读者》一书，是根据中央电视台同名节目改编的，图书运用AR技术，读者通过扫描书上的图片进入电视现场。虽然出版社不需要读者另行付费，但图书的定价比较高，前三册156元。同时，这种形式促进了图书的销售，上市8个月销量突破120万册。出版社围绕这本书，还延伸开发了《朗读者手账》《朗读者日历》等产品。

由于传统出版单位过去主要是从事纸质出版物的编辑出版工作，对于知识付费缺少技术和经验，出版单位需要适时地引进人才，成立项目组，由小到大，由少到多，积累经验，进入知识付费领域。也可以与现有的技术公司合作，共同开发知识付费项目。武汉理工数字传播工程有限公司开发的RAYS现代纸书系统，利用大数据打造了一个线上线下互动的商业模式，为出版社知识付费项目的开发提供了一个全新的平台，出版社可以与这些技术公司合作，尽快实现知识付费。

张晓蒙：在数字化环境下，新型出版技术不断出现，对编辑提出了更高的要求。您能否谈谈编辑这一职业在现今的出版业中应当如何定位？应该具备哪些职业素养？

周百义：首先，我来回答你的第一个问题：在数字化时代，面对新型出版技术的不断出现，编辑这个职业如何定位。其实，无论是工业化时代的传统媒体编辑，还是数字化条件下的编辑，对于编辑这个职业的要求，基本是一致的。为什么说没有什么根本性的变化呢？因为编辑的职责，就是根据读者和市场的需求，对信息或者知识（或稿件的内容）进行选择和加工。传统的编辑是做这种事，新兴媒体的编辑也是做这种事，只不过，一个是在纸介质上修改与加工稿件，一个是在电脑上修改与加工稿件，在本质上没有任何区别。唯一的区别是，互联网时代的编辑，在产品的内容与形式上，更要时刻以读者为中心，考虑读者的接受。这就是我们常说的互联网思维。

第二个问题是编辑的职业素养问题。在数字化时代的背景下，对编辑的要求与传统媒体时代相比，既有相同也有不同之处。相同的是，所有的编辑，都要有敬业精神，要热爱自己所从事的行业。热爱才有动力，才能发挥主观能动性。同时，无论是传统媒体还是新兴媒体的编辑，都要有一定的专业背景，为了更好地胜任工作，要掌握尽可能多的知识，做到“专”与“博”相结合。因此，无论你现在具有硕士还是博士学历，编辑都要树立终身学习的态度。向书本学，向实践学，向自己所编辑的图书学。同时，编辑要动笔写写东西，具有一定的写作才能。编辑写作指的是围绕你的工作来开展写作，主要有三个方面的好处。一是要对所编辑的图书进行宣传推广，扩大你自己编辑的图书的影响力。二是要研究些问题，便于与作者沟通。在一定程度上，作者只愿意与同一水平线上的人沟通。如果你提出的修改意见，没有吃透作者的原意，或者没有理解作者的写作意图，作者很难接受你的建议。三是写作能提高理性思维的能力与水平，养成你不断地发现问题的意识，同时，只有动笔，才能提高你读书学习的质量。当然，在数字化时代，编辑也要掌握一定的数字化技术，跟上科技发展的步伐，了解读者新的需求，以便策划出新的数字化产品，同时，如果自己能够掌握一些新的技术，利用新的数字平台进行纸质图书的宣传推广，或者制作知识付费项目，无疑会让你的工作更得心应手。

张晓蒙：前段时间电影《流浪地球》收获了46亿票房，也带动了图书的大卖，对于这种文学作品影视化改编的模式您有何看法？

周百义：影视与图书互动，一直是图书市场上最好的营销模式。20世纪末，根据二月河先生的长篇小说《雍正皇帝》改编的电视连续剧《雍正王朝》上映时，因为电视剧十分受欢迎，极大地带动了我社图书的销售。

不包括盗版，仅电视剧播映期间，我社正版图书就销售了25万套。这应当是中国本土第一次影视与图书互动的成功典范。后来我社出版的历史小说《张居正》也改编成了46集电视连续剧，虽然影响不及《雍正皇帝》，但也带动了小说的销售。因此，出版社在选择图书的稿件时，就比较关注作者的图书是否被改编成了影视。因为影视是拉动图书畅销的一个重要因素。如爱情小说《山楂树之恋》一书，图书上市后并没有引起市场的关注，后来由张艺谋执导、周冬雨主演的同名电影上映，图书热销，一度占据了全国畅销书排行榜前列。李可撰写的职场小说《杜拉拉升职记》，本来上市之初销售也很一般，由徐静蕾改编成同名电影和电视剧后，小说持续热销，并带动了同类题材小说的销售。

受到观众欢迎的影视拉动图书销售是无疑的，但是，并不是所有的影视都能拉动图书销售。如果影视拍摄的质量一般，或者没有很好地体现原作者的创作意图，或者播映的时间与频道不理想，也起不到拉动图书销售的作用。另外，是否能起到共振这种效果，也取决于图书本身的质量。如果小说的文学水平比较低，即使影视在二度创作中赋予了很多新的创意，影视播映后很成功，但读者购买这本书后，觉得未尽如人意，小说同样不会热销。特别有些小说是作者先创作影视剧，然后再改编成小说的，这种影视小说往往只有情节，没有细节和心理的描写，缺少文学感染力，虽然在影视播映期间可以多少拉动一些销售，但随着影视播映的结束，此类图书很快会退出人们的视线。因此，无论是影视还是图书，能否互动成功，质量还是最关键的因素。

张晓蒙：市场调研是图书选题策划中的一个重要环节，直接关系到图书后期的发行情况，那么图书策划人该如何进行有效的市场调研？

周百义：开展市场调研，首先涉及信息的收集、分析与整理。如何收集信息？到何处去收集信息呢？我认为有如下几个方面：①书店（含网上书店）；②读者；③媒体（包括新媒体）；④作者；⑤数据调查公司；⑥排行榜；⑦评奖资讯。

在互联网不发达的时代，地面书店是一个重要的图书销售信息的来源。读者购买什么书，喜欢什么书，到书店去就知道了。现在虽然有网上书店，但实体的图书比网上书店虚拟的图书给人的印象还是要深刻些。在实体书店中，我们不仅可以了解图书的销售情况，还可以看到近期上架的新书的装帧设计、纸张工艺及印刷技术的变化，这对于出版人而言也是必须掌握的信息。同时，在当当网、京东、亚马逊等网上书店里，你可以看到近期有哪些书在畅销，哪些书读者的留言评论最多，你从这里大致就可以知道当前图书市场的阅读趋势与读者的阅读趣味。

虽然从网上书店可以得知读者最近在购买什么书，但如果是做青少年图书或者教辅类图书的，到学校去做一些调查也很必要。你可以从学生那儿听到他们对图书的评价，他们当前最喜欢、他们之中最流行的图书是什么，他们最希望看到什么图书。

媒体是获得信息的一种重要的渠道。传统的报纸虽然正在式微，但传统媒体都有自己的电子报纸和公众号，从这些媒体上可以获知出版的信息。当然，一些新兴的媒体上，如澎湃新闻、今日头条、新浪网等都有有关的出版信息，我们要保持经常浏览的习惯，形成一条线性的信息链，掌握出版的动态。

有些作者，不仅自己能够撰写著作，而且对图书市场也十分了解，编辑要逐步拥有自己的作者“朋友圈”，从他们那里了解写作的动态，吸取他们对图书市场的判断。

目前国内还有专门的图书信息调查公司，如北京开卷信息技术有限公司。这家公司从全国的 3000 家实体书店、3000 家网上书店获取图书销售信息，然后通过计算机进行数据处理，统计图书市场的销售动态。如果出版社从该公司订购开卷的资讯，编辑可以从这些动态信息中，了解全国不同出版社、不同地区、不同种类图书的销售数据。现在还有一些数字公司运用大数据技术和人工智能技术，通过从网上抓取关键字，分析图书市场趋势及读者阅读热点，帮助出版社进行选题策划。

除此之外，国内外的各种图书评奖信息也是编辑要关注的方面。因为获奖的图书代表了一个时期创作与出版的最高水平。编辑不仅可以从这些图书中了解图书出版的信息，还可以从中寻找到优秀的作者。

为什么我列出这么多的市场调研的方向和方法呢？因为图书选题的策划是一种创造性的活动，每一种新书都是在前人已出版图书上的一次内容与形式上的突破。希望依靠某一种信息收集的方法就可以获取到有价值的选题信息，这是不现实的。所以需要我们从事出版工作的编辑具有“天眼”，“耳听六路，眼观八方”，并且“持之以恒”，将获得的各种信息进行比较、筛选、淘汰，通过“沙里淘金”，这样，才能找到我们所需要的真正有用的信息。当然，这里谈到市场调研好像很复杂，实际上操作起来，只要做有心人，我们都会“逢山开路，遇水架桥”。

My Comments and Opinions on Publishing Industry: A Deep Interview of Zhou Baiyi

Zhou Baiyi, *Zhang Xiaomeng*

Abstract: In 1987, Zhou Baiyi graduated from Wuhan University, worked as an editor at Changjiang Literature and Art Publishing House, and now serves as the president of the Hubei Provincial Editorial Association. After more than 30 years of editorial career, Mr. Zhou has accumulated a lot of publishing experience and has become a well-known expert with great influence in the domestic publishing field. At the end of May 2019, the editorial team of the Forum of Chinese Language and Literature visited Mr. Zhou and exchanged ideas. During this interview, Mr. Zhou talked about his early career experience. He also discussed many issues with the team such as the relationship between editors and writers, the publication of historical novel, the bottleneck of publishing industry, the new role of editors, and the professionalism required as a modern editor. He also commented on topics of paid content, TV/film adaptation from novel, and the market research strategies for publishes. His enlightened opinions on publishing industries are extremely valuable for every editor who wants to devote into this industry.

Keywords: Publishing; Book Market; Zhou Baiyi; Editor Professionalism

About the Authors: Zhou Baiyi (1954 –), president of the Hubei Provincial Editorial Association, former editor of Changjiang Publishing Group, president of Changjiang Literature and Art Publishing House, the deputy director of the Office of the Compilation Work Committee of the “Jingchu Library”, the editorial board member and editorial director of the editorial committee. Magnum opuses: *Bamboo Leaf Boat on Bamboo Creek*, *The New Translation and New Notes of Wujing Seven Books*, etc. Editing and proofreading: *The Emperor*

Yongzheng (upper, middle and lower volumes), *Zhang Juzheng* (4 volumes), etc.

Zhang Xiaomeng (1990 –), a teacher at School of Chinese Language and Literature, Hubei University. Research interests and specialties: digital publishing, publishing management. E-mail: zxmhubu@ 126. com.

为重写中国儿童文学史做准备

——“中国儿童文学大视野丛书”漫谈

眉　睫*

摘　要　重写文学史在中国现当代文学领域从呼吁到落实，已经进行得如火如荼。本文从儿童本位论、泛儿童文学论出发，重新检视百年中国儿童文学史，发出重写中国儿童文学史的时代呼吁，引人思考。以儿童文学出版的方式，倒推重写中国儿童文学史，是一个鲜明特色，体现了出版与学术的互动关系。

关键词　经典意识　儿童本位　泛儿童文学　中国儿童文学史

这是一篇充满个性化表达的言说。这是一套为拓宽儿童阅读视野而努力的丛书。这是一个为重写中国儿童文学史而做准备的出版规划。这是记录中国儿童文学的光荣与梦想、通往世界经典儿童文学殿堂的一座丰碑。这套书的命名，体现了出版者与汇编者的美好期待，它的名字是：“中国儿童文学大视野丛书”。这是中国大百科全书出版社社长刘国辉的特别创意，他邀请我担任主编，为实现这个梦想，我们一拍即合，我深感荣幸。

从1922年叶圣陶的《稻草人》问世，到2018年底我们启动这套书，恰好经历中国儿童文学的一百年发展历程，我们计划用三年的时间出齐百余种。这是最华丽的总结，这是最美好的献礼。回望百年，我们心潮澎湃，难以掩饰我们内心的喜悦，我们也为这个出版创意欢呼，希望得到读

* 眉睫（1984～），本名梅杰，湖北黄梅人，长江少年儿童出版社首席编辑，主要研究方向为现代文学、儿童文学、地方志。著有《废名先生》《文学史上的失踪者》《梅光迪年谱初稿》《文人感旧录》等，编校有《梅光迪文存》《喻血轮集》等。邮箱：meijiesi@163.com。

者们喜欢和认同。面对亲爱的读者们，我们有一些话想说，想告诉大家为什么叫“大视野”，这是一种什么样的“大视野”。

一　市场意识与经典意识并存

“大视野”首先体现的是无所拘束的市场意识。我们要做的是“百年百部”，不是“百年百家”。只要作品已经经受住了市场的考验，无论作家的名气大小，均可以考虑。读者是最好的评委和品味师。一部作品，能够穿越历史，畅销不断，这样的作品应该首先进入我们的大视野。一个作家如果有多部作品畅销、叫座，我们以海纳百川、有容乃大的胸襟，一揽子收入，不会担心显得过于突出了谁，更不会担心丛书不够使它们容身。像冰心、张天翼、丰子恺、林海音、金波等作家，均有三部甚至更多的作品收入，实在是因为这些作品太好了、太叫座了。我们不应该回避，不应该拒绝。有些作家只选取了一两部作品，但绝对是他们最好的作品，最有市场影响力的作品。精准的市场意识，是我们推出这套书的第一大视野，我们不会自设牢笼束缚自己，但我们也不可能是逐利的唯市场论者，我们对作品的内容有着更苛刻的要求：必须是经典！

任何历史都建立在产生经典的基础上。具有浓厚的经典名著意识是这套丛书最鲜明的特征，也是“视野”瞄准的高地。无经典，不足以谈史。不向读者推荐经典，却大肆出版粗制滥造的平庸之作，是编辑者的罪过。《稻草人》出版后，鲁迅评价说：“《稻草人》是给中国的童话开了一条自己创作的路的。”① 这无疑是中国儿童文学的第一部经典。此后还有《寄小读者》《忆》《大林和小林》《小钞票历险记》《小坡的生日》等。当然，不同历史时期有不同的经典意识。一个时代曾经被认为的经典，到了另一个时代，可能会褪去经典的光环。以成人文学界为例，中国现当代文学史上曾长期盛行“鲁郭茅巴老曹”的说法，但现在就遭到了很多人的质疑。以前有所谓“当代散文八大家”之说，杨朔、刘白羽等人的创作曾被奉为散文经典，现在市场上已经难觅它们的踪影。但像钱锺书、张爱玲、沈从文、汪曾祺乃至废名，却大受欢迎，俨然成为20世纪中国文学大师，一个

① 鲁迅：《鲁迅论儿童文学》，徐妍辑笺，海豚出版社，2013，第342页。

重新塑造经典的时代来临。“中国儿童文学经典”会不会也有这种变化？这不是我们的研究任务，却是我们需要思考和面对的问题。作为出版者，我们对于已经产生和即将产生的经典认识的差异化持宽容态度，也不做评价。当然，“捡到篮里都是菜”，不是我们的出版初衷，我们也有我们倡导的经典意识，只是我们也不能割断经典的形成史，对于经典的再评价是学者的工作，不是出版者的分内之事。

二　儿童本位的标准

我们提倡的是儿童本位的儿童观、儿童文学观，只有儿童本位的创作才有可能成为真正经得起历史考验的经典。儿童本位是由周作人先生提出的。然而，它的命运是多舛的，直到今天才被朱自强、刘绪源、张心科等学者重提，成为当下中国儿童文学的一大关键词。但在此时，冒用、误用“儿童本位”又成为一个司空见惯的现象，大量的作家、学者将“儿童本位”与“儿童中心主义”画上等号。其实，据朱自强先生考证，“本位”是日本词汇，“儿童本位”并不是“以儿童为中心”的意思，而是将儿童的思想和行为作为基准或标准。[①] 承认儿童具有不同于成人的审美能力，承认儿童有许多值得成人学习的精神，承认儿童具有独立的人格和世界，承认儿童并非“缩小的大人”，承认儿童不是一张白纸，承认……儿童是天生的缪斯，儿童是艺术的主人，儿童是成人之父。面对儿童，我们需要研究、了解和学习的东西实在太多太多。所有的这一切，都构成了儿童文学的创作源泉。儿童文学是沟通成人世界和儿童世界的文学。只有儿童本位的作家才是真正的儿童文学作家，这也是21世纪的儿童文学作家们应该学习和师法的。若以儿童本位为标准，通过梳理，我们发现这些作家将在百年中国儿童文学史的星空熠熠生辉：俞平伯、废名、黎锦晖、巴金、老舍、凌叔华、丰子恺、严文井、林海音、郭风、孙幼军……相反，我们传统认为的儿童文学三大家叶圣陶、冰心、张天翼却存在这样或那样的缺憾，更不必说徐光耀、管桦、李心田这类红色经典作家了。当然，在眼下，这些无损他们固有的儿童文学史地位和影响。毕竟，他们所做出的努

① 参见《朱自强序》，载眉睫著，徐鲁选评《童书识小录》，海豚出版社，2013，第16页。

力探索，也足以供后人对照研究，吸取教训，何况这些作品的历史影响也是非同小可的。我们这套“中国儿童文学大视野丛书”，对于传统经典和新经典，一并收入，恳请读者评判。

三　重写中国儿童文学史的气概

当我们产生了新的经典意识，不同历史时期的经典名著交会在这里，互相撞击，会使后人萌发出“重写中国儿童文学史”的冲动。我们有什么样的儿童观、儿童文学观、儿童文学经典标准，就应该有什么样的儿童文学史。五四新文化运动时，一位作为“反对者”形象的思想家梅光迪曾说：“历史是人类求不变价值的记录。”[①] 而且，他认为文学是非进化的。也即是说，唐诗、宋词、元曲、明清小说，它们都是各自时代的“精华”，彼此之间不存在高低之分，不存在谁取代谁的问题。这位哲人，对历史做出了最好的阐释。中国儿童文学也有自己的“精华”，我们应该拿着“儿童本位”的尺子，寻寻觅觅，仔细爬梳，以求为重写中国儿童文学史做准备。在爬梳过程中，我们发现了一些被历史遗忘的儿童文学作品，它们孤独地待在图书馆或藏书家手里，蒙尘披垢。出版者、编辑者可能注定也是历史的打捞者，不忍心这些文学作品被彻底遗忘，于是掸尘披阅，重加整理，以期让它们重现历史的荣光，回到百年中国儿童文学史中应有的位置。于是，我们发现了这些作家的作品：陶行知、郑振铎、范泉、吕伯攸、谢六逸、仇重、司马文森、一叶、冯雪峰、张秀亚、谢冰莹、何公超、肖甘牛、梅志、吕漠野、米星如……

四　泛儿童文学观念

在爬梳中国儿童文学作家作品的过程中，我们发现了中国儿童文学与成人文学存在着割不断的脐带。儿童文学，并非古已有之。若无儿童的发现，儿童文学无从谈起，而中国人发现“儿童”是“五四”的产物。“救救孩子”的呼声，催生了中国的儿童文学。中国儿童文学只是现代文学。

① 梅光迪：《我们这一代的任务》，《留美学生月刊》1917年第3期。

中国最早的一批儿童文学作家，都是最早的白话文学作家。中国儿童文学与新文学密不可分，这种现状甚至一直延续到现在。如何解释这种文学现象？

请先读一段朱自强先生为我主编的一套“大师童书系列”所写的总序。

> 这套《大师童书系列》的出版，对于以往儿童文学史话语中的“儿童文学”概念，作出了内涵和外延上的拓展，主编梅杰是依据自己的儿童文学观念，衡量、筛选作品，并进行适当的分类，建构出了这样一个大师级别的儿童文学世界。如果由另一位儿童文学学者来编选此类书系，所呈现的一定会是有所不同的面貌。从梅杰的选文来看，这套丛书运用的是一个更为宽泛的“儿童文学”概念——可以给儿童阅读的文学。这一选文思路，不仅对于儿童文学理论、史论研究者具有启发意义，而且会给儿童读者呈现出一片具有广阔性和纵深度的阅读风景。①

朱老师明确指出我“运用的是一个更为宽泛的‘儿童文学’概念——可以给儿童阅读的文学”②，可谓一语中的，道破潜藏于我内心的儿童文学观。其实，这一儿童文学观念也可以表述为“适合儿童阅读的文学”。“可以”和“适合”微有差异，基本意思差不多。我将我所秉持的这种儿童文学观称为“泛儿童文学”论（朱老师也说这是“更为宽泛的儿童文学概念”）。我想用“泛儿童文学”大体可以解释中国儿童文学与新文学之间斩不断的脐带关系。

我曾在《关于泛儿童文学》一文中，进一步阐释了我的“泛儿童文学观”。

> 儿童文学作家在创作的时候，没有必要紧绷着一根弦：这是不是儿童文学？过于担心、强调自己的作品是否是儿童文学作品，容易对

① 朱自强：“大师童书系列·总序”，见“大师童书系列”，南京大学出版社，2014。
② 朱自强：“大师童书系列·总序”，见“大师童书系列”。

> 自己的创作产生极大的干扰，艺术空间甚至将会日趋狭隘、浅陋。作家的创作不应受到读者接受能力的束缚，因为读者是否能够接受，不是作家自己可以预料到的。作品一旦完成——如果小读者接受，那么我们可以认为它是儿童文学作品；如果我们发现小读者读不懂，那么我们大可考虑将之从少儿出版物中剔除；如果成人也能理解、接受，并认为很好，那么它就是好的文学。文学作品只有艺术成就的高低之分，而不应该有严格的成人与儿童之别。作为观念存在的儿童文学作品，每个人对它是否是儿童文学作品本身就可以做出不同的判断。所以作家在创作之初，就下意识地将自己定位成给孩子写作是大可不必的；即使如此，写出来的作品也未必就是成功的儿童文学作品。……提倡泛儿童文学的现实意义是：对学生的阅读而言，学生可以读到更广泛的适合自己阅读的文学作品；对作家的创作而言，不必过于束缚自己，主观上认为自己的作品就是写给小孩子看的……泛儿童文学论者认为，最能彰显儿童文学作家创作实力和艺术天赋的那类文学作品，它们的作者在创作之初，是不会为“儿童文学是专为儿童创作、以儿童为读者对象的文学”所束缚的。“泛儿童文学”论恰恰也是针对这种儿童文学观念而提出的。泛儿童文学论主张儿童文学是一种现代观念，对某部作品是否是儿童文学作品持着不求一致的包容态度。作为更宽泛意义上的儿童文学观，人们不必担心泛儿童文学论者否认儿童文学和儿童观的存在。而且，儿童观不是泛儿童文学的障碍，它也是“儿童文学”这种观念赖以形成的基础。这与其他儿童文学论者是共通的。①

“大师童书系列”其实是一套“中国儿童文学大师全集书系”，它是“中国儿童文学经典怀旧系列”（海豚出版社）的升级版，已推出的作家有冰心、林海音、张天翼、叶圣陶、朱自清、老舍、萧红、严文井、鲁迅、凌叔华、陈伯吹、孙犁、金近、汪曾祺等二十位左右，收录的作品范围更加广泛，整套书系所秉持的编选理念即是我独立思考的“泛儿童文学”论。

“中国儿童文学大视野丛书”是我为重写中国儿童文学史做准备的集

---

① 眉睫：《关于“泛儿童文学”》，《文学报》2015年7月23日。

大成之作，“中国儿童文学经典怀旧系列”“大师童书系列"是它的前身，或者说是一次次预演。

五 “大视野”的前身“经典怀旧”指什么

“中国儿童文学经典怀旧系列”是我从2011年开始出版的第一套为重写中国儿童文学史而努力的丛书。海豚出版社作为一家儿童读物出版社，名气不大，却有出版外文版儿童读物的传统，在中国是一家有特色的出版社。时任社长俞晓群先生有着浓厚的人文情怀，对时下中国童书缺少版本意识且缺少人文气质颇不以为然。他想继续走差异化特色出版的小众路线，希望能够对当下童书出版给予一定新力量的冲击。我对此表示赞成，并在他的理念基础上深入突出两点：一是以儿童文学作品为主，尤其是以民国老版本为底本；二是深入挖掘现有中国儿童文学史没有提及或提到不多，但比较重要的儿童文学作品。所以这套“大家小书”，颇有一些“中国现代儿童文学史参考资料丛书”的味道。此前上海书店出版社曾以影印版的形式推出“中国现代文学史参考资料丛书”，影响巨大，为推动中国现代文学研究做出了突出贡献。儿童文学界也需要这样一套作品集，但考虑到儿童读物的特殊性，影印的话读者太少，只能改为简体横排了。但这套书从一开始的策划，就有为重写中国儿童文学史做准备的想法。

为了让这套书体现出权威性，我让我的导师、中国第一位格林奖获得者蒋风先生担任主编。蒋先生对我们的做法表示非常赞成，十分愿意担任主编，但他年事已高，不可能参与具体的工作，只能以书信的方式给我提了一些想法，我们采纳了他的一些建议。书目的选择、版本的择定主要是由我来完成的。总序也由我草拟初稿，蒋先生稍做改动，然后就“经典怀旧”的当下意义做了阐发。可以说，我与蒋老师合写的“总序”是这套书的纲领。

什么是经典？“总序”说：“环顾当下图书出版市场，能够随处找到这些经典名著各式各样的新版本。遗憾的是，我们很难从中感受到当初那种阅读经典作品时的新奇感、愉悦感、崇敬感。因为市面上的新版本，大都是美绘本、青少版、删节版，甚至是粗糙的改写本或编写本。不少编辑和编者轻率地删改了原作的字词、标点，配上了与经典名著不甚协调的插图。我想，真正的经典版本，从内容到形式都应该是精致的、典雅的，书中每个角落透露出来的气息，都要与作品内在的美感、精神、质量相一致。于是，我继续往前回想，记忆起那些经典名著的初版本，或者其他的老版本——我的心不禁微微一震，那里才有我需要的阅读感觉。”① 在这段文字里，蒋先生主张给少儿阅读的童书应该是真正的经典，这也是我们出版这套书系所力图达到的。第一辑中的《稻草人》依据的是民国初版本、许敦谷插图本的原著，这也是1949年以来第一次出版原版的《稻草人》。至于新中国成立后小读者们读到的《稻草人》都是经过了删改的，作品风致差异已经十分大。俞平伯的《忆》也是从文津街国家图书馆古籍馆中找出1925年版的原著进行重印的。我们所做的就是为了原汁原味地展现民国经典的风格。

什么是“怀旧”？蒋先生说：“怀旧是人类普遍存在的情感。它是一种自古迄今，不分中外都有的文化现象，反映了人类作为个体，在漫长的人生旅途上，需要回首自己走过的路，让一行行的脚印在脑海深处复活。怀旧，不是心灵无助的漂泊；怀旧也不是心理病态的表征。怀旧，能够使我们憧憬理想的价值；怀旧，可以让我们明白追求的意义；怀旧，也促使我们理解生命的真谛。它既可让人获得心灵的慰藉，也能从中获得精神力量。”② 于是一些具有怀旧价值、经典意义的著作浮出水面，比如孤岛时期最负盛名的儿童文学大家苏苏（钟望阳）的《新木偶奇遇记》，在大后方为少儿出版做出极大贡献的司马文森的《菲菲岛梦游记》，都已经列入了“经典怀旧”第二批，并且顺利问世。第三批中的《小哥儿俩》（凌叔华）、《桥（手稿本）》（废名）、《哈巴国》（范泉）、《小朋友文艺》（谢六逸）等都是民国时期脍炙人口的大家作品，所使用的插图也是原著中的插图，是黄永玉、陈烟桥、刃锋等著名画家的艺术作品。

中国作家协会副主席高洪波先生也支持“经典怀旧”的出版，关露的《苹果园》就是他推荐的，后来又因丁景唐之女丁言昭的帮助，解决了版权问题。这些民国的老经典，因为历史的原因淡出了读者的视野，成为当下读者不曾读过的经典。然而，它们的艺术品质是高雅的，能够长久地引

① 蒋风：“中国儿童文学经典怀旧系列·总序”，见“中国儿童文学经典怀旧系列”，海豚出版社，2012。

② 蒋风：“中国儿童文学经典怀旧系列·总序”，见“中国儿童文学经典怀旧系列”。

起世人的“怀旧”。

经典怀旧的意义在哪里？蒋先生说：“怀旧不仅是一种文化积淀，它更为我们提供了一种经过时间发酵酿造而成的文化营养。它对于认识、评价当前儿童文学创作、出版、研究提供了一份有价值的参照系统，体现了我们对它们的批判性的继承和发扬，同时还为繁荣我国儿童文学事业提供了一个坐标、方向，从而顺利找到超越以往的新路。”① 在这里，他指明了“经典怀旧”的当下意义。事实上，我们的本土少儿出版日益远离了民国时期倡导的儿童本位。然而，20 世纪二三十年代的一些精美的童书，为我们提供了一个坐标。后来因为政治、历史、学术等因素，我们偏离了民国童书的传统，进入了本土少儿出版的重新摸索的状态。

但经典怀旧也有一些缺憾，这种缺憾一方面是见识的限制，一方面是审稿意见不一致。起初有的编辑和领导缺少文献意识，按照时下的编校规范对一些字词做了改动，违反了“总序”的纲领和出版的初衷。经过一段时间磨合后，这套书才得以回到原来设想的轨道上来。

“中国儿童文学大视野丛书”吸收了“中国儿童文学经典怀旧系列”和“大师童书系列”的全部研究成果。“大视野”所包含的经典名著意识、儿童本位标准、泛儿童文学理念无疑是最具有冲击力的出版理念，它所包含的重写中国儿童文学史的博大胸怀将为后人追忆！

Preparing for Rewriting the History of Chinese Children's Literature

—On the "Series of Broad Horizons of Chinese Children's Literature"

Mei Jie

Abstract: In the field of modern and contemporary Chinese Literature, from appeal to implementation, rewriting the history of literature has been in full

① 蒋风：“中国儿童文学经典怀旧系列·总序”，见“中国儿童文学经典怀旧系列”。

swing. Starting from the theory of children's standard and pan-children's literature, this paper reexamines the history of Chinese children's literature, calling for re-writing the history of Chinese children's literature. In the way of children's literature publishing, it can push back the plan which rewrites the history of Chinese children's literature. It is a distinctive feature to emphasize the history of Chinese children's literature, which embodies the interactive relationship between publishing and academic study.

Keywords: Classical Consciousness; Child Orientation; Pan Children's Literature; Rewrite the History of Chinese Children's Literature

About the Author: Mei Jie (1984 –), comes from Huang Mei, Hu Bei, Chief Editor of Changjiang Children's Publishing House. Research interests and specialties: modern Chinese literature, children's literature, local chronicles. Magnum opuses: *Mr. Fei Ming*; *The Missing In The History of Literature*; *The First Draft of Mei Guangdi's Chronology*; *Old Records of Literati's Feeling*, etc. Editing and proofreading: *Mei Guangdi's Collection*, *Yu Xue Lun's Anthology*, etc. E-mail: meijiesi@ 163. com.

早期商务印书馆责任竞争力分析

何国梅*

摘　要　企业的责任竞争力是其市场竞争力的核心要素。近现代出版史上著名的出版企业商务印书馆以教育救国与开启明智为宗旨，积极经营产业，创造经济效益，赢得经营资本；以出版为主业，担负文化大任，提升品牌竞争力；依法注册经营，改善竞争环境，提高对公共政策的影响力；对股东负责任，积累关系资本，构建强大的人力支持；热心社会公益，服务社会事业，取得社会大力支持。通过这几个方面的努力，逐渐形成自身强大的责任竞争力，最终赢得其巨大的出版竞争优势。

关键词　商务印书馆　责任竞争力　出版优势　教育救国

基金项目　2019年度湖北省教育厅哲学社会科学研究项目一般项目“《东方杂志》语图叙事研究（1904－1937）”（项目编号：19Y100）。

责任竞争力，强调作为市场行为主体的企业的社会责任与市场竞争力的关系。它由欧洲企业社会责任协会（CSR Europe）最早提出，主张把企业社会责任融入企业经营的过程中，将其视为企业战略和竞争力的重要组成部分，视为企业生存和长远发展的重要前提。① 企业责任竞争力是企业

* 何国梅（1984～），博士，中南民族大学文学与新闻传播学院副教授。主要研究方向为阅读史、视觉文化传播、出版史。发表专业学术论文十余篇，出版学术著作《商务印书馆企业制度研究 1897—1949》（合著）等。电子邮箱：hgm04101125@163.com。

① 崔生祥：《有责任才有竞争力》，《WTO经济导刊》2005年第6期。

在对外部环境进行分析的基础上，结合自身的能力，在生产经营活动中自觉承担社会责任，并在这一过程中形成企业内部能力和外部环境等方面的竞争优势，从而在市场竞争中表现出的综合素质与能力。出版企业作为物质产品和精神产品的生产者和传承者，其特殊属性决定了责任竞争力对它而言是题中应有之义。出版企业坚守文化进步理念，依法经营，积极为社会生产优质图书，提供优质服务，创造社会价值，改善社会环境，提高社会总体文化水平，进而形成自身发展的核心竞争力，即出版企业的社会责任竞争力。出版企业的社会责任竞争力包括通过积极经营获得利润的能力，以文化传承为己任、树立文化形象的品牌竞争力，依法经营从而建立对公共政策的影响力，强大的人力资源竞争力，以及在社会公益事业中积极贡献而赢取的民众支持力。

1897 年创办的商务印书馆（以下视情况简称“商务”）是我国现代出版史上重要出版机构之一，她坚持走教育救国的道路，以“扶助教育为己任”，以出版的方式开启民智，实现大志，得益于她在立足出版、依法经营、积极有效的企业运作、强大的关系资本助力，以及为社会事业贡献一己之力的基础上赢得的责任竞争力。

一　积极经营产业，创造经济效益，赢得经营资本

商务印书馆坦陈自己“在商言商”，这既是一种明确的经营理念，从其实际经营行为来看，何尝不是对近代社会经济履行的基本责任？甚至，只有在获得经济利润之后，扶助教育才不会成为无源之水、无本之木。以出版为主业（出版业占全部营业额的 60%），跨媒体、跨行业的具有集团规模的业务格局，使商务获得了巨大的经济利润。

（一）积极经营出版业，经济效益良好

从 1903 年到 1930 年，商务的营业额始终呈上升态势，1930 年的营业资本是 12005473 元，约为 1903 年营业资本 300000 元的 40 倍之多，足见其发展之迅猛。笔者找到一份 1904 年商务的资产负债表（见表 1），虽然其中记录的资产与负债是一样的，有人认为其存在作假之嫌，但仍有一定参考价值。且看其“甲辰年盈余”一项，表中记载为 57890.92（元），即

商务在提取公积金、公益金，支付股息、红利、存款利息、人员开支、生产成本等各项开支之后仍有16.18%的盈余，不得不说这是很高的了。商务正是通过合理有效的出版经营，日渐积累起大量的运营资本，进而开展各项社会活动的。

表1　商务印书馆1904年资产负债表

资产	折扣	单位：元
存钱庄	73	7111.06
存发行所	73	3985.64
存印刷所		1665.77
徐桂记	73	1369.86
外交报股本		500
汉庄		3000
汉庄盈余		4395.68
厂基	73	14025.54
厂屋	90	29330.17
又	30	165
栈房地基	73	2940.03
栈房工料	73	5479.45
汉庄货洋	60	7597.85
广庄货洋	60	6364.3
外埠各号货	60	30228.74
本埠各号货	60	3860.35
各号该小说、杂志款	60	243.47
各西客货	60	1415.19
进货各户该	73	4872.68
存书栈房	35	51339.66
存书发行所	35	14961.83
存书西钉作	25	16003.24
存书华钉作	25	2087.5
代印各书	90	7148.34
各种洋纸、原料	90	39194.76
各色材料	90	270

续表

资产	折扣	单位：元
各种仪器	90	4062.01
中西铅版	70	12323.85
各种译稿	70	6141.96
甲辰自编稿		10000
各处生财 12 处	60－90	60238.2
预支保险费	80	1135.11
煤气楼		700
资产合计		357735.12
负债：		单位：元
股本（内 5 万华股 11 月初 4 收）		200000
海先生等 26 户存款		75439.14
应支存款利息		1497.28
金港堂货款		2568.89
金港堂寄售款		2331.57
进货应付款		2864.3
外埠各号存		432.22
各西客存		114.6
华英字典定款		116
癸卯年冬季盈余		11480.2
癸卯年冬季官利 2 成		3000
甲辰年盈余		57890.92
负债合计		357735.12

资料来源：张静庐辑注《中国近代出版史料》（初编），上海书店，2011。

良好的经营业绩可以拉动股票票价的提升，即便考虑现代经济市场的不完善和金融制度的不健全等客观因素的影响，对于商务这一近代大出版机构而言，以良好的经营业绩和较高的股价凸显其经济实力的雄厚，进而解读出商务对于社会经济的贡献，从出版研究的角度讲，似乎并不为过。早期，商务的股价保持了良好的平稳态势，折射出其良好的经营业绩，而股价涨势的“惊人”，似乎也是商务发展迅速的某种表征。

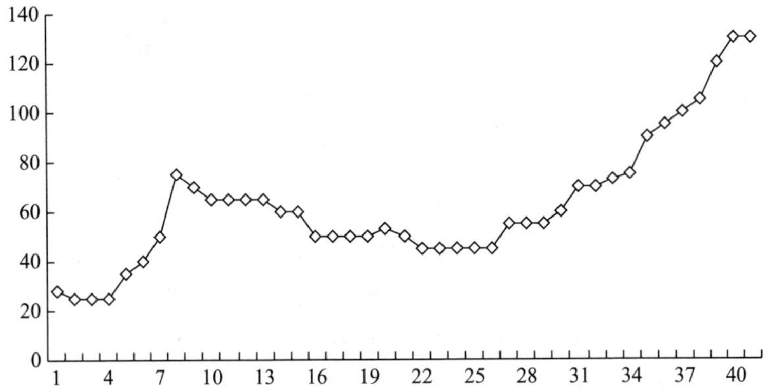

图 1　商务印书馆股价走势

文化股之市价，以前原以商务最为平定，故其涨跌程度亦为最小。直至去年十一月以后，此股始渐受人注意，至今年更供不应求，于是市价大涨而特涨矣。

十二月初，市价已由四百八十元之高价逐渐回小至四百二十五元，但此后即直线上升，至上旬末已达七十五之线，然未能突破以前之高价，终又下落，至四十五元为止。在此价站住多日，地盘坚固，显伏涨势。故月半市价转而向上时，涨风遂一发难收矣。其初尚拾阶而登，步涨和缓，但连升九天后，突现直线上升之姿态，即可见此股涨势强盛，前途尚有非常之涨风在焉。此后接连十天之飞升，市价冲破五百六百两大关，可谓惊人盛况。但胜涨直至，顶峰已见。即使今后在高价盘旋，亦究不免要稍见回疲。不过脚地甚压，六百元以内恐难以回进。[①]

（二）改良出版技艺，服务出版印刷行业

为了提高生产效率，改进生产，商务在具体的经营过程中，还不遗余力地摸索出版经验，改良甚至研发出版印刷技术，其中许多技艺和改良后的生产机械为同行所效仿。这也可以作为其担当社会经济责任、赢取竞争

① 江川：《商务印书馆股价走势》，《华股研究周报》第 2 卷第 7 期，1943。

优势的一个侧面。商务向来积极向西方国家学习先进出版经验，定期或不定期地委派专人到各国学习考察，并延请西式技师向本馆介绍先进出版经验，培养行业新式人才，这在当时行业几乎是无法比拟的。据庄俞记载："夏、鲍、高、张诸君经营本馆，即以本国实业前途为总对象，一方提倡国货之使用与制造，一方于技术上竭力改良，以树立本国之实业。"① 商务为此曾先后研制铅字、铜模、石印机、铅印机、打样机、切纸机、订书机、铸字机、碾墨机、华文打字机，并请专家绘图生产。一面避免商价购进洋货，降低生产成本；一面以低价出售给同行，改进出版技术。

正是一方面以专业化发展和多元化并进的经营模式在现代出版界以良好的经营业绩为社会做出直接的经济贡献，另一方面以出版技术改进、出版经验推广等引领行业发展，商务印书馆在出版市场上才能不仅立得住脚，而且发展得得心应手。

二　以出版为主业，担负文化大任，提升品牌竞争力

企业社会责任的首要之义便是向社会提供优质的产品和服务，对消费者负责。无论是图书出版还是期刊业务，商务在中国近代出版史上都创造了许多辉煌。出版业务是商务印书馆的主体业务，始终保持在出版行业的领先地位，"坚持以出版立足"是商务印书馆经营上的最高宗旨。"出版界之主要责任，原在顺应潮流，供给社会以适当之教育材料，本馆尽其服务之至诚，深恐有负事业上之使命，以全力筹划，未敢少懈。"② 据李家驹统计，单民国时期至1949年间，商务出版的图书种数就占同期全国图书出版总数的近12%。③

（一）以出版为主业，狠抓数量与质量

纵观商务印书馆1879年至1949年这段时期的出版种类可知，教科书

① 庄俞：《三十五年来之商务印书馆》，载《商务印书馆九十五年——我和商务印书馆：1897—1992》，商务印书馆，1992，第737页。

② 庄俞：《三十五年来之商务印书馆》，载《商务印书馆九十五年——我和商务印书馆：1897—1992》，第727页。

③ 李家驹：《商务印书馆与近代知识文化的传播》，商务印书馆，2005，第156页。

和儿童读物、自然科学和应用技术图书及社科类图书是其出版的重点。从幼稚园到师范及职业教育、高等教育，商务印书馆的教科书和儿童读物几乎涵盖了整个教育范畴。除了以单行本的形式出版此类图书外，商务印书馆自五四运动以后亦出版了自然科学和应用技术方面的丛书，如早期的有“自然科学小丛书”“农学小丛书”“算学小丛书”等，后期又出版了“工程丛书”“科学丛书”等。此外，商务印书馆在社会科学类图书的出版上也可谓尽心尽力，比较著名的有《辞源》《中国人名大辞典》《植物学大辞典》《中国古今地名大辞典》《英汉双解韦氏大学字典》《万有文库》《汉译世界名著》。更值得一提的是，商务在张元济的带领和直接参与下，不惜重金，全力抢救中国古籍，使几近失传的珍贵图书要么重新影印出版，要么重新整理，其中的代表有《四部丛刊》、“百衲本”《二十四史》、《涵芬楼秘笈》、《道藏》、《学海类编》、《学津讨源》等。

商务的图书出版，不仅数量上占有绝对优势，而且其质量也为全国出版界乃至文化界所推崇和乐道。有人对新中国成立初期商务印书馆重印的《辞源》的差错率做了统计，发现差错率才十六万分之一。[①] 这在现在的出版界，几乎是无法想象的。

（二）辅助教育，助益文化传承与传播

除了图书出版，商务在文化传承与传播上大力行之且卓有成效的还有期刊出版、社会教育工具供应、教育机构创办等方面。为辅助教育、方便教学，仪器标本模型、幻灯影片以及一些教育运动机械幼稚教具，儿童玩具，农工蚕商学校等所需的实验用具，学校通用的墨水、胶水、毛笔、粉笔、墨锭、印泥等，均聘请专家自行研制。

商务创办教育机构，既有为自己培养人才、实践教学器具的考虑，也是应社会之需求。1905～1949 年，商务先后创办师范讲习所、商业补习学校、艺徒学校、国语讲习所、国语师范学校、师范讲习社、平民夜校、励志夜校、函授学社等（见表 2）。商务以一家出版机构之力，创办教育机构，实属不易。对此，庄俞是这么说的：“本馆直接举办之实际教育事业，

① 汪家熔：《解放初商务印书馆图书差错率十六万分之一——从〈辞源（改编本）〉校样看事后监督》，《出版发行研究》1997 年第 1 期。

以中国人口之众，诚不足云效力得以广布；惟以一出版营业机关而勉尽余力在教育不甚普及之中国，作种种具体之教育建设，实亦不易。”①

表 2 商务印书馆历年筹办公共教育事业一览

时期	事项	成绩	经费
民国前七年	7 月小学师范讲习所第一届开办校设文监师路文昌里武进严保诚为校长	半年毕业学生 46 人毕业 32 人	开办费 3000 元 经常费 5000 余元
民国前六年	正月小学师范讲习所第二届续办并设附属小学常熟徐念慈为主任	一年毕业学生 60 人毕业 48 人小学学生 30 余人	经常费 9000 余元
民国前五年	正月小学师范讲习所停办将附属小学改名尚公小学校迁至北浙江路和康里徐念慈为校长	学生 50 余人分初高等 2 教室	自本年至民国前 3 年止每年经常费津贴 1000 元
民国前三年	尚公小学校校长徐宗鉴辞职公推武进蒋维乔为校长迁校于宝山路宝兴西里	学生 70 余人分 3 教室	
	7 月开办商业补习学校海监张元济为校长二年毕业	学生 30 人	开办费 2000 余元经常费每月 500 元
民国前二年	正月开办养真幼稚园	幼稚生 20 余人	经常津贴 400 元
	7 月开办师范讲习社编印师范讲义 13 期	一年半完毕社员 3000 余人	
民国元年	尚公小学校校长蒋维乔辞职公推武进庄俞为校长	学生 80 余人	经常津贴仍 800 元
	6 月师范讲习社第一届毕业试毕业验聘吴敬恒等阅卷	毕业 525 人	前 3 名各奖现金 1000 元为游学补助费余奖书券共 7000 元
	7 月开教育成绩品展览会	三日而毕各校陈列品 7000 余件参观者 3000 余人	经费 200 余元
	9 月商业补习学校第二届开办	学生 20 余人	经费 300 元

① 庄俞：《三十五年来之商务印书馆》，载《商务印书馆九十五年——我和商务印书馆：1897—1992》，第 730 页。

续表

时期	事项	成绩	经费
民国 2 年	尚公小学校扩充	学生共 140 余人	自本年至民国 4 年经常费各津贴 1500 元
	正月师范讲习社第二届开办编印单级教授讲义 6 期	6 个月完毕社员 4000 余人	
民国 3 年	3 月师范讲习社第二届毕业实验聘刘宪等阅卷	毕业者 860 余人	奖励现金 1000 元书券 3000 元
	12 月商业补习学校第三届开办	学生 30 人 6 个月毕业	经费 1000 余元
民国 4 年	7 月函授学社英文科开办海监张元济为社长		
	11 月尚公小学校自建校舍兴工		地基三亩零二厘七毫购价 2834 元
民国 5 年	正月尚公校舍落成迁入		建筑经费 15183 元
民国 6 年	2 月开办东文学社	听讲者 50 余人 1 年完毕	经费 500 元
	3 月师范讲习社第三届开办编印新体师范讲义	1 年完毕社员 2000 余人	
	11 月商业补习学校第四届开办	学生 39 人 3 个月毕业	经费 1500 元
民国 7 年	4 月师范讲习社第三届毕业试验聘黄炎培等阅卷	毕业者 580 余人	奖励现金 1000 元书券 2000 元
民国 8 年	3 月补习学校第五届开办	学生 44 人 3 个月毕业	经费 1700 元
民国 10 年	1 月商业补习学校第六届开办	3 个月毕业	经费 1600 元
	4 月开办国语讲习所先设师范班方毅为所长	学员 60 人 3 个月毕业	经费 1300 元
	7 月国语讲习所续开暑期讲习班	学员 502 人 6 周毕业	经费 900 余元
民国 11 年	1 月尚公小学校改组照新教育办理吴研因为校长	学生 500 余人	拨基金一万元经常津贴 4000 元
	1 月函授学社算术科商业科开办		
民国 12 年	10 月商业补习学校第七届开办	学生 55 人 3 个月毕业	经费 1900 余元
民国 13 年	3 月东方图书馆落成水泥钢骨建筑凡 5 层古地面积 200 万丈王云五为馆长		建筑费 10 万元经常费购书费年约 4 万余元
	5 月函授学社国语科开办		
	2 月创办上海国语师范学校吴敬恒为校长	普通科第一期学员 50 人第二期 54 人第三期 89 人补习科 52 人暑期讲习科 102 人	经费 4000 余元

续表

时期	事项	成绩	经费
民国13年	2月艺徒学校开办	三年毕业学生38人	经费2200元
	2月仪器标本实习所开办	4个月毕业学生40人	经费800元
民国14年	4月函授学社国文科开办		
	2月励志夜校平民夜校开办		
民国15年	1月尚公小学校扩充		拨基金3万元本年7月起经常津贴6300元
	3月工会开办同人子弟学校		拨基金2万元
民国16年	7月同人子弟学校扩充公司拨借家庆里房屋为校舍		
民国17年	7月图书馆学讲习所开办	四周完毕大学高中学生各机关人员听讲者140余人	经费2900余元
民国19年	7月四角号码检字法讲习班开办	五周完毕各学校机关人员听办讲者四百余人	经费1500余元
民国20年	3月工厂管理员训练班开办	本厂听讲者百余人	
	5月东方图书馆流通部开办		开办费2万元
	7月工厂管理员训练班毕业		
	8月总馆同人教育补助金管理委员会成立		
	8月筹办夜校10月1日开课分初中高中专修3种程度		

资料来源：庄俞《三十五年来之商务印书馆》，载《商务印书馆九十五年——我和商务印书馆：1897—1992》，第730—734页。

商务一方面发展教育事业，另一方面也十分注意通过参加国内外各项农工商实业博览会以为国增光，增加知名度。商务在中外博览会上屡屡创下佳绩，印证了商务自身实力，在同行中脱颖而出。庄俞1931年对此前商务在中外各类博览会中所获奖项做了统计，特录于此，以做参考。

表3 商务印书馆中外博览会得奖表

会别	年份	出品名称	得奖等级
天津第一次劝业展览会	清光绪三十二年	各种书籍 舆图 文具 幻灯影片 各种印刷用品 各种印刷成绩	一等奖照

续表

会别	年份	出品名称	得奖等级
松江府物产会	清宣统元年	各种书籍 舆图 各种印刷成绩 各种印刷用品 幻灯影片 誊写版	一等金牌
南洋劝业会	清宣统二年	各种书籍 舆图 各种印刷成绩 各种印刷用品 誊写版	奏奖一等金牌
意大利都郎博览会		各种书籍 舆图 各种印刷成绩 各种印刷用品 誊写版	最优等金牌 金牌协助奖凭
万国博览会	清宣统三年	铜模 铅字 花边	最优等奖凭
德国特来斯登万国卫生博览会	清宣统三年	各种书籍	最优等金牌
江苏筹办巴拿马赛会出品协会	民国 4 年	各种书籍 舆图 各种印刷成绩 各种印刷用品 蒙台梭利教具 体操用具 科学仪器模型 矿山模型 动物矿物标本 风琴喷雾器 寿式算盘幻灯影片	农商部一等奖
江苏第一次地方物品展览会	民国 4 年	各种书籍 舆图 蒙台梭利教具 科学仪器模型 矿山模型 动矿物模型 风琴 喷雾器	一等奖状
美国巴拿马万国博览会	民国 4 年	仪器标本 儿童玩具 电镀铜板 各种印刷用品	二等银牌奖 大奖 章名誉优奖章
南洋新加坡华人制造品展览会	民国 4 年	各种书籍 舆图 各种印刷成绩 各种印刷用品 科学仪器模型 体操用具 各种文具 寿式算盘 誊写版纸	优等奖凭
农商部国货展览会	民国 5 年	各种书籍 各种印刷成绩 各种印刷机 各种印刷用品 仪器模型 舆图 动物矿物标本 矿山模型 各种风琴 喷雾器 蒙台 梭利教具 誊写版纸 各种文具	特等奖凭
福建闽侯县农产共进会	民国 6 年	蚕丝器械 蚕体标本模型	金牌及奖状
云南第一、二次物产会	民国 9、10 年	标本模型 各种印刷品	一等奖章特等金牌奖
云南花朝会	民国 9 年	碑帖字画 各种文具	甲等奖章特等奖凭
四川劝业会	民国 9 年	各种文具 美术印刷品	特等奖凭金牌奖
江苏省第二次地方物品展览会	民国 10 年	各种印刷用品 各种印刷成绩 人体动物模型 赛磁徽章	一等金牌奖
上海总商会第一次展览会	民国 10 年	仪器 标本模型 铅版机 印刷用品 华文打字机 各种印刷机 文具 徽章 幻灯及幻灯片 活动影戏片 教育玩具	农商部给最优等奖优等金牌奖 一等银牌奖

续表

会别	年份	出品名称	得奖等级
筹赈江北水灾江苏全省艺术展览会	民国11年	各种书籍 科学仪器 标本模型 各种文具	名誉奖
新加坡物品展览会	民国11年	各种文具	奖凭
陕西工业展览会	民国11年	书籍 舆图画册 仪器 参考品	奖凭
安徽省立第一商品陈列所	民国11年	儿童丛书及玩具 各种印板 字画 国语留声片 标本模型	最优等奖状
新加坡中华总商会马婆联合展览会	民国11年	机器 仪器 钢版 铜版 美术品及各种文具	最优等奖状
荷兰爪哇万隆城第四次劝业大会	民国12年	各种印板 印刷机器 仪器文具 美术品	奖状
安徽省立第二商品陈列所	民国12年	各种印刷成绩 各种铜版锌版 铅字 儿童玩具	最优等奖状
上海总商会陈列所第三次展览会化学工艺品评会	民国13年	五彩油墨 胶水 墨水 印油 墨汁	最优等奖状
江苏省第三次地方物品展览会	民国14年	各种图版 印刷成绩 铅字油墨 仪器文具 标本模型 教育玩具 赛磁徽章 美术品	一等奖
绥远教育实业展览会	民国14年	书籍文具	特等奖
伦敦万国印刷出品第七次展览会	民国15年	印刷品	银牌奖 优等奖状
美国费城万国博览会	民国15年	书籍 印刷品 华文打字机	大奖 荣誉奖章
国民政府工商部中华国货展览会	民国17年	印刷成绩 华文打字机 书籍 各种图版 铅字 油墨仪器 文具 标本模型 玩具 徽章	特等奖 优等奖
河南省政府建设厅	民国18年	文具印刷书籍制造	超等奖凭
暹罗中华总商会国货陈列场	民国19年	印刷品 文具	奖凭
河北省国货展览会	民国19年	各种印刷品	一等奖章
西湖博览会	民国19年	各种教育出品	特等奖
比国百年纪念博览会	民国19年	书籍 印刷品	最优等奖

资料来源：庄俞《三十五年来之商务印书馆》，载《商务印书馆九十五年——我和商务印书馆：1897—1992》，第757~761页。

商务坚持以出版为主，通过图书出版、期刊创办，以及直接参与公共教育事业，努力通过各种渠道将本馆产品在国内外打响品牌，影响乃至引领教育、文化，不仅稳固自己在出版界、教育界乃至文化界的至高地位，而且提升了品牌的影响力，形成了近代出版界的“商务热”，即文化界对于商务的出版物十分热衷、以拥有商务图书为荣之风气。一家出版机构能够有如此大的影响力（它与北京大学一起，被称为中国现代文化的“双子星”），其品牌竞争力是不言而喻的。而从这一点上看，其品牌竞争力主要源于它对现代教育事业的积极贡献，是其以负责任的态度担当文化大任的结果。

三　依法注册经营，改善竞争环境，提高对公共政策的影响力

作为一家商业经营团体，是否遵守法律规范，依法经营，是关系到企业声誉和形象的首要因素。商务为了规范产权法人形态，曾多次向政府部门进行注册。据记载，商务印书馆于1905年成立股份有限公司之时，开始向商部注册登记，并于次年的3月20日获得营业执照。此后，商务又在其资本变更的1913年、1914年、1920年、1922年及“国难”后的1932年分别向政府的工商部、农商部、全国注册局进行注册登记并获得营业执照。[①] 依法注册经营，是商务取得合法的法人地位的前提，这既是出于自身发展的需要，反映出商务作为现代出版业的“领头羊”具有强烈的法律意识和法规意识，同时也为同行树立了标杆。此外，商务印书馆还是近代出版史上第一家与作者签订版权合同的出版企业，其中规约双方权责及版税计算方式等细节问题。商务印书馆与作者之间的版权交往主要包括约定版权共有、商务购买或租赁作者版权及作者向商务馈赠版权等。严复曾说，“此稿（笔者注：《原富》）既经公学贰千金购印，则成书后自为公学之产，销售利益应悉公学得之。但念译者颇费苦心，不知他日出售，能否于书价之中坐抽几分，以为著书者永远之利益”[②]，张元济答应了他。1903年，商务印书馆与严复签订的版权合同规定：“此书版权系稿、印两主公共产业，若此约作废，版权系稿主所有。”“此约未废之先，稿方不得将此

① 汪耀华选编《民国书业经营规章》，上海书店出版社，2006，第43～44页。

② 陈应年：《严复与商务印书馆》，载《商务印书馆九十年——我和商务印书馆：1897—1987》，商务印书馆，1987，第522页。

书另许他人印刷。"[1] 由此可见，商务与严复签订的版权合同约定版权由双方共有，任何一方不得在未经另外一方许可的情况下与第三方进行有损版权的活动。这是严复与张元济之间第一次就版权进行交流，之后，张元济加入商务印书馆，严复亦因此与商务建立了长期的联系。商务印书馆的版权意识由此萌芽，其版权活动也由此开展。商务除了与作者约定版权归属之外，还在合同中约定版税的支付。"此书出版发售每部收净利墨洋五角"，"此书另页须贴稿主印花"，即是商务支付给严复《社会通诠》的版税。

张元济的日记对于商务买断作者版权的事常有记载，如《张元济日记》1912 年 8 月 24 日记载："朱树蒸英文成语辞典一部，四百五十元，又送书二十部。"商务曾以"版权买入"的形式取得日用百科全书的版权；在蔡元培的引荐下，商务 1919 年以 200 元购进刘半农的《中国文法通论》一书。版权馈赠是作者将书稿的版权免费赠送给出版机构并放弃自身作为版权所有人的权利的行为。如吴讷士的《钟鼎拓本》、梁启超的《财政元论》、章太炎的《章太炎全集》和《红楼梦疏证》都是作者以馈赠的方式将版权送给了商务印书馆。

不过，虽然意识到了版权的重要性，但商务印书馆与中华书局、广益书局、美国经恩公司、美国米林公司都曾发生过版权纠纷。商务在面对这些版权纠纷时并没有采取回避或无视的态度，而是雇佣法律顾问丁榕积极应对。如 1911 年，美国驻沪领事向上海公共租界公审公廨控告商务在没有征得美国公司同意并支付报酬的情况下翻译其出版的《欧洲通史》等书，侵犯了美国公司的版权，商务委派丁榕出席庭审并最终胜诉。

除了版权实践，以张元济为代表的商务印书馆还积极参与中国近代版权制度的建立，推进版权立法。商务为顺应国内版权意识的增强和版权保护的需要，于 1903 年将英国《不列颠百科全书》引进国内，请周仪君进行翻译，并出版了《版权考》一书。另外，1905 年，张元济对清政府商部依据日本著作权法所拟的版权律、出版条例草案提出了修改意见书。他主张对教育书籍进行审查注册并缴纳审查费之后再给予版权，并主张在中国境内对外国人的版权实行有限的保护。

---

① 王清：《商务印书馆近代版权工作实践》，《法学杂志》1992 年第 6 期。

从与作者进行版权约定，到积极应对版权纠纷，乃至有意识地推动中国现代版权立法，虽然商务印书馆这一时期对于版权的重视还只是处于初级阶段，但它已经意识到了版权对于出版社的意义和保护版权的必要性，并身体力行地对自身的版权进行保护，在维护版权方面进行积极的探索，迈出了我国近代出版史上出版机构进行版权管理的第一步。

依法注册是基本的经营条件，积极推进版权保护，有力地推动出版行业的规范发展，营造出版界的良好竞争环境，商务也是身体力行的。这一点，在商务与中华书局、世界书局的教科书竞争中尤其能够体现出来。为了避免恶性无序竞争，取得竞争优势，1921 年 12 月 31 日，商务与中华书局签订了一份关于销售小学教科书的协议，协议共计 21 条，涉及发售折扣、回佣、赠品、对分局补贴数额的限制以及违约罚款等。[①] 1924 年至 1930 年，为了抵制世界书局的教科书，商务又与中华书局联合组建了一个国民书局，股本共计 20 万元，商务出 2/3，中华出 1/3。这种与原本的竞争对手合作的方法，虽然有“商业垄断之嫌”[②]，但客观上却在一定程度上维护了现代出版的竞争环境，抵制了恶性竞争。以商务惯有的行事思维以及张元济的文儒之风，由此而推断其中有为行业有序竞争做一些努力的动机，并不算为过。依法经营注册，在版权保护上做力所能及之事，并为维护行业竞争环境而努力，这些都是商务履行法律责任、树立企业形象、形成市场竞争力的有力表现。

四　对股东负责任，积累关系资本，构建强大的人力支持

人是企业活动的主体，出版企业尤其如此。夏瑞芳创办商务以来，以独到眼光笼络到大家张元济，自此，商务这个出版平台上总是活跃着中国现代文化界的优秀人士。这既为商务提供了大量的作者资源，也是商务以口碑树品牌的重要方式。对股东负责任，保证了公司决策力；维护员工权益，尊重其发展的权利，保证了商务日常运转的有效，减少了摩擦和阻碍；而对作

① 钱炳寰编《中华书局大事纪要（1912—1954）》，中华书局，2002，第 64 页。

② 吴永贵：《民国出版史》，福建人民出版社，2011，第 116 页。

者队伍的维护和重视，则是作为文化企业的商务拥有源源不断的产品的源泉。所有这些，既是商务为维系自身发展而采取的经营策略，更是其履行社会责任、积累关系资本、构建人力资源、形成责任竞争力的有效途径。

（一）维护股东权益，赢得决策空间

商务印书馆股份有限公司对于公司股东权益的维护，主要表现在尊重股权收益、召开股东大会以实现股东权利等方面。商务给股东的投资回报是非常高的（见图 2），其方式主要包括保息分红、规范股利支付、为股东设立股息储备金等；商务股东有对所持股票的处置权，持有公司股票的股东可以以股东大会的形式对公司进行间接控制，通过召开股东大会，商务股东享有议决公司章程及其修改、议决增减公司资本、审查公司账务、议决公司年终股息分派、选举公司董事及监察人、决定公司重大事务及其相应的知情权等。

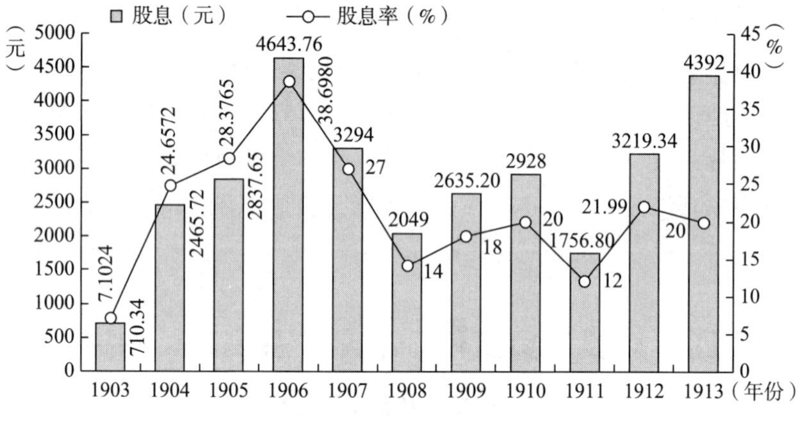

图 2　1903～1913 年商务印书馆股息率及股息数

资料来源：《完全华商股份商务印书馆有限公司章程》，《大公报》1914 年 3 月 23 日。

1908 年，商务各董事议决“拟派官利八厘”，“以后常年官利以八厘为率”（《大公报》，1914）被正式写入公司章程。张元济曾在 1918 年 12 月 21 日的日记中记载：“余意，七年股息不能太多，能得分二已足。”① 除了向股东支付高额的固定官利，商务还极为重视股息红利。《完全华商股份商务印书馆有限公司章程》规定，公司“每年结账时如有余利，作二十

① 《张元济全集》（第 6 卷），商务印书馆，2008，第 456 页。

成分派：各股东得十成，提公积金三成，公益金及酬恤费一成，花红六成”。在高额的股息和红利之外，商务将公司区分为普通股和优先股，以1927年10月1日董事会讨论修改而成的《本公司支取股息规则》为准则，规范股东收益支付流程，切实保障股东利益。

对于股东权利，则主要通过召开股东大会来实现。据统计，1905年到1949年间商务召开股东大会共48次之多，其议项包括公司章程的修改、股息红利的分派、董事会成员的调整、分馆的增设与裁并、总经理的调配等。

对股东负责，既保障股东的良好收益，又充分尊重其各项股东权利，使商务的实际经营者赢得了股东的高度信任，从而在具体的运营中具有较强的决策力，在面对市场环境变化和进行内部调整和改革时，反应及时迅速且不受过分掣肘。这种决策的迅速和不受干扰，形成了商务的决策竞争力，使整个商务的企业文化呈现出强力集中的特点。初创时期，由于机制尚未健全，各股东对于经营也并不多过问，给夏瑞芳留足了自我发挥与有效决策的空间和余地。夏实际上是所有经营业务的“总理”，其时的决策力自不必言。待到张元济时期，张个人的威信力和对事业的执着，更让股东们信任，商务很多决策都出自张。王云五接手商务后，对商务进行大刀阔斧的改革，倘若没有充分的决策空间，这是不可想象的。当然，其中还有王云五自身的强势与坚持，且改革本身也并非没有受到上下的阻力，但经过王云五的改革，商务的建制、管理制度等皆有较大调整。从历史的角度看，这些改革都还是发挥了效用并被同行仿行。仅这一点，就不可否认王云五时期，商务的经理层享有的决策力还是较大的。

（二）着力于人力资源建设，形成人才竞争力

“商务之成功半由人事半由机会。”商务印书馆自始至终坚持对员工的组织、激励和培养，这是商务印书馆成功的必要条件，同时又是商务成功的巨大动力，反映了商务着力于人力资源建设，形成人才竞争力。庄俞在《三十五年来之商务印书馆》中认为，商务成功地培养、重用和组织人才，是对社会做出的莫大的贡献。[①]

---

① 庄俞：《三十五年来之商务印书馆》，载《商务印书馆九十五年——我和商务印书馆：1897—1992》，第740～741页。

在员工进用上，商务曾提出“取诸社会，用人惟才”的方针，早期的人员进用主要是引荐和竞聘并存，“除从事编译工作的专家学者和具有专门技能的技师、技工需向社会延聘外，对于一般职工大都公开招考，经过培养后进用”。[①] 张元济也说：“余等以为本馆营业，非用新人、知识较优者，断难与学界、政界接洽。”[②]

商务致力于职工业务水平和文化水平的提高，张济元在商务印书馆“永久之根本计划”中就曾提出“培植新来有用之人”。如商务规定，青年职工要进入补习学校或者夜校学习，以其毕业时的学习成绩报告作为加薪或延长学习的参考。商务每次招收青年职工，都设训练班以提高其业务能力，并招收职工的子弟入学，作为接班人培养。涵芬楼的设立，最初就是为了给编译所的职工提供一个查询资料和学习的场所。曾任尚公小学校长的沈百英说：“在当时一个公司能够如此重视职工补习教育，提高服务质量，办法是想得到很周到。”[③]

1909～1923年，商务印书馆举办了讲习所，造就业务人才留馆服务。除此以外，商务还开办艺徒学校（1924年开办，三年毕业，学生38人）、工厂管理员训练班（1930年开办，1931年毕业40人，甲等16人，乙等13人，丙等11人）、业务讲习班（如商务曾于1910年7月、1913年1月和1917年3月开办了三届师范讲习社，三届学员社员共9000余人，毕业1965人。此外，商务还开办了国语讲习所、仪器标本实习所、图书馆学讲习所、四用号码检字法讲习所等）、夜校（1931年8月筹办，10月1日开课，分初中、高中、专修三种程度），以培养和训练公司职员。对于公司学徒的工资酬劳，商务规定，“学徒一般是两年毕业，馆方除供应食宿外，每月发给零用钱两元，年终与高级职员享受同等比例的花红（每年按营业盈利多寡分配，一般相当于两三个月的工资）”。[④]

除了自办培训机构培养员工之外，商务也委派员工到其他培训机构或教育机构进修，如商务印书馆的“交际博士”黄警顽就曾回忆说：“在商

---

① 曹冰严：《张元济与商务印书馆》，载《商务印书馆九十年——我和商务印书馆：1897—1987》，第30页。

② 《张元济全集》（第6卷），第110页。

③ 李家驹：《商务印书馆与近代知识文化的传播》，第102页。

④ 黄警顽：《我在商务印书馆四十年》，载《商务印书馆九十年——我和商务印书馆：1897—1987》，第89页。

务印书馆的最初二十年间，我坚持自学，馆方也随时给我进修的机会，例如派我到西洋体育传习所学习，连续四年到南京高师和东南大学选习教育系各科，上明诚学院选修图书版本、目录学，等等。”[①] 可以说，商务印书馆对于本馆员工的培训，对于提高员工的业务素质是花费了大量的气力的，这也难怪费孝通要感慨“商务印书馆既是一个印书馆，也是一个育才馆”。[②]

此外，商务印书馆制定的《因公出外津贴规则》《因公出外旅费支给章程》《同人婚丧假津贴薪工暂行规则》《女同人生产假津贴薪工暂行规则》《同人疾病补助办法》《同人人寿保险暂行规则》《同人子女教育补助暂行规则》《同人赙慰金暂行规则》等，都是为保证职工福利的落实。大体而言，商务印书馆给予职工的福利主要包括为员工安排宿舍、对员工进行安全生产教育、休假、购买保险、工伤治疗、各项津贴、职工子女教育优惠等。为了留住优秀人才，商务还特留部分股份由员工认购。东尔在《林纾和商务印书馆》中记载：“解放前商务的股票，红利较大，为了拉关系，有时也让本馆职工和作译者购买。”[③] 1905 年，商务股本由 30 万元升至 40 万元，股东数量剧增，其中亦有不少是本馆职工的，而日本方面的木本胜太郎、长尾槙太郎、小平元、原田民治等在合资初期并未持有商务股份，只是在商务印书馆的印刷所、编译所等工作，后来亦以商务职工的名义分别购得 135 股、45 股、60 股和 13 股的商务股份。[④]《苦儿流浪记》的作者，同时也是商务员工的包天笑亦在商务有股份 3000 多元，“够得上一个董事资格”[⑤]。

商务对本馆员工发行股票，使公司成为“人人有份”的利益共同体，有力地拴住了职工的心，同时也是吸引外来优秀人才的有力工具。职工特

① 黄警顽：《我在商务印书馆四十年》，载《商务印书馆九十年——我和商务印书馆：1897—1987》，第 91 页。

② 费孝通：《忆〈少年〉祝商务寿》，载《商务印书馆九十年——我和商务印书馆：1897—1987》，第 375 页。

③ 《商务印书馆九十年——我和商务印书馆：1897—1987》，第 543 页。

④ 汪家熔：《商务印书馆史及其他——汪家熔出版史研究文集》，中国书籍出版社，1998，第 33 页。

⑤ 包天笑：《我在商务印书馆编译所》，载《商务印书馆九十五年——我和商务印书馆：1897—1992》，第 87 页。

别是优秀职工，购得公司股票后，增添了“当家做主”的主人翁意识，有利于其敬业精神和忠诚度的培养。而且，由于商务股票的收益高，这就无形中使商务的知名度和美誉度得到了提高，增强了商务的市场竞争力。

（三）网罗社会名流，重视读者需求，建设良好的文化环境

商务印书馆一方面培养青年人才，另一方面又不遗余力地吸纳社会各界精英为商务效力。著名哲学家范寿康、心理学家唐钺、史学家何炳松、新史学的代表人物顾颉刚、中国现代气象学家竺可桢、经学家周予同等都曾在商务任职，现代印刷专家郁厚培、率先在中国尝试橱窗广告设计的蔡振华、“交际博士”黄警顽等，还有蔡元培、胡适、梁启超、鲁迅、冰心、叶圣陶等文化界和知识界的著名人物都与商务有过联系，为商务的发展做过不同程度的贡献。对这些社会精英，商务尽量利用自己雄厚的经济基础给他们提供丰厚的待遇，如商务支付给严复和林纾的稿酬和版税就远高于当时的平均水平，还以丰厚的酬劳支持蔡元培出国考察，等等。当然，商务招揽社会精英并不纯粹以金钱为手段，商务领导层乃至中层职员与社会各界的学术联系和个人交情也是商务与社会名流联系的纽带。正是在这样的紧密联系之下，以商务印书馆为中心，形成了中国近代史上的“商务知识分子群”。诚如胡适南下时所言，商务“确是很要紧的一个教育机关，一种教育大势力”，令他心底曾产生过究竟到北大任职，还是选择进入商务的挣扎。李家驹认为，“这个群体……它的成分盖涵了社会上的文化边缘和中心力量；它的本质是以学术文化、出版事业为主；它的形态是‘职业化’”①。

就读者方面而言，商务始终秉承为读者服务的经营理念，其图书和刊物，首先考虑的是读者需求。初创时期的《华英初阶》《华英进阶》等都是为当时社会读者学习英语而编写的。待张元济进入商务以后，更是以“读者至上”的精神推出了各种经典图书。为了将本馆出版信息有效传递给读者，商务在图书广告宣传上可谓煞费苦心。她一方面在当时的著名报纸和本馆自办杂志上发布书刊广告，内容主要包括新书书目、新出版物介绍、书目征订、文具仪器的宣传、函授学校招生、特价信息等；另一方面

① 李家驹：《商务印书馆与近代知识文化的传播》，第138页。

还曾尝试自办广告进行主动宣传，如大量编印书目、样本大范围发送。据统计，1910～1937 年，商务编发的综合性书目有 140 册，平均每季就有一册。① 只要读者与商务进行过通信往来即可以收到商务寄来的书目信息。此外，商务曾雇人四处张贴广告单，几乎一年就要花费上万元。20 世纪二三十年代的时候，商务还曾举行过巡回汽车展，在上海大范围做宣传。如 1922～1924 年，商务印书馆发行所就举办过“巡回图书馆”，由张敏逊、黄警顽组织人员将本版图书运到浙江沿海的小市镇公开展览。一些求知欲强烈的读者由于经济条件所限，无力购买到一些精品书，商务就采取打折、抽奖、赠送，向读者发行礼券、赠书券等方式，让利于读者。而为了引导读者的阅读，提高其阅读水平，商务还曾以“星期标准书”的形式，即商务每周“选取人人当读之书，并拟定标准，分请专家审查”，“旨在增进人生效能，使人生达到最完满之发展”②。“星期标准书”于每周六发行，该书在一个月内以半价销售，自 1936 年 7 月第一周起，改为定价七折发售四个月。为了了解读者的阅读需求，接受读者对本馆图书的反馈，自 1920 年起，商务还建立了调查和管理读者意见的“读者调查卡片”。“每一所学校，每一个图书馆，每一个客户，每一个学者，名人都一一登记在卡片上，总计卡片 32 万多张。学校卡片记载着该校校长姓名，学生人数，采用本版和同业出版的教科书所占的比例若干。凡是本版用书少于其他同业的，就有调查员逐校去做联系和推销工作。……如果要了解某一号卡片登记的内容，或某校用书情况，在 32 万多张卡片中立即可取，好像探囊取物一样的便利，毫不费力。”③ 为了完善读者的购书渠道，方便读者购买商务书籍，商务在全国各大城市设立分支机构，在春秋两季开学前由分（支）馆到偏远地区设立现批处，在县城设立“特约经销处”和经销店，同时还开展邮购业务，方便未设分管地区的读者及学校团体购买商务的书籍、文具和仪器。

---

① 汪家熔：《商务印书馆史及其他——汪家熔出版史研究文集》，第 127 页。

② 《本馆四十年大事记（1936）》，载商务印书馆编《商务印书馆九十五年——我和商务印书馆：1897—1992》，第 707 页。

③ 邹尚熊：《我与商务印书馆》，《商务印书馆九十五年——我和商务印书馆：1897—1992》，第 317 页。转引自李家驹《商务印书馆与近代知识文化的传播》，第 236 页。

五　热心社会公益，服务社会事业，获得社会大力支持

热心公益、服务社会事业、扶贫捐赠是企业最原始的社会责任。通过为社会提供相关服务，扶助社会，不但有利于社会问题的解决，而且能够有效建立起良好的企业形象，使自己在同行中具有较高的美誉度和口碑，从而增强自身的市场竞争力。就这一点而言，早期的商务是有可圈可点的行迹可循的。我们这里就其创办东方图书馆并对外开放以引导社会阅读和设立专项基金扶助同人子女教育两点进行论述。

1924 年，商务印书馆在涵芬楼的基础上成立了东方图书馆，以“聊示与西方并驾，发扬我国固有精神”①。商务印书馆每年拿出 4 万元作为其购书经费，同时规定，但凡商务出版的书，每种必须捐赠 3 册至东方图书馆。当时，张元济深感社会知识分子对于图书馆的切盼，“舍林立，四方学子负笈而至者，无虑千万，其有需于图书馆者甚亟”②，力主将图书馆藏资源与社会共享。因而 1926 年起，东方图书馆对外开放，其开放时间是下午 2 时至 5 时，晚上 6 时 30 分至 9 时 30 分，周末不开放。当时，东方图书馆还为读者制作了入门证，每证每年收取 2 元。1929 年春，商务筹设流通部，采购新书数万册，“专备借出馆外阅览，以达尽量服务社会之初旨”③。1931 年 5 月 6 日，商务正式成立对外借阅部，其时“借阅者颇不乏人”。截至 1932 年“一·二八”事变前夕，东方图书馆的藏书已达 518000 多册，图片、照片 5000 多种，号称当时“亚洲第一图书馆”，甚至引发了中国 20 世纪 30 年代有名的图书馆运动，体现出商务“不同流俗的企业品牌意识和站高望远的出版境界”。④

1920 年，商务拨给尚公小学 1 万元基金，常年一分计息。所得息金

---

① 高生记：《王云五的出版理论与实践》，《山西师大学报》（社会科学版）2002 年第 2 期。

② 张元济：《东方图书馆概况·缘起》，载《商务印书馆九十五年——我和商务印书馆：1897—1992》，第 22 页。

③ 庄俞：《三十五年来之商务印书馆》，载《商务印书馆九十五年——我和商务印书馆：1897—1992》，第 727 页。

④ 吴永贵：《民国出版史》，第 117 页。

“专为本公司同人子女免费学额之用”①。1926 年，商务将尚公小学基金本息及公司历年特别公益金积存利息，加上当年董事会在盈余中提拨 1 万元，合并作为扶助教育基金。该基金的设立，旨在为公司同人子女教育扶助之用。为了有效管理这项基金，提高资金利用效率，保障公平公正，商务专设扶助教育基金委员会管理审查准驳及收支事项。该基金会在帮扶商务员工子女教育上发挥了巨大的作用，使一些家庭贫困的员工子女享受了同等的教育机会。但 1932 年“一・二八”国难爆发后，商务对自身发展应付乏力，该基金会相关事宜也被迫停顿。1935 年 4 月，商务补助同人子女教育。商务董事会决定，在乙种特别公积金内拨款补助同人子女教育。该项基金设小学补助生额 1000 名，每名每年补助 20 元；中学补助生额 100 名，每名每年补助 40 元；大学补助生额 5 名，每名每年补助 200 元。②

综上可见，正是在出版产业经营、规范管理、品牌维护、人力资源建设、社会公益等方面的不懈努力，早期商务印书馆在辅助教育与开启民智的感召下，以出版为阵地，积极履行出版企业的社会责任，最终成长为近代出版史上的“双效”企业。

Analysis of Responsible Competitiveness of the Commercial Press's Earlier Period

He Guomei

Abstract: The responsible competitiveness of an enterprise is the core element of its market competitiveness. In the history of modern and contemporary publishing, the Commercial Press, a famous publishing company, aims to save the country and enlighten the people. The Press gradually formed its own strong responsible competitiveness and finally won its huge publishing competitive advantage through efforts in multiple aspects: generating economic benefits and ac-

---

① 《本馆四十年大事记（1936）》，载《商务印书馆九十五年——我和商务印书馆：1897—1992》，第 688 页。

② 《本馆四十年大事记（1936）》，载《商务印书馆九十五年——我和商务印书馆：1897—1992》，第 706 页。

quired operating capital through active operation; with publishing as the main business, taking on cultural responsibility, and enhancing brand competitiveness; registering and operating according to law, improving the competitive environment, and enhancing the influence on public policies; being responsible to shareholders, accumulating the asset of relationship, and building strong human resources support; actively joining in public welfare activities, contributing to social undertakings and gaining strong support from the society.

Keywords: Commercial Press; Responsible Competitiveness; Publishing Advantages; Saving the Nation by Education

About the Author: He Guomei (1984 –), Ph. D., Associate Professor of School of Literature, Journalism and Communication, South – Central University for Nationalities. Research interests and specialties: reading history, visual culture communication and publishing history. Magnum opuses: *A Study of Enterprise System of Commercial Press 1897 – 1949* (co-authored), etc. E-mail: hgm04101125@163. com

我国基础教育阶段移动教辅产品发展历程探析

胡　涛*

摘　要　21世纪以来，教育信息化在我国取得了长足的进步。而作为教育信息化与移动学习相结合的产物，我国基础教育阶段移动教辅产品也取得了很大发展。经过近20年的发展，目前市面上主要有三种移动教辅产品，它们各具特色和不同功能。其发展历程并非简单的线形发展，而是多产品形式共时发展、功能多元化发展。同时，它们也经历了诸如教育不公、效果不佳、消费水平差异等各种问题。未来，则可以在人工智能家教和结合AR/VR技术方面拓展更大的市场。

关键词　教育信息化　基础教育　移动教辅　人工智能家教

一　引言

教育事业一直是国家发展的重要根基，而随着电子科技的发展，教育信息化建设成为未来教育事业转变的必然方向。2000年以来，我国出台了一系列的政策，鼓励加快探索数字教育资源服务供给模式、有效提升数字教育资源服务水平与能力、创新网络学习空间平台的建设与应用等，同时也鼓励各企业积极提供新型的数字教育资源产品及服务①，教育信息化在

* 胡涛（1988～），博士，湖北大学文学院讲师，主要研究方向为古文献和文化，在《中华文史论丛》《图书馆杂志》等杂志发表论文10余篇。电子邮箱：383997089@ qq. com。

① 李刘和：《K12阶段电子化教辅产品的商业模式研究——以×科技公司为例》，硕士学位论文，南昌大学，2018。

我国取得了长足的发展。而教辅与教育有着千丝万缕的联系，特别是我国基础教育阶段（小学、初中、高中），教辅对学生的学习生活来说是不可或缺的。作为教育信息化与移动学习相结合的产物，移动教辅产品市场也取得了很大发展。2017 年我国义务教育阶段在校生达到 1.45 亿人，高中阶段在校生约 3970 万人，即我国基础教育阶段在校学生人数达到近 1.85 亿。[①] 如此之大的市场受众，加上政府加大力度推动教育信息化建设的政策，造就了移动教辅市场的空前繁荣。作为移动教辅市场的分支，K12 在线教育市场规模在 2018 年达到 437.9 亿元。

纵观历史，我们发现移动教辅数字化发展道路并非简单的阶段型发展，也并非一路坦途，其发展历程是多产品形式共时发展、功能多元化发展的道路，并伴随着许多的制约因素。本文将以移动教辅的三种主要类型的产品为切入点，探析我国基础教育阶段移动教辅产品的发展历程，剖析发展过程中所遇问题，并参考当下电子科技发展趋势，对教辅产品未来的发展方向做出预测。

二 我国基础教育阶段移动教辅产品发展历程

（一）第一阶段：电子书包计划

1. 电子书包的基本概念

电子书包在国内没有特别明确的概念，并且电子书包的功能也随着科技的发展变得更加丰富。根据其功能可以认为电子书包是一种以多媒体形式呈现课堂上传统教材教辅、工具书中的内容，并提供各种交互服务如师生互动、学生互助等来参与课堂教学活动的便捷性教育电子产品。它丰富的功能可以辅助教师更有效率地进行教学活动，其功能图见图 1。

2. 电子书包在我国的发展历程

2000 年，教育部下发的《关于在中小学实施“校校通”工程的通知》中提到将在五至十年内在全国 90% 左右的中小学内建立网络，达到教育资源共享、提高教学质量的目的。

---

① 教育部：《2017 年全国教育事业发展统计公报》，2018 年 7 月 19 日。

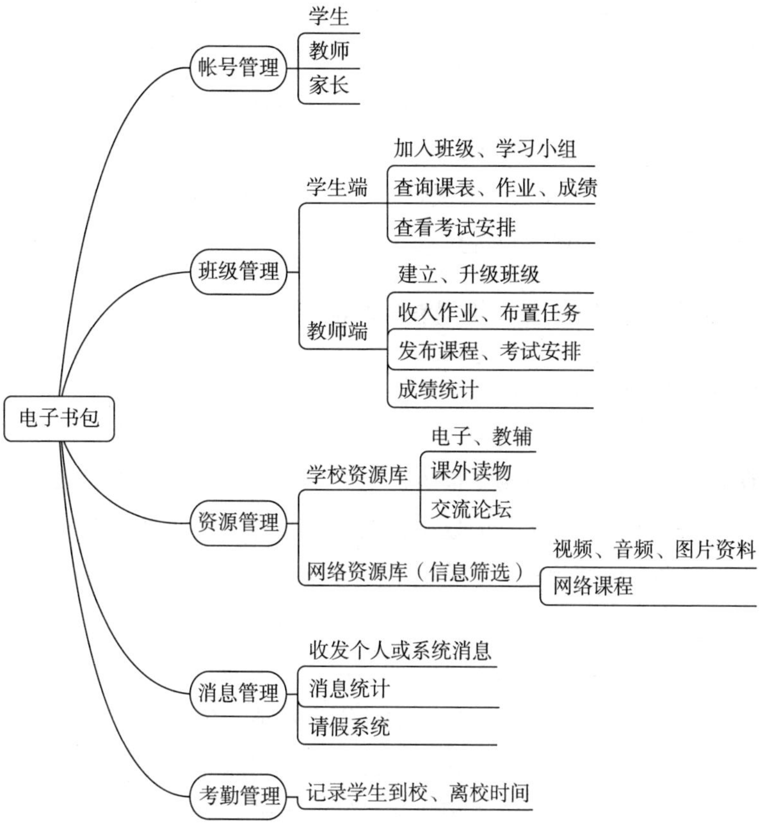

图 1　电子书包功能

2001 年，北京伯通科技公司研发生产的“绿色电子书包”通过教育部相关认证，并在北京、上海等四个城市进行试推广。2002 年 9 月，香港在当地 10 所中小学中试行“电子书包”计划，为期一年，学生们通过电子手账或手提电脑进行新型的课堂学习活动。2003 年，上海金山区金棠小学开始用电子书包代替纸质教材。2007 年，英特尔公司在北京、上海、广东、成都四个地区九所学校试行电子书包项目。

电子书包计划实施初期并没有得到广泛的认可，推广的步子始终停滞不前，直至 2010 年 7 月教育部发布《国家中长期教育改革和发展规划纲要（2010—2020 年）》，明确提出要加快教育信息基础设施建设，将教育信息化纳入国家信息化发展整体战略。国家对教育信息化建设的重视，使得电子书包的推广得到了政策支持，开始焕发新的生机。

从2010年开始，得益于“十二五”期间刘延东副总理的“三通两平台”概念，以及2012年教育部发布的《教育信息化十年发展规划纲要(2011－2020年)》，电子书包的推广开始进入快速发展阶段，逐渐覆盖部分经济发达地区如北京、上海、江苏、浙江等地中小学。2011年以后，基于电子书包教学的“微课”“翻转课堂”“智慧课堂”等概念开始出现，使得电子书包的相关研究成为热点。①

（二）第二阶段：学习机型教辅产品

1. 学习机的起源

20世纪80年代末90年代初，日本任天堂FC游戏机风靡全球。在国内，小霸王公司为抢占市场，推出仿制的小霸王学习（游戏）机产品，通过插程序卡带起到程序运行的效果，但由于兼容游戏卡带，小霸王学习机更多地被用来当作游戏机。小霸王学习机算是基础教育类学习机的非正统起源。

1990年，我国市场上出现了第一款电子工具书——电子词典，该产品提供英汉互译、注解、发音以及数学计算等功能，但其词库芯片的更换需要几百元甚至上千元人民币，在普通民众中无法普及。这种使用快捷、携带方便的电子工具书产品，是现代学习机类教辅产品的真正起源。

2. 学习机市场百花齐放

电子词典的产生，打开了我国英语学习电子产品市场。2002年，港资公司“东莞创立”在广东部分地区生产并销售“声之宝”牌点读机产品。2004年，中山读书郎公司凭借英语同步读书机产品“读书郎”进入点读机市场。2006年，步步高电子工业有限公司进入点读机市场，带来产品“步步高”点读机。直至2009年，点读机市场整体趋于稳定，其中，步步高、读书郎、诺亚舟、好记星四个品牌的点读机产品占有80%左右的市场。

局限于语音教学不符合教育信息化发展的潮流，并且市面上还缺少与我国基础教育阶段课堂完全匹配的学习机型教辅产品。2009年，一款以“黄冈名师视频教学”为广告宣传语的步步高视频学习机进入市场，将学

① 陈梅兰：《小学电子书包教学现状分析及应用策略研究》，硕士学位论文，广西师范学院，2018。

习机市场再次点燃，读书郎、诺亚舟、好记星等教育电子产品公司也相继推出各种品牌的视频学习机，移动端视频教学开始进入人们的视野。

至此，市面上的学习机型教辅产品完成了形式上和功能上的双重蜕变，基于多媒体技术的发展，学习机在形式上由最初的文字资源转变为音像资源，在功能上由单纯的工具书型学习机转变为与基础教育同步的多功能教辅产品。

3. 趋于智能化的学生电脑

2011 年前后，智能手机在我国普及开来，但中小学的学生大多不被允许携带手机，因此，对智能学习机的需求应运而生。2011 年，诺亚舟推出第一款基于“云学习”平台的学生电脑“优学派 U5”。2012 年，好记星推出“答疑王”学生平板电脑，首创学习机在线答疑功能。此后，教育电子产品公司对学习机智能化研究加大力度，市面上的学习机型教辅产品在形式与功能上也逐渐向笔记本电脑、平板电脑靠拢。

（三）第三阶段：智能手机平台上的教辅产品

1. 教辅类 App

随着智能手机的普及，各类基于手机平台的教辅类 APP 得以开发并投入市场，最早接触智能手机的“80 后”家长甚至“90 后" 家长对教辅类 App 有较高的认可度。

以作业帮教育科技公司旗下教辅 APP 产品“作业帮”为例：2014 年 1 月，作业帮 Android 版上线，为中小学学生提供拍照搜题功能，半个月内下载人次达到 30 万；2014 年 9 月，作业帮上线名校名师视频课程，并在同年 10 月更新了教师视频答疑功能；2015 年 8 月，作业帮更新同步练习功能，逐渐由拍题检索工具向综合型学习平台转变；2016 年 7 月，作业帮上线直播课程与在线辅导功能；2018 年 9 月，作业帮发布国内首个青少年信息安全防护平台——“寸功”平台，检测、筛选并剔除不利于学生学习成长的网络信息。

从 2013 年起，教辅类手机 App 如雨后春笋般冒出，大多如作业帮一般经历了数年的更新换代，产品功能逐渐趋于丰富完整。

2. 基于微信平台的教辅类公众号和小程序

2012 年 8 月，微信上线了微信公众平台，实现了即时通信与阅读功能的合体，截至 2015 年第一季度末，微信月活用户超过 5 亿，各类微信公众号超过 800 万个；2017 年 1 月，微信小程序上线，极大地扩展了微信作为社交软件的功能。

微信公众号及微信小程序的推出，为移动教辅产品提供了全新的发展路径。依托于微信庞大的用户量，各个电子教育企业以教辅 App 为基础，开发使用更为简易、方便的公众号和小程序，以提升自身产品的市场竞争力。目前微信公众平台上的教辅类公众号、小程序的功能与手机教辅 APP 类似，主要包括做题搜题、作业成绩管理、视频授课、资源分享等功能。

三　我国基础教育阶段移动教辅产品发展中遇到的问题

（一）电子书包的推广问题

1. 地区差异

电子书包在我国发展以来，受全国各地消费水平差异、教育资源差异、信息化建设差异的影响尤为严重。起初，电子书包项目只能在北京、上海、香港等一些经济建设领先于全国的城市开设试推广点，然而经过了近 20 年的发展，虽然全国各地电子书包项目试点越来越多，但仍然集中于教育资源更丰富的东部沿海地区。如何缩小全国各地教育资源差距、消费水平差距，将是长时间内电子书包在全国推广需要面对的首要问题。

2. 费用问题

在我国目前的基础教育阶段，小学 6 年与初中 3 年属于义务教育阶段，学生在义务教育阶段的学费与杂费是免收的。然而电子书包的出现，使得一些试点学校开始出现收费乱象。电子书包的费用若由政府或学校承担，一个班（以 50 人计算）的建设费用在 20 万元左右；若由学生个人承担，以一款三星 P355C 型号的平板电脑为例，终端设备加上教学系统共 2500 元，再加上每学年的服务费、维修费等费用，将是一笔不小的开支。①

目前市场上还存在各种参差不齐的电子书包产品，以次充好、价格虚

① 熊丙奇：《学校按“电子书包”购买情况分班，是“变相强制”》，《新京报》2018 年 9 月 5 日。

高等现象屡见不鲜。因此，平衡好学校和学生个人之间的教育费用支出，加强对教学产品和产品市场的监管，都是电子书包在推广过程中的当务之急。

3. 教学影响问题

电子产品进入校园长期以来都是饱受争议的问题，电子书包的使用，将改变传统的基础教学模式。电子设备对学生视力、沟通能力、书写能力的影响，都需要考虑到新的教学活动中；此外，相较于对新事物接受能力更强的年轻学生和教师，新教学模式是对年长的教师们的一种挑战，这意味着他们必须改变以往的教学方法，学习新的教学方式。

除此之外，某些学校还存在着强制学生购买电子书包产品、根据学生购买情况分班、差异化对待学生等问题，这些都是亟待解决的问题。

（二）学习机型教辅产品的更新

1. 资源更新

早期的学习机产品，内置资源固定，由几本词典到一些试题，内容较为有限。早期的电子词典需要通过更换词库芯片的方式来更新内容，成本较高；在中期出现了一些学习机配套资源网站，需要使用者自行去网站上下载更新资源，成本降低，但对于接触网络较少的学生来说不够方便；后来出现的具有联网功能的智能学习电脑产品，为学生提供了方便快捷的更新资源方式。

2. 功能更新

学习机产品的功能发展过程与手机类似，由最初单一的功能发展至今，学习机功能越来越多元化，但同样也越来越同质化，在做题解题、视频课堂、词典查询等主要功能上，市面上的学习机产品都趋于相同。因此，提供更专业化的教辅资源，开发更能提高学生学习兴趣的教学功能，将是学习机产品在功能上更进一步的首要任务。

（三）手机教辅产品的监管

不同于电子书包和学习机型移动教辅产品，智能手机上的教辅产品存在的最大问题是产品质量参差不齐，而对于这类教辅产品市场的监管力度不够强，导致出现各种乱象。

由图 2 可以看出，在 2018 年，我国 K12 基础教育阶段的在线教育市场规模达到了 437.9 亿元，并且从 2012 年起，一直保持着增长的趋势。越来越多的资金投入了在线教育市场，各种教辅 App 喷涌而出，量变引起了质变，市场的不断扩大，也导致竞争逐渐变得激烈，其结果是出现了许多以歪门邪道提高盈利的产品。

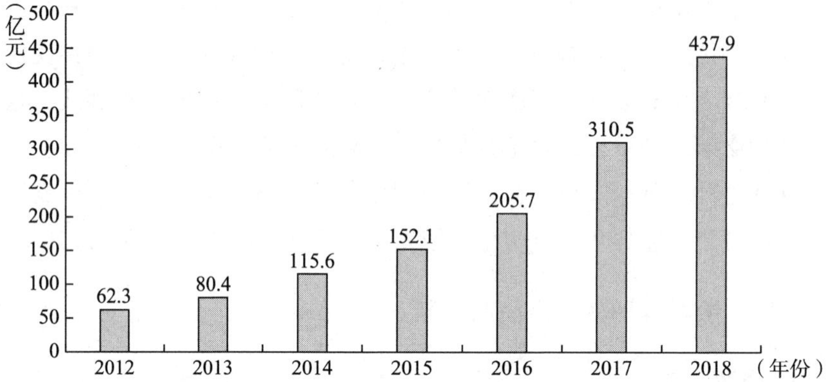

图 2　2012 ~ 2018 年中国 K12 在线教育市场规模

资料来源：《2018 年中国 K12 在线教育行业发展报告》，比达网，2019 年 3 月 1 日，http://www. bigdata-research. cn/content/201903/920. html。

首先是产品内容乱象。有些学习类 App 中包含上百款游戏，有的加入了大量的商业广告、虚假广告，有的软件甚至在社交功能平台中出现未成年人亲吻、大尺度照片等软色情内容，还有的以查询成绩等功能为由进行变相“圈钱”。

其次是盈利模式乱象。目前手机移动教辅产品主要有两种盈利手段——通过为学校提供服务来间接服务于学生，或直接服务于学生和家长。这两种变现方式，都存在着一定的问题，有的 App 推广员通过给予教师酬劳的方式以达到让学生下载使用该 App 的目的，有的在软件和公众号中收取各种服务费用、下载费用等。

最后还有信息数据泄露问题。学生使用 App 会产生一定的使用数据，大多 App 也会要求学生或家长进行注册才能使用，因此学生的信息数据会暴露给一些不良商家。有些产品会私自收集学生信息数据甚至将这些数据进行售卖，还有些 App 不存在注销信息的功能或是注销后仍保留信息数据。个人信息泄露问题虽然在互联网时代处处存在，但对于处于基础教育阶段、没有足够的信息保护意识的未成年学生来说，这是一个尤为值得重视的问题。

2019年1月，教育部发布《关于严禁有害APP进入中小学校园的通知》，对学习类App、微信公众号进校园的备案审查制度进行了规定，对各级教育行政部门和学校提出了建立日常监管制度的要求，对在线教育市场盈利模式进行了限制。市场乱象依旧存在，制度的不断完善以及监管力度的不断加大，才能更好地净化移动教辅市场。

四 我国基础教育阶段移动教辅产品未来的发展方向猜想

（一）人工智能家教

AI（Artificial Intelligence）即人工智能，是研究使计算机来模拟人的某些思维过程和智能行为（如学习、推理、思考、规划等）的学科，是目前科技发展中最新兴的一门学科，也是应用范围极广的一门学科。目前，已经有许多K12教育企业或平台开始进行AI教育布局，将机器学习、算法分析、大数据处理、识别分析技术、智能推送等智能技术与移动端教辅产品相结合，开发出一系列人工智能功能产品如人脸识别、智能作业批改、AI老师、智能推荐等。

基于目前人工智能技术的逐渐完善，各个企业也对AI教育给予了足够的重视，人工智能机器人与教育的结合产品人工智能家教会在不久的将来出现。人工智能家教作为AI技术下移动教辅的新型产品，是集教学与陪伴于一体的家教型产品。它将拥有语音功能，可以直接与学生进行对话交流；大数据分析能让它总结分析学生的学习特点，指出问题，并提供相应的解决办法，为学生量身制订学习计划；进行沟通式教学、实践式教学，为学生提供良好的语言对话环境和实践操作机会；等等。

首先，因材施教在传统学校中实行较为困难，往往难以落实至个人，而人工智能家教可以依据学生个人特点，提供独特的学习辅助计划，真正做到因材施教。其次，学生在AI家教的陪伴下学习，可以得到相应的反馈，而不是面对冰冷的屏幕，无法与之互动。另外，它还可以制订学生与家长共同学习的、适宜的学习计划，让家长更好地参与学生的学习生活。

按照目前科学技术发展的速度，这类以教学为目的的人工智能机器人开发在不久的将来就会实现，但是它的推广会与电子书包推广过程一样，将会经历许多波折，只有当人工智能产品像智能手机一样，普及至每个普通百姓家庭的时候，产品才算真正得到普及。

（二）AR/VR 技术

AR（Augmented Reality）即增强现实技术，将虚拟信息与现实世界叠加，达到增强现实画面的效果；VR（Virtual Reality）即虚拟现实技术，模拟虚拟的三维空间世界，提供视觉、触觉、听觉等感官的真实体验，达到虚拟事物现实化的效果。增强现实与虚拟现实都是目前处于科学研究前沿的技术，这两项技术对人们接收画面信息产生直接影响，因此能用于许多领域，在游戏娱乐领域尤为常见。因此，在移动教辅行业，这两项技术也一定能产生独特的作用。

AR 技术可以与传统课本进行结合，将传统的文字课本转换成可以跃然于纸上的立体画面，在丰富课堂学习形式的同时，还能加深学生对于相应知识点的记忆。在学习中，可以将一些特定的文字形象化，制作成画面，与电子书包产品相结合，让学生由读文字变成看画面，更加直观地接受课本知识。例如将杜牧的诗《清明》具象化，将春雨、牧童、村落等意象通过增强现实技术与现实课本文字叠加，形成一个完整的动态画面。而 VR 技术则可以使学生进行沉浸式学习，通过 VR 设备，学生可以接触到接近真实的虚拟学习环境，进行较高参与度的学习活动，这项技术可以用在传统学校中学生参与度较少的学习活动中。例如，在学校实验室设备不足以支持每个学生都进行实验操作时，VR 设备可以让学生随时随地进行虚拟的科学实验，在保证学生安全的同时，给学生提供实验设备齐全、实验物品丰富的虚拟实验室，并予以正确的实验操作引导，让学生能沉浸式地学习科学技术。

除了以上所举两例，相信 AR/VR 技术在移动教辅方面能起到更多更加丰富的作用。当然，与人工智能技术一样，增强现实技术与虚拟现实技术同样存在着推广普及的问题。相应的技术与设备目前成本还比较高，并不是每个家庭都能承担，因此，在短时间内这两项技术还无法普及到广大中小学生当中。并且，增强现实与虚拟现实两项技术的长期使用是否对青少年的身体健康无害还需更严谨的实验来加以验证，相应的配套软件开发也需要制定标准，避免乱象丛生。

五　结论

由前文的分析可以总结出以下几点结论。

第一，我国基础教育阶段移动教辅产品可分为电子书包型教辅产品、学习机型教辅产品以及智能手机教辅产品三大类。电子书包产品与学校课堂联系最为紧密，而学习机与智能手机平台上的产品更倾向于使学生自学。这三类产品的发展历程，就构成了我国基础教育阶段移动教辅行业的发展历程。

第二，我国移动教辅产品最早可以追溯到20世纪90年代初出现的第一代电子词典，但它并没有在中小学群体中普及，真正最早的中小学生移动教辅产品应该是2000年前后出现的电子书包产品。截至2019年，市面上的移动教辅产品越来越同质化。从产品功能上看，三类教辅产品的功能都随着电子科技的发展趋于丰富化、全面化，但从整体功能比较来看，三类产品大部分主要功能基本相同，各个企业之间相互模仿的情况也一直存在；从载体来看，电子书包与学习机型产品均向平板电脑的样式发展，而其本质又与智能手机相似，都是基于智能设备上的应用软件来实现教辅功能的。

第三，从发展的概述中可以看出，我国基础教育阶段移动教辅产品的发展并不是一个单线阶段式的过程，而是三线并进式发展的过程。20世纪90年代初，学习机型产品出现，跟随电子技术革新一直发展至今；2001年，电子书包由国外引入中国，开始抢占移动教辅市场；2011年前后，智能手机在中国普及开来；2013年，市场上开始出现教辅类App，并随一段“野蛮生长”发展至今。

第四，结合移动教辅产品发展历程中出现的问题来看，电子科技发展决定产品功能的变革，经济消费能力与教育资源丰富度决定产品的推广效果，而学校、家长、学生共同使用教辅产品的行为正确与否，决定移动教辅产品对学习活动影响的好坏。移动教辅产品终究只能起到辅助学习的作用，过度依赖电子产品，给学生、教师、家长加压，等等，均是与实现教辅产品价值背道而驰的行为。

A Study of Development History on Chinese Mobile Teaching Auxiliary Products in Basic Education Stage

Hu Tao

Abstract: Since the 21st century, education informatization has made great progress in China. As a product of the combination of education informationization and mobile learning, mobile teaching assistant products have also made great progress in the stage of basic education in China. After nearly 20 years of development, there are mainly three kinds of mobile teaching aids on the market. They have their own characteristics and different functions. Its development process is not a simple linear development, but a path of simultaneous development of multi-product forms and diversified development of functions. At the same time, they have also experienced various problems, such as unfair education, poor results, and differences in consumption levels. In the future, it will be possible to expand the market by combining artificial intelligence tutoring with AR/VR technology.

Keywords: Educational Informatization; Basic Education; Mobile Teaching Auxiliary; AI Family Education

About the Author: Hu Tao (1988 –), Ph. D. , Lecturer at School of Chinese Language and Literature, Hubei University. Research interests and specialties: ancient literature and cultural studies. He has published more than 10 papers in *Journal of Chinese Literature and History*, *Library Journal* and other magazines. E-mail: 383997089@ qq. com.

语言学研究

从《正音辨微》到《正音切韵指掌》

周赛华*

摘　要　文章对《正音辨微》的音系进行了比较详细的描述，然后与《正音咀华》《正音切韵指掌》进行对比，指出后两者在音系上有哪些变化。

关键词　《正音辨微》　音系　《正音咀华》　《正音切韵指掌》

基金项目　国家社科基金重大项目“汉语等韵学著作集成、数据库建设及系列专题研究”（项目编号：17ZDA302）；国家社科基金项目“近代等韵研究缀补”（项目编号：15BYY103）

1728 年，清朝雍正皇帝下谕旨，令闽粤两省督抚为确保正音（“官话”），要聘用能讲标准“官话”的教官任教，此后闽粤陆续建立了正音书院。为了配合正音的教学，各种正音教科书也如雨后春笋般地出现了。其中清中后期在广东有一位满洲人，名叫莎彝尊，字秬芗，先后编辑了一系列的正音教材。① 这些教材是：（1）道光十七年（1837）刊的《正音辨微》六卷；（2）咸丰三年（1853）刊的《正音咀华》三卷，续编一卷；（3）咸丰三年（1853）刊的《正音切韵指掌》一卷；（4）同治六年（1867）刊的《正音再华》一册。后三种比较常见，故研究者多；前一种罕见，前人少见研究。本文主要研究前一种，在此基础上，再简略地与后

* 周赛华（1969～），博士，湖北大学文学院教授，主要研究方向为音韵和方音史，著有《合并字学篇韵便览研究》等。电子邮箱：zhouzshbs@ sina. com。

① 莎氏不仅懂正音，而且也十分了解当时的粤语，此外还熟知英语。同治四年刊印的《英语官话合讲》就是莎氏所讲授，由他的儿子所编辑的。其中英语的发音，就是用粤语标注的。

面的几种进行比较，以便找出这些正音书之间的一些差异和变化。

一 音系及其特点

《正音辨微》（下文视情简称《辨微》）主要包括以下几个部分：序文、音韵、千字文、分类词汇、问答对话。其中音韵部分和千字文是本文研究的对象。音韵部分包括：切音法序言、总韵字母、八音指要、正音切韵。

“总韵字母”前署有“长白伊星阿伯乡氏编辑　长白彝尊莎氏重校”，可见音韵部分是莎氏在伊星氏编辑的基础上重新加以校订而成的。这部分其实就是介绍韵母及其读法（见表1）。

表1　《辨微》中的韵母及其读法

韵字母	1 昂[①]	2 鞥	3 翁	4 安	5 恩
	正音阿冈切，广城土音硬平声	正音阿更切，广城土音莺	正音阿公切，广城土音瓮平声	正音阿干切，广城土音宴平声	正音阿根切
口法	开口读，舌头不动，收音缓入鼻中，其音收后方可合唇。	接昂字唇吻不可稍有转动，舌根微缩便合，收音与昂字同。	接上二音，口一笼便合，但上下唇不可令其粘合。	两颐用力，下唇贴紧，下齿收音后，方可合口。	接上安字唇吻，合口读，收音时，舌放在齿肉便合。

①韵字的编号是笔者所加，原书中没有编号。

韵字母	6 弯	7 温	8 汪	9 央	10 英
	正音阿关切，广城土同弯	正音阿裈切，广城土音同温	正音阿光切	正音阿江切	正音阿京切，广城土音同英
口法	开口读，两颐之力比安字加重，上齿打下唇便合。凡每韵遇有两字相同者，则读后一字与前一字音实不同。	从乌字，然再齿缝送出音，闫口而止。	开口读，唇吻与昂字同，惟上齿打下唇耳。此韵下有蓊字韵，不录。以其有韵而无切也。	舌尖顶下齿，不可缩回，放松牙关，缓开口读，收音纳入鼻中。	唇吻与央字同，但口微合，而舌根与大牙相摩，收音缓入鼻中。

韵字母	11 雍	12 帘	13 赟	14 烟	15 因
	正音阿绸切	正音阿涓切	正音阿君切，广城土音冤	正音阿坚切	正音阿金切，广城土音烟

续表

韵字母	11 雍	12 帑	13 赟	14 烟	15 因
口法	从上二字读落，紧撮其口便合。	开口读，舌顶下齿，其唇先笼后开，收音后方合唇。	从帑字读落，一合口便是。	开口读，两颐用力而舌顶下齿。	唇舌与烟字同，而口微合便是。

韵字母	16 阿	17 额	18 衣	19 歪	20 威
	正音乌戛切，广城土音鸦	正音阿歌切	正音阿基切，广城土音同衣	正音阿乖切，广城土音同歪	正音阿归切，广城土音同威
口法	开口读，唇舌俱不动。	与阿字口吻相同，惟换音耳，唇口与舌俱不可转动便合，惟喉间吞气要紧	从上二字读落，舌顶下齿便是	扁口读，上齿打下唇，两颐微有力，口亦微开	从歪字口吻，但不开口耳

韵字母	21 唉	22 餩	23 厓	24○	25 哇
	正音阿该切，广城土音同唉	正音阿给切	正音阿皆切		正音阿瓜切，广城土音同哇
口法	舌在下齿不动，开口读。	开口读阿字，再读额字，缓缓收音。	舌根与大牙相摩荡，开口读，舌顶下齿，收音后，方可合口。		上齿打下唇，开口读。

韵字母	26 窝	27 乌	28 爊	29 欧	30 夭
	正音阿锅切，广城土音同窝	正音阿姑切，广城土音同乌	正音阿高切，广城土音爻	正音阿钩切，广城土音同欧	正音阿交切
口法	上齿打下唇，口半开，两颐用力便合。	从上二字读落，两颐加力合口便是。	开口读，舌在中间。	笼口读，舌在中间。	舌顶下齿，舌根由两边大牙撑开下颊。

韵字母	31 幽	32 呀	33 爷	34 呦	35 肥	36 於
	正音阿鸠切，广城土音夭	正音阿嘉切	正音阿迦切	正音阿觉切，广城土音弱	正音阿厥切	正音阿居切，广城土音同於

续表

韵字母	31 幽	32 呀	33 爷	34 呦	35 肥	36 於
口法	舌点下齿，唇吻与夭字同，但口微合耳。	大开口读，舌在下齿，两颐用力，下唇贴紧下齿，舌根先撩大牙，然后出声		撮口读，舌唇下齿不动便合。	撮口读，唇皮用力，音出微开唇而缓收声。	从肥字读落，口一合而舌顶下齿便合。

“八音指要”是根据发音部位（同时与四呼相拼）来介绍声母的（见表2）。

表2　八音指要

牙音	喉音	舌头音	重唇音	撩舌音	上腭音	齿缝音	轻唇音
戛喀	哈阿	搭他纳	巴葩麻	○拉髾	渣叉沙	帀擦萨	发哇
歌珂	诃额	德忒讷	波颇麼	○勒热	遮车赊	则墄塞	佛窝
基欺	希衣	低梯呢	篦披弥	○离日	之痴师	孜雌丝	○○
姑轱	呼乌	都駼奴	逋铺模	○卢如	朱初书	租粗苏	夫乌
居驱	虚於	○○袽	○○○	○驴於	沮趋须	○○○	○○
锅科	豁谓	多拖挪	○○○	○罗若	桌绰说	侳磋莎	○○

“正音切韵”就是用上面的36个韵母分别与21个声母相拼［只有上平（阴平）和下平（阳平）声］，如“昂”与21个声母相拼（阴平）为：

冈康炕昂①当汤囊邦滂茫○郎穰章昌商臧仓桑方汪

“千字文”全名为“正音千字为四声”，这是莎氏自己编辑的，由顺德黎淇修所参校。正文千字文，每字注明反切和声母的发音部位，千字文的下面列出与此字四声（阴平、上声、去声、阳平）相承的字。比如第一字“天”字：天，梯烟切，舌头音。天添靔，腆忝餂，掭，田甜填磌畋阗恬。如果一个字在前面已经出现过，则注曰：“某注入某字”，比如“玉”字，其下注“玉注入字字”。

根据以上四个部分内容，可以归纳出声韵调的特点。

① “切音法序”说：“凡每韵各切音字无论上去入三声，俱借作上平声读，如‘昂’字，本下平声，此则读作‘阿冈切’。”

（一）声母的特点

1. 浊音清化，塞音塞擦音平声送气，仄声不送气

在“千字文”中，“唐”字下四声列字为：汤，倘淌，烫，唐糖塘堂棠膛。“遐”字下四声列字为：虾瞎，○，下夏，遐瑕霞匣侠狎暇。“白”字下四声列字为：波饽玻菠，○，播，白帛百伯柏拨薄博驳钹。“及”字下四声列字为：机鸡讥畿饥基姬，己纪给，既记寄计济祭季妓技继忌，及积藉集迹吉绩即极。“此”字下四声列字为：疵，此，次刺赐，慈磁辞雌祠词。“金”字下四声列字有：金斤筋巾今矜，谨仅紧馑，晋禁噤尽近进靳觐劲，○。

2. 知庄章组合流（但少数庄组字归入精组），与精组对立

在“八音指要”中“上腭音”与“齿缝音”对立。在“正音切韵”中乌韵下，“上腭音”有“朱初书”，“齿缝音”有“租粗苏”。在“千字文”中“四”字下四声列字有：司私丝斯撕思厮，死，四俟嗣耜似巳泗祀寺肆驷，○。在“千字文”中“师”字下四声列字有：师狮施诗尸湿蓍蛳，使史始屎，是试世势事士市侍氏示视，石十拾识食实时释适失。在“千字文”中“善”字下四声列字有：山删珊衫，陕闪，善膳缮扇擅鳝禅骟，○。在“千字文”中“散”字下四声列字有：三叁，伞，散，○。在“千字文”中“宙”字下四声列字有：周州洲舟粥诌，肘，宙咒胄纣昼，轴。在“千字文”中“奏”字下四声列字有：邹诹驺骤，走，奏绉，○。在“千字文”中“字”字下列字有：资孜咨姿赀滋兹孳辎淄。在“千字文”中“恻”字下列字有：恻拆册测策侧。

3. 日母独立存在，但部分日母字有与影喻母字合流的又读音

在“千字文”中“人”（撩舌音，臀恩切）字下四声列字有：○，忍，任认刃仞轫，人仁壬。在“千字文”中“戎”（撩舌音，如翁切）字下四声列字有：雍，○，○，戎荣绒容蓉镕庸傭。

但在“千字文”中“若”（喉音，阿觉切）字下四声列字有：哟，○，若[1]药岳嶽约，○。

---

① 在“正音切韵”中“乌”韵下，“如”字归在“臀”母下。在千字文中，注音为“撩舌音，若乌切”，下列字为“○，○，入辱，如”。

4. 影喻疑微合流，但影疑喻微母合口字独立成母（但单元 u 除外）

在“千字文”中“严”字下四声列字有：烟淹奄燕胭腌，眼演掩衍，雁厌砚验彦燕宴焰艳，严妍沿言延盐。在“千字文”中“五”字下四声列字有①：乌屋呜，五伍午忤武舞侮鹉邬，勿毋悟误物务雾恶戊晤，无吴梧蜈吾庑。

在“八音指要”中，“哇”为轻唇音，与喉音“阿”对立。“哇”母来自影微喻疑母的合口字。

在“千字文”中“往”（哇昂切）字下四声列字有：汪，往枉罔惘网誷魍妄，望旺，王亡忘。在“千字文”中“为”（哇餧切）字下四声列字有：威煨，委萎伟炜苇纬尾唯，渭未谓畏慰位魏味卫，为帷维韦违围闱危桅惟微。“千字文”中“文”（哇恩切）字下四声列字有：温瘟，稳，问，文纹蚊雯闻。

5. 非敷奉合流

在“千字文”中“非”字下四声列字有：非扉蜚妃飞绯霏，匪斐翡，费肺废吠，肥淝。在“千字文”中“凤”字下四声列字有：风峰枫蜂锋封豊丰疯烽，唪俸讽，凤奉，逢冯缝。

6. 尖团音合流

在“千字文”中“剑”字下四声列字有：坚肩奸煎兼间尖笺监笺②，检捡拣柬茧剪简减，剑鉴监建健件践见谏贱，○。在“千字文”中“薑”字下四声列字有：薑将疆僵姜江缰浆桨，讲奖蒋，将降绛匠酱，○。在“千字文”中“鹹”字下四声列字有：仙先鲜，鲜显冼癣险，县宪献现限馅陷线，鹹咸衔贤嫌闲弦絃。

7. 泥来母不混

如在“正音切韵”中，昂韵下有“囊郎”对立，鞥韵下有“能稜”对立，央韵下有“娘良”对立。

8. 止摄开口三等日母字读来母

在“千字文”中“迩”（撩舌音，拉额切）字下四声列字有：唲，迩

---

① 在“八音指要”中，“乌”既归入喉音，又归入轻唇音。应该存在两读，但在千字文中，只归喉音。

② 在“正音切韵”中“笺千先”列在“上腭音”下。其他韵也基本如此。但在“正音切韵”中，尖团音在形式上仍保持独立，比如在“央”韵下，“江羌香”列在牙音下，“将跄相”列在“上腭音”下。这样安排在形式上节省了位置，但却掩盖了尖团合流的事实。

尔耳珥弭，二贰樲，儿而輀輀。

（二）韵母的特点

（1）果摄开口一等歌韵的牙喉音字和果摄合口一等戈韵的唇音字读开口，归“额”韵。果摄开口一等歌韵的非牙喉音字和果摄合口一等戈韵的非唇音字读合口，归“窝”韵。

在“正音切韵”中“窝”韵下收有：锅科豁窝多拖挪罗若桌绰说坐磋莎佛。在“正音切韵”中“额”韵下收有：歌珂诃额德忒讷波颇麽勒热遮车赊则城塞佛窝。

（2）假摄麻韵开口三等的知章组字与果摄开口一等歌韵的牙喉音字同韵。

在“正音切韵”中“额”韵下收有：歌珂诃额德忒讷波颇麽勒热遮车赊则城塞佛窝。

（3）曾摄开口一等德韵端组精组字与果摄开口一等歌韵的牙喉音字同韵，又与止摄合口三等的唇音字和泥来字同韵（部分止摄开口三等唇音字也归入）。

在“正音切韵”中“额”韵下所收字（见上）。

在“正音切韵”中“餕”韵下收有：给尅黑餕德忒内悲裴眉勒谁贼城塞非威。

（4）麻韵开口三等字与麻韵二等字不同韵。

在“正音切韵”中“呀”韵下收有：嘉岈虾呀。

在“正音切韵”中“爷”韵下收有：迦呿苛爷爹贴鳖擎哔列嗟些。

（三）声调的特点

1. 平分阴阳

比如“昂”韵，上平下列有：冈康炕昂当汤囊邦滂茫○郎穰章昌商臧仓桑方汪。下平下列有：扛杭昂唐囊傍茫郎穰常裳藏房王。

2. 全浊上声归去

在“千字文”中“商”字下四声列字有：商伤殇觞，赏，上尚，晌。在“千字文”中“道”字下四声列字有：刀，倒祷捣岛，道盗到蹈悼稻，○。

3. 入派三声

由于“正音切韵”只有平声，没有上去声。而“千字文”因受音节数的影响，也没有把常见的所有入声字都包括进来。我们以“额”韵为例，把“千字文”中有关的同音字都纳入相应的音韵地位中（见表3）：

表3 “千字文”中与“额”韵有关的同音字

韵声调 / 声母	17 额			
	上平	上	去	下平（阳平）
戛	歌哥割		个個箇	革葛隔鸽各阁格骼檲
喀	珂克科刻磕柯	可坷	课	咳客壳
哈	诃呵喝黑		贺荷嚇	河何合盒盍
阿	阿		恶饿	额讹鹅娥俄峨
搭				德得悳
他			忒特	
纳	讷[①]			
巴	波饽玻菠坡	○	播	白帛百伯匍拨薄博驳钹
葩	坡泼	颇叵	魄破簸	婆
麻	麽	抹	莫末漠没膜殁默寞墨麦	磨魔摩
○				
拉			勒肋氻	
髾			热	
渣	遮	者赭	蔗这鹧	浙折哲蜇
叉	车			
沙	赊	捨	舍赦社设瑟射麝	摄舌涉
帀				则仄昃贼泽择宅摘翟责
擦	墄		恻拆册测策侧	
萨	塞			
发	佛			
哇	窝			

①表中加下划线的字只在“正音切韵”中出现，在“千字文”中没有出现，其究竟读什么声调较难确定，不在统计范围之列。

其中清入声字有47个。读阴平的有7个：割克刻磕喝黑泼。读去声的有 12 个：嚇恶忒魄设瑟恻拆册测策侧。读阳平的有 28 个：革葛隔鸽各阁格骼客壳德得悳百伯拨博驳浙折哲蜇摄则仄昃摘责。

其中次浊入声字有 16 个。读上声的有 1 个：抹。读去声的有 14 个：莫末漠没膜殁默寞墨麦勒勒氻热。读阳平的有 1 个：额。

其中全浊入声字有 16 个。读阴平的有 1 个：饽。读去声的有 1 个：特。读阳平的有 14 个：合盒盍白帛薄钹舌涉贼泽择宅翟。

从上面的数据可以看出，古次浊入声主要归去声，古全浊入声主要归阳平，古清入声派入三声（额韵上声缺收入声字）①。

二　音系的性质及其拟音

（一）音系的性质

莎氏编撰此书的目的是教粤人学习正音。这种正音是以北方话为基础的。有人认为是北京话，有人认为是江淮官话。从整个音系来看，应该是以北京话作为基础的。理由如下。

1. 全浊音消失，入声消失，只能是官话方言

在官话方言中，只有北京官话才清入派三声，其他官话都不具备这个特征（见表 4）。

表 4　中古入声字在官话方言中的归调

<table>
<tr><th></th><th>北京官话</th><th>冀鲁官话</th><th>胶辽官话</th><th>中原官话</th><th>兰银官话</th><th>西南官话</th><th>江淮官话</th></tr>
<tr><td>清入</td><td>阴阳上去</td><td>阴平</td><td>上声</td><td rowspan="2">阴平</td><td rowspan="2">去声</td><td rowspan="3">阳平</td><td rowspan="3">入声</td></tr>
<tr><td>次浊入</td><td colspan="3">去声</td></tr>
<tr><td>全浊入</td><td colspan="5">阳平</td></tr>
</table>

资料来源：张世方《北京官话语音研究》，北京语言大学出版社，2010，第 178 页。

① 清入字归上声的字不多，在千字文“些”字下四声列字有：些，写血，谢卸泻，泄屑邪鞋协斜洩亵。在千字文“鼈”字下四声列字有：鼈，瞥，○，别。在千字文“衣”字下四声列字有：衣伊噫依医漪，以已依椅乙矣蚁，意逸壹邑亦乂艺义易异，移益亿忆宜疑贻仪遗夷。在千字文“逼”字下四声列字有：逼，笔彼比，弊陛璧壁毕篦敝庇臂闭避，必弼鼻碧。在千字文“发”字下四声列字有：发，法，○，伐罚乏阀筏。

2. 在北京官话中，北京话是权威方言，因此应是当时正音的标准

下面我们把书中音系与差不多同时代的反映北京音的《音泭》音系进行一个大致的比较。

（1）声母

表 5　声母的比较

戛喀	哈阿	搭他纳	巴葩麻	○拉誓	渣叉沙	帀擦萨	发哇	精细	清细	晓细
见溪	晓影	端透泥	帮滂明	来日	照穿审	精清心	非○	精细	清细	晓细

从表 5 可以看出，《正音辨微》音系比《音泭》多出一个微母。这个微母从今天的北京官话区来看，与天津，辽宁朝阳，内蒙古赤峰，黑龙江黑河、齐齐哈尔比较一致。[①] 因作者是满人，可能把自己的方音掺了进来。

（2）舒声韵母（含只有入声字构成的“哟肥”二韵）

表 6　舒声韵母的比较

《辨微》	1 昂	2 鞥	3 翁	4 安	5 恩
中古主要来源	宕摄一三等开口[①]	梗摄二三等开口 曾摄一三等开口	通摄一三等合口	山摄一二等开口 咸摄一二等开口	臻摄一等开口和三等开口 深摄三等开口
《音泭》	二十六枫	三橙	一松	十一柑	七榛
	√	√	√	√	√

①洪音韵母中三等字主要是指知照组字和非组字，后同。

《辨微》	6 弯	7 温	8 汪	9 央	10 英
中古主要来源	山摄一二等合口	臻摄一二等合口	宕摄一三等合口	宕摄三等开口 江摄二等开口	梗摄三四等开口
《音泭》	九桓	五椿	二十五桄	二十七杨	四樱
	√	√	√	√	√

① 张世方：《北京官话语音研究》，北京语言大学出版社，2010，第 95 页。

《辨微》	11 雍	12 帑	13 赟	14 烟	15 因
中古主要来源	通摄合口三等牙喉音	山摄三四等合口	臻摄三等合口	山摄三四等开口 咸摄三四等开口	臻摄三等开口 深摄三等开口
《音泭》	三榕	十橼	六梮	十二棉	八檎
	√	√	√	√	√

《辨微》	16 阿	17 额	18 衣	19 歪	20 威
中古主要来源	假摄一二等开口	果摄一等开口 假摄三等开口（知章组）	止摄三等开口	蟹摄一二等合口	止摄三等合口（唇音字泥来母字除外）
《音泭》	三十二樝	三十五柯、二十四柿	二十椑、十九栀	二十八槐	二十三梅
	√	√〈	√〈	√	√〉

《辨微》	21 唉	22 餧	23 厓	24○	25 哇
中古主要来源	蟹摄一二等开口	止摄三等合口唇音字和泥来母字	蟹摄开口二等牙喉音		假摄二等合口
《音泭》	二十九柰	○	三十楷		三十一桦
	√	在二十三梅	√		√

《辨微》	26 窝	27 乌	28 爊	29 欧	30 夭
中古主要来源	果摄一等合口	遇摄一三等合口	效摄一二等开口	流摄一三等开口	效摄三四等开口
《音泭》	三十四椤	二十一梧	十三桃	十五槉	十四椒
	√	√	√	√	√

《辨微》	31 幽	32 呀	33 爷	34 呦	35 肥	36 於
中古来源	流摄三等开口	假摄开口二等牙喉音	假摄开口三等	宕通江山摄入声	山摄三四等合口入声	遇摄三等合口
《音泭》	十六榴	三十三柙	十八栵	三十六檏	十七橛	二十二樗
	√	√	√	√	√	√

两书在舒声韵母系统上基本一致，不同主要有以下几个方面。

①《辨微》中的“衣”韵，在《音泭》中有三个韵母。其中止摄开口三等的齿音字，读舌尖前后元音，在《音泭》中跟舌面元音分开，归为两个音位，但在《辨微》中却跟舌面元音归纳为一个音位。这点《音泭》与今北京音同。

②《辨微》中“威”韵和“餧”韵，在《音泭》中是一个韵母。即在《辨微》中止摄三等合口唇音字和泥来母字读开口音，失去了 u 介音，这点与今北京音相同。

③其中止摄开口三等日母字“儿耳二”等字，在《辨微》中读来母，跟“额”韵母同，而在《音泭》中读卷舌韵母。

（3）入声韵母

我们根据“正音切韵”，同时利用千字文中的四声相承，把入声字都归纳起来，主要得到以下几个韵母，然后再与《音泭》中的韵母进行比较（见表 7）。

表 7　《辨微》韵与《音泭》韵之比较

《辨微》韵	例字	例字	《音泭》韵
16 阿	戛喀哈搭达答踏沓纳衲捺呐八拔跋捌拉发法伐罚乏阀筏杀煞察帀攃萨	搭答塔塌闸乏法拉蜡哈拔砸撒煞发	三十二楂
17 额	割革葛隔鸽各阁格骼槅克刻磕咳客壳喝黑嚇合盒盍恶额讹德得悳忒特讷饽白帛百伯葡拨薄博驳钹泼抹莫末漠没膜殁默寞墨麦勒肋沩热浙折哲蜇设瑟摄舌涉则仄昃贼泽择宅摘翟责城恻拆册测策侧塞佛	摺磕抹佛弗热德麦百特则仄测塞册穑乐	三十五柯
18 衣	给及积藉集迹吉绩稷即极乞戚漆七习夕息席晰悉析昔锡媳乙壹亦的敌嫡笛迪狄籴逼笔璧壁必弼鼻碧闢辟僻密蜜立力日直植殖职执侄质赤湿石十拾识食实释适失	级笛逼席鼻执	二十椑、十九栀
25 哇	滑猾刷	刷	三十一桦
26 窝	国郭廓虢桲帼豁获或惑活夺洛烙络骆落乐桌绰说昨作索	夺阔活国昨弱	三十四椤

续表

<table>
<tr><th>《辨微》韵</th><th>例字</th><th>例字</th><th>《音泭》韵</th></tr>
<tr><td>27 乌</td><td>谷穀骨毂屋勿物督笃牍毒渎匵犊独读椟秃不木睦沐苜穆牧陆鹿禄录入辱竹祝筑烛嘱逐竺浊出黜怵戌叔孰熟殊属淑蜀术述赎足宿夙俗束速粟率肃续服伏茯复福幅拂弗腹覆</td><td>毒秃族俗不赎出</td><td>二十一梧</td></tr>
<tr><td>28 爊</td><td>薄凿</td><td></td><td>十三桃</td></tr>
<tr><td>29 欧</td><td>粥轴熟</td><td>妯熟</td><td>十五楧</td></tr>
<tr><td>30 夭</td><td>嚼</td><td>嚼学</td><td>十四椒</td></tr>
<tr><td>32 呀</td><td>甲袷颊夹荚瞎匣侠洽狎</td><td>夹掐恰</td><td>三十三柙</td></tr>
<tr><td>33 爷</td><td>接结杰桀碣竭絜洁节诘掖叶页业谒牒揲迭跌叠蝶贴鼈彆别擎咧列烈劣裂獵躐血泄屑协亵切妾窃</td><td>捻叠贴捷臬灭撇别瘪铁切裂</td><td>十八栵</td></tr>
<tr><td>34 呦</td><td>觉爵角雀脚确学哟若药岳嶽约乐钥略爵鹊削</td><td>学蓄浊卓戳虐药爵角鹊拙约说</td><td>三十六 檏</td></tr>
<tr><td>35 肥</td><td>阙缺厥蕨诀蕨哕月悦曰玥越粤刖钺阅绝雪</td><td>曰月撅厥缺雪穴</td><td>十七橛</td></tr>
<tr><td>36 於</td><td>鞠菊局掬橘踢曲屈麯玉浴欲育郁律绿</td><td>橘</td><td>二十二槬</td></tr>
<tr><td>22 餕</td><td>尅黑德忒勒贼墄塞</td><td rowspan="2">北</td><td rowspan="2">二十三梅</td></tr>
<tr><td>20 威</td><td></td></tr>
<tr><td>21 唉</td><td></td><td>拍伯白翟色</td><td>二十九柰</td></tr>
</table>

两书的各入声韵母来源也大致相同（两者收字都不全），不同的主要有以下几个方面。

①《音泭》三十六檏韵中的照组字读细音，《辨微》归在 26 窝韵中，读洪音。

②《音泭》二十九柰韵中的入声字，《辨微》归在 17 额韵中。

③《音泭》二十三梅韵中的入声字读合口音，《辨微》归在 22 餕韵中读开口音。

（4）声调

表 8 《辨微》与《音泭》声调比较

《辨微》	上平（阴平）	上	去	下平（阳平）
《音泭》	阴平	上	去	阳平

从表 8 的比较可以看出，《辨微》音系跟《音泭》音系基本一致，但也存在一些差异。这些差异有些可能是古今的差异，如“餧”韵的独立；有些可能是方音的反映，如“儿耳二”等字的读音。

作为正音书，在前面有北京音文献可供参考的情况下，如《李氏音鉴》《音泭》，《辨微》音系却跟土生土长的北京人的读音存在差异，这应该是由于当时北京音中，满人说的北京话跟道地北京人说的北京话存在少许的差异，后来道光庚子年（1840）满人裕恩所编的反映北京音的《音韵逢源》音系也是如此。在有清一代闽广的正音书中总能见到满人的影子，要么是满人所编，要么由满人所参校，这应该是满人的北京话在当时更具有权威性，彼时正音推广的正是满人所说的北京话的缘故。

（二）音系的构拟

通过上面的分析知道，书中音系是当时北京音的反映，其音系参考今北京音可以构拟如下。

声母：歌［k］珂［k‘］诃［x］额［Ø］德［t］忒［t‘］讷［n］波［p］颇［p‘］麽［m］勒［l］热［ʐ］遮［tʂ］车［tʂ‘］赊［ʂ］则［ʦ］城［ʦ‘］塞［s］佛［f］窝［v］居沮［ʨ］驱趋［ʨ‘］虚须［ɕ］。

韵母：1 昂［aŋ］2 鞥［əŋ］3 翁［uəŋ］4 安［an］5 恩［ən］6 弯［uan］7 温［uən］8 汪［uaŋ］9 央［iaŋ］10 英［iəŋ］11 雍［yəŋ］12 帤［yan］13 赟［yən］14 烟［ian］15 因［iən］16 阿［a］17 额［o］18 衣［i］［ɿ］［ʅ］19 歪［uai］20 威［uei］21 唉［ai］22 餧［ei］23 厓［iai］24○ 25 哇［ua］26 窝［uo］27 乌［u］28 爊［au］29 欧［əu］30 夭［iau］31 幽［iəu］32 呀［ia］33 爷［iɣ］34 呦［yo］35 肥［yɣ］36 於［y］。

声调：阴平［55］阳平［35］上声［214］去声［51］。

三 从《正音辨微》到《正音咀华》《正音切韵指掌》的变化

《正音咀华》对《正音辨微》做了些调整和补充，主要有以下几点。

（1）凡例前增加了“十问”。这十问是对一些音学术语做的解释，比如“正音”①、南音和北音等。

（2）增加了“正北音异”。列举了54个正音与北音读音有差异的字，如“着”字：正音朱或切，北音渣敖切。

（3）“音韵”部分，增加了声母（少数标目字更换了，发音部位名称有些也改变了）的读法，删掉了韵母的读法（见表9）。

表9 《正音咀华》中的声母读法

牙音	喉音	舌尖音	重唇音	卷舌	上腭音	齿缝音	轻唇音
戛喀	哈阿	搭他纳	巴葩麻	〇拉髾	渣叉沙	帀擦萨	发袜
用两腮内大牙力读	用喉气嘘嘘贯出读	用舌尖舔上读	用上下两唇相拍读	用舌头微微卷上读	用舌头缩短贴紧上腭读	用舌尖松放，顶出齿罅读	用唇如轻轻吹火读

（4）增加了“音注”部分。这部分对声母标目字和韵母标目字做了注音。如“戛，读作家”“肥，鱼靴切”。

（5）删掉了韵图——“正音切韵”部分。

（6）千字文部分叫作“同音汇注”。这部分改作只汇集常见的同音字，抛弃了四声相承的其他字。其中止摄开口三等日母字“儿耳二”等字，改作了卷舌髾母，韵与“衣”韵同。

从音系上看，最显著的变化就是：（1）分尖团；（2）入声独立。

《正音切韵指掌》是一部等韵化的韵书，是在“正音切韵”基础上进行的补充和修改，主要体现在以下几个方面。

（1）每韵以上平、下平、上声、去声和入声（入声配阴声）为次序，在“正音切韵”的基础上增补了上声、去声和入声部分的韵图，且在每个标目字后，列举了常见的同音字。这样音节和收字都比“正音切韵”要全面。

（2）每韵在平声前增加了“口法”，指明了该韵和《中原音韵》相关韵的关系（独立的入声韵说明中古的来源），并说明了该韵属于开合齐撮四呼的某呼。比如“於”韵的口法是“属鱼模撮口呼”，“曰”韵的口法是“属月越撮口诀之合口呼”。

① 莎氏说：“‘何为正音？’答曰：‘遵依钦定《字典》、《音韵阐微》之字音即正音也。’”“‘何为北音？’答曰：‘今在北燕建都，即以北京城话为北音。’”

（3）在每韵中各标目字的反切前增注了满文音。

（4）入声韵都独立成韵，即从原来与阴声韵的混读，变为与原来混读的阴声韵相配，并且把几个入声字较少的韵中的入声字删掉了，即 28 爊韵、29 欧韵、30 夭韵和 22 餕韵。这些被删掉的入声韵，主要是今北京音口语中的白读音。

（5）"类内"字归在"威"韵，读合口呼。

从音系上看，《正音切韵指掌》与《正音咀华》的音系基本上是一致的，但莎氏说正音是遵依《康熙字典》和《音韵阐微》的读音，这显然不符合实际。《正音切韵指掌》的音系与《康熙字典》和《音韵阐微》音系相差甚远，莎氏的说法只是个幌子而已，在当时的朝代面对皇帝钦定的权威韵书，莎氏不敢不说遵依，然而事实上《正音切韵指掌》音系却并没有遵依。那么《正音切韵指掌》音系究竟是一种什么样的语音呢？

《正音切韵指掌》音系是在《正音辨微》基础上修改后形成的，尽管跟《辨微》音系存在一定的差异，但大致框架还是一致的。这种音系只不过从口语音改成了读书音罢了，显得相对保守些。

From *ZhengYin Bian Wei* to *ZhengYin QieYun ZhiZhang*

Zhou Saihua

Abstract: This article makes a more detailed description of pronunciation phonology from *Zheng Yin Bian Wei*, and then with *Zheng Yin Ju Hua*, *Zheng Yin Qie Yun Zhi Zhang* to compare, pointing out what the latter two made in the phonological changes.

Keywords: *Zheng Yin Bian Wei*; Pronunciation Phonology; *Zheng Yin Ju Hua*; *Zheng Yin Qie Yun Zhi Zhang*

About the Author: Zhou Saihua (1969 –), Ph. D., Professor at School of Chinese Language and Literature, Hubei University. Research interests and specialties: phonology and dialect history. Magnum opuses: *Study on He Bing Zi Xue Pian Yun Bian Lan*, etc. E-mail: zhouzshbs@ sina. com.

王念孙《广雅疏证》与《博雅音》校文对《博雅音》语音研究的作用

张　冰*

摘　要　以往研究曹宪《博雅音》的音系，通常采用反切比较法，即把《博雅音》音切与《广韵》反切进行比较，从中找出二者语音的主要异同点。不过采用这种方法时，如果不注意厘清《博雅音》中有别于《广韵》记录的特殊音注，就很容易导致比较结果出现误差。而关于如何清理《博雅音》里的这些特殊音注，清代学者王念孙《广雅疏证》和《博雅音》校文的相关注解，能为我们提供很有价值的辨析线索。

关键词　《广雅疏证》　《博雅音》　反切比较法　音义对应

基金项目　国家社科基金一般项目“古汉语联绵词形音义综合研究”（项目编号：17BYY022）

《博雅音》是隋代曹宪为魏张揖的《广雅》所做的注音，因避隋炀帝名讳而称作《博雅音》。清代王念孙的《广雅疏证》是研究《广雅》的巅峰之作，疏通古训，触类旁通，创获独多，并且王念孙对曹宪音注也有详细的校证。当代学者对《博雅音》的语音研究，主要参考附于高邮王氏刻本《广雅疏证》之后经过王念孙校订过的曹宪音注材料。以往研究《博雅音》音系，一般采用反切比较法，就是将《博雅音》音切与《广韵》反切进行比较，从比较中找出二者语音的主要异同点。这种方法本身科学可

* 张冰（1977～），湖北大学文学院副教授，主要研究方向为汉语音韵学。电子邮箱：562221682@qq.com。

行，只是《博雅音》依据《广雅》注音，《广雅》博及群书，来源复杂，经学大师曹宪为之注音时，不可避免地做过一些析异读、辨异文、破假借、明故训、示字体的工作，而由这些工作所产生的“假性音注”以及该书不同于《广韵》收录的特殊音注，如果没有被辨别和清理出来，研究者采用这种方法就很容易受到字形相同的干扰而做出错误的比较，最终影响到研究结论的精确性。根据我们的考察，在以往对《博雅音》音切的相关研究中，确曾出现过因不明《博雅音》中的某些特殊音注而造成错误比较，导致研究结论有失精准的情况。那么，应该如何整理《博雅音》中的这些特殊音注以保证反切比较法的科学实施呢？在这方面，清代学者王念孙《广雅疏证》（以下简称《疏证》）和《博雅音》校文中的相关注解，能够给予我们很多提示和启发。

一 以往运用反切比较法研究《博雅音》语音遇到的问题*

在讨论王念孙《疏证》和《博雅音》校文对《博雅音》语音研究的价值之前，我们先列举几个《〈博雅音〉音系研究》[①] 中的用例，分析一下运用反切比较法时，如果不注意清理和辨别《博雅音》中的特殊音注，在研究中可能会遇到的相关问题。

（一）来源不同的音切的误比

《博雅音》中有一些音切跟《广韵》来源不同，如果不做相关考证和梳理就直接拿来与《广韵》对比，会造成一些音类存在相互纠葛的假象，例如：

（1）东一切钟：逯（力玉） 鹿（卢谷）（128） ［第 61 页］[②]

《广雅·释诂一》：“逯，行也。”《方言》卷十二：“逯，行也。”郭璞

---

* 本节所述问题，曾在拙著《中古音释书语音研究——以〈经典释文〉〈博雅音〉为中心》（湖北人民出版社，2007）中有所涉及。

① 丁锋：《〈博雅音〉音系研究》，北京大学出版社，1995。

② 本文一般直接引用丁锋书的用例，并在“［］”内标出该例在书中出现的页码；而在丁锋先生的例证中，“（）”内的反切注音出自《广韵》，“（）”内的数字则是他编制的该例在《博雅音》中顺次而出的序号。以下引例皆同。

注："逯，音鹿，亦录。""逯"的两个异读在郭璞注中都有存录，而曹宪注音"鹿"跟《广韵》所收"力玉切（音同录）"则各取其一，二者不能作为来源相同的读音进行比较，去证明东、钟入声韵屋、烛的相混。

（2）非切敷：拊（芳武）　方宇（342）　［第8页］

《广雅·释诂一》："拊，疾也。"《广韵》芳武切："拊，拍也，《说文》：'插也。'"《广韵》的"芳武切"并没有记录"疾"义。考察《方言》卷十二："拊，疾也。"郭璞注："谓急疾也。音府。"曹宪的"方宇"一音正与郭璞的直音"府"相合，也都表示"疾"义，《博雅音》中的"拊"显然与《广韵》中的"拊"具有不同的音义来源，二者没有可比性。

（二）音义不同的同形字语音误比

运用反切比较法的前提条件是不同音释书或韵书中所收的同一个字记录的意义也应相同，换言之，这种方法需要结合意义从同词的角度去做语音比较，不能只看字形的相同。而在丁锋先生的研究中，有的地方采取的是只据相同字形以比较字音的方法，这在一定程度上影响了相关结论的精确性，例如：

（3）来切澄：杝（池尔）　離（力智）（3295）　［第29页］

丁锋先生认为这里"来切澄"是孤例，应是误切："杝音離，離为离（丑知切）之误。"① 其实他没有结合意义来看"杝"的这个读音。《广雅·释宫》："藩，……落，杝也。""杝"字在《广韵》中录有两个音义：一为"弋支切"，义为"木名"；一为"池尔切"，义为"析薪"。意义皆与《广雅》所指的"藩篱"义不合。王念孙《疏证》："杝，今篱字也。《说文》：'杝，落也。'王逸注《招魂》云：'柴落为篱。'《众经音义》卷十四云：'篱，杝同，力支反。'"又《集韵》邻知切："篱，藩也。或作杝。"王念孙的《疏证》和《集韵》的记录都表明，《广雅》的"杝"实际与"篱"记录的是同一个词，而曹宪为"杝"所注的直音"離"，在《广韵》中与"篱"读音正好相同。

---

① 丁锋：《〈博雅音〉音系研究》，第31页。

（三）不明假性音注造成的误比

《广雅》所收的字词多从经籍而出，而曹宪作为一代经学大师，在为《广雅》注音时一定会参考相关的经籍用字和注释情况，因此他的注音难免会存在一些“假性音注”的情况，即根据《广雅》所出字在经籍中或因通假，或因异文而产生的用字去注音。而丁锋先生对这类音切，有些没有做相应的辨析和清理就直接拿去跟《广韵》比较，因而得出的相关结论也有值得商榷的地方，例如：

（4）船切常：眂（常利）　示（神示）（526）　［第15页］

《广雅·释诂一》：“眂，语也。”“眂”，《广韵》录有“承矢切”“都奚切”等音，与“视”同，音义皆与《博雅音》记录不符。王念孙《疏证》：“眂者，王逸注《九章》云：‘示，语也。’示与眂通。”在表示“语”义上，“眂”与“示”有通假关系，曹宪在这里其实是依据经籍用字以“示”为“眂”注音。这种注音有指示通假的作用，并不适合直接进行语音比较。

（5）见溪混切：搴（九辇）　骞（去乾）（663）　［第28页］

《广雅·释诂一》：“搴，举也。”“搴”，《广韵》“九辇切”，表示“取”义，音义与《博雅音》记录不合。“搴”在经籍里用作“褰”。王念孙《疏证》：“搴者，《说文》：‘攓，抠衣也。’《郑风·褰裳》篇云：‘褰裳涉溱。’《庄子·山木》篇云：‘褰裳躩步。’并与搴通。”“褰”，《广韵》“去乾切”，曹宪的直音“骞”跟“褰”读音相同，他在这里应该是根据经籍用字“褰”而为“搴”注音的。

从以上举例中可以看到，《博雅音》音切来源复杂，如果不注意结合音义，对其中一些有别于《广韵》记录的特殊音注做出相应的清理和辨析工作，势必会影响到反切比较法的研究效用。

二　王念孙的启示作用

上述研究之所以出现音切之间的误比情况，主要是没有注意厘清存在于《博雅音》中的某些特殊音注造成的，而关于如何梳理曹宪音切中的这些特殊音注，清代学者王念孙《疏证》和《博雅音》校文中的相关注解，对我们研究《博雅音》语音启示作用很大，大致包括如下几个方面。

（一）揭示被注字读音跟《广韵》有不同来源

1. 揭示被注字所记录的音义来自《方言》

《广雅》之训，不少出自《方言》。王念孙《疏证·序》云：“（《广雅》）依乎《尔雅》，凡所不载，悉著于篇……《仓颉》《训纂》《滂喜》《方言》《说文》之说，靡不兼载。”由于《方言》中有些词汇音义比较特殊，《广韵》的收录并不可能都有兼顾，但曹宪注音时多会参考郭璞为《方言》所做的音注，这就使得曹宪所注来自《方言》郭璞音的音切，很多时候跟《广韵》的记录并不对当。而王念孙对《方言》有过精深的研究，他的《疏证》对于《广雅》中出自《方言》的训释一般有提示，有的甚至列出不同于《广韵》记录的郭璞注音，这可以启示我们去逐一排查《博雅音》中存录的出自《方言》且有别于《广韵》记录的这类特殊音注。例如：

（6）《博雅音》卷十：“蘴，豐，又嵩。”

《广雅·释草》：“蘴，荛，芜菁也。”“蘴”，《广韵》录有“敷空切”“敷容切”二音，曹宪的直音“豐”跟《广韵》的“敷空”读音相同，而又音“嵩”跟《广韵》的“敷容”读音不对当，但其实二者的读音在《方言》郭璞注音中都能找到来源。王念孙《疏证》：“《方言》云：‘陈楚之郊谓之蘴，鲁齐之郊谓之荛，关之东西谓之芜菁……’郭璞注云：‘蘴，旧音蜂，今江东音嵩，字作菘也。’”王念孙在这里引用来自《方言》郭璞的注音，揭示了《博雅音》的又音“嵩”和《广韵》的“敷容切（音同蜂）”，二者其实是异读的关系。

（7）《博雅音》卷十：“辟，避。”

《广雅·释兽》：“辟雉，鸡也。”“辟”，《广韵》录有“房益切”“必益切”“芳辟切”三个读音，与《博雅音》的直音“避”皆不同音。王念孙《疏证》：“《方言》：‘鸡，陈楚宋魏之间谓之鸊鴏。’郭璞音‘避祇’。鸊鴏，与辟雉同。”王念孙在这里引用来自《方言》郭璞的注音，揭示了《博雅音》对于表示“鸡”义的“辟雉”的“辟”的注音，有跟《广韵》不同的来源。

根据我们的考察，《博雅音》注音中有多条出自《方言》郭璞注的音切，其中有51条（含48字）跟《广韵》所录音义不一致，另有15条《广韵》缺录被注字或不录被注字出自《方言》的读音。

2. 揭示被注字所记录的音义来自经师注释

除了揭示《博雅音》中有的被注字音义来自《方言》外，王念孙的《疏证》还间或考证《博雅音》中某些被注字的读音来自经师的注音。例如：

(8)《博雅音》卷六："軳，牛力。"

《广雅·释训》："軫軳，转戾也。""軳"，《广韵》"薄褒切"，与《博雅音》"牛力"一音不合。王念孙《疏证》："軫軳，双声字也，或作'抮抱'，又作'纱抱'。《淮南子·原道训》：'扶摇抮抱羊角而上。'高注云：'抮抱，了戾也……抱，读《诗》克岐克嶷之嶷。'……《本经训》：'菱杼纱抱。'注云：'纱，戾也。抱，转也……抱，读岐嶷之嶷。'高注读抱为嶷，正与'牛力反'之音相合。"此"嶷"字在《广韵》中为"鱼力切"，王念孙在这里引用高诱的相关注释，意在表明曹宪为"軳"所注的"牛力"一音当来源于高诱的注音。

王念孙根据意义，揭示《博雅音》相关被注字的音义出自《方言》或某位经师的注释，跟《广韵》有不同来源，启示我们在整理这些特殊音注时，不宜再拿它们跟《广韵》比较，而只能是清理出来作为参考。

（二）揭示某些字字形不同实则同词的语言事实

邵荣芬先生在《〈五经文字〉的直音和反切》一文中谈到采用反切比较法研究《五经文字》的音切时，认为"比较的先决条件当然是《文字》(《五经文字》的简称）和《广韵》两书都收有某字"，但同时申明："当然光是两书同收某字，还不就是具备了比较的充分条件，这两个字还必须在意义上相同才行。"[①] 他以《文字》《广韵》都收的"倬"字为例[②]，指出两书所收"倬"的音义其实都不相同，但结合音义却可证《文字》的

① 邵荣芬：《〈五经文字〉的直音和反切》，载《邵荣芬语言学论文集》，商务印书馆，2009，第164页。

② 《文字》：倬，都但反，厚也，见《诗·大雅》。《广韵》：倬，徒案切，疾也，《周礼》云："句兵欲无倬。"（翰韵） 徒旱切，疾也，本音去声。（旱韵）

“倠”就是《广韵》的“亶”[1]，主张“只能以《文字》的‘倠’和《广韵》的‘亶’比较，而不能以《文字》的‘倠’和《广韵》的‘倠’比较”。[2] 在该文中邵先生提到运用反切比较法时会受到同字表象的干扰，从方法论上强调了同词比较的重要性。事实上，在《博雅音》的被注字中，也存在一些字跟《广韵》所收的字字形虽相同，实际记录的却是不同的词，但是结合意义来看，又跟《广韵》里字形不同的另外的字记录的是同一个词。因此，反切比较法的前提一定是基于被比较对象意义相同，而在这个方面，王念孙的《疏证》不受字形局限、因声求义的考证特点，正好能给我们在寻求同词比较的过程中带来很多启发，例如：

(9)《博雅音》卷二：“谯，慈曜。”

《广雅·释诂二》：“谯，诘，让也。”“谯”，《广韵》“昨焦切”，义为“国名，又姓”，与《博雅音》所录音义不符。王念孙《疏证》：“《金縢》云：‘王亦未敢诮公。’《管子·立政》篇云：‘里尉以谯于游宗。’谯，与诮同。”这里王念孙揭示“谯”“诮”实为一词，而《广韵》“才笑切”下录“诮”，释为“责”义，正与此处表示“责让”义的“谯”音义相合，所以根据意义我们应该拿《博雅音》的“谯”跟《广韵》的“诮”进行读音上的比较。

(10)《博雅音》卷三：“眠，迷殿。”

《广雅·释诂三》：“眠，乱也。”“眠”，《广韵》“莫贤切”，义为“寐也”，与《博雅音》所录音义不合。王念孙《疏证》：“眠，字或作瞑。《玉篇》瞑音眉田切，又音麪。《荀子·非十二子》篇：‘瞑瞑然。’杨倞注云：‘瞑瞑，视不审之貌。’《淮南子·览冥训》云：‘其视瞑瞑。’并与眠同。”王念孙认为在这里“眠”与“瞑”实同一词，而《广韵》“莫甸切”下录“瞑”，意义为“瞑眩”，正与此处“眠”的音义相合。因此，在表示“昏乱”义上，《博雅音》的“眠”跟《广韵》的“瞑”记录的是同一个词。

(11)《博雅音》卷八：“箽，乎江。”

《广雅·释器》：“箽篗谓之筞。”“箽”，《广韵》录有“古送切”一

[1] 《广韵·旱韵》：“亶，信也，厚也，大也，多也，谷也，多旱切。”

[2] 邵荣芬：《〈五经文字〉的直音和反切》，载《邵荣芬语言学论文集》，第165页。

音，释为“杯筹名”，音义与《博雅音》记录不符。王念孙《疏证》：“《说文》‘棒，棒双也’，‘笨，棒双也’。徐锴《传》引《字书》云：‘筝篗，帆也。’筝篗与棒双同。《广韵》云：‘棒篗，帆未张。’”这里王念孙认为“筝（篗）”与“棒（双）”实同一词。《广韵》“下江切”下录有“棒”，释为“棒篗，帆未张”，正与这里的“筝（篗）”音义相同。

王念孙的《疏证》不拘字形，对经籍里异字同词现象所做的提示，可以帮助我们正确地比证《博雅音》与《广韵》的相关记录，达到反切比较法的精准化运用。

（三）揭示异文通假现象

《博雅音》是为《广雅》而做的注音，而《广雅》的性质决定了《博雅音》音注材料相对复杂，因为《广雅》搜罗甚富，王念孙《疏证·序》云：“其自《易》、《书》、《诗》、三《礼》、三《传》经师之训；《论语》《孟子》《鸿烈》《法言》之注；《楚辞》、汉赋之解；谶纬之记……靡不兼载。”可见《广雅》所收的字词多从经籍而出，曹宪为之注音时，不免会做一些示明故训、辨析异文通假的工作，如果不明由这些工作所产生的“假性音注”，就会影响反切比较法的比对效果。王念孙《疏证》最大的特点就是旁征博引，参互比证，据音以求字，因文以考义，所以《博雅音》中不少“假性音注”，在王念孙的《疏证》中都能找到辨析的线索和源头。因此透过王念孙博考的经籍用例和揭示的异文通假现象，我们可以将《博雅音》中相关的特殊音注清理出来，依其经籍用字来比对《博雅音》所注音切。举例如下：

（12）《博雅音》卷一：“併，步怜。”

《广雅·释诂一》：“併罗，列也。”“併”，《广韵》有“畀政切”“薄幸切”“必郢切”“蒲迥切”四个反切注音，都与《博雅音》此处的读音不同，但“併”在经籍中作“骈”。王念孙《疏证》：“併罗者，併，曹宪音步怜反。《管子·四称》篇云：‘入则乘等，出则党骈。’骈与併通。……扬雄《甘泉赋》云：‘骈罗列布，鳞以杂沓兮’。”“骈”，《广韵》录为“部田切”，正与曹宪注音“步怜”读音相当。

（13）《博雅音》卷一：“㾓，始药，以灼。”

《广雅·释诂一》：“㾓，病也。”“㾓”，《广韵》有“力照切”和

“卢各切”二音，都表示“治病”义，音义与此处《博雅音》的记录皆不合，但在经籍中“瘰”“铄”通用。王念孙《疏证》：“瘰者，《楚辞·九辩》：‘形销铄而瘀伤。’王逸注云：‘身体燋枯，被病久也。’《众经音义》卷四引《三仓》云：‘铄，病消瘰也。’瘰与铄通。”“铄”，《广韵》录有“书药切”一音，《集韵》又录有“弋灼切”一音，二者跟此处《博雅音》的“始药”“以灼”读音各自对应。

（14）《博雅音》卷二：“嚜，眉北。”

《广雅·释诂二》：“嚜杘，欺也。”“嚜”，《广韵》“明祕切”，读音与《博雅音》“眉北”不同，但“嚜”在经籍里用作“墨”。王念孙《疏证》：“嚜杘者，《方言》：‘嚜杘，狯也，江湘之间，凡小儿多诈而狯，谓之嚜杘。’《列子·力命》篇云：‘墨杘单至。’墨与嚜通。”“墨”，《广韵》录为“莫北切”，正与此处“眉北”音同。

（15）《博雅音》卷五：“伶，力政。”

《广雅·释言》：“令，伶也。”“伶”，《广韵》“郎丁切”，表示“乐人”之义，音义与此处《博雅音》的记录不符，但“伶”在经籍中通“令”。王念孙《疏证》：“《秦风·车邻》篇：‘寺人之令。’《韩诗》作伶，云：‘使伶也。’”“令”在《广韵》“力政切”的读音正与《博雅音》注音相同。

（16）《博雅音》卷七：“篻，力枕。”

《广雅·释器》：“篻，篅也。”“篻”，《广韵》“力寻切”，义为“篻箊，竹名”，音义与此处《博雅音》的记录不合。“篻”在经籍中用作“廪”。王念孙《疏证》：“篻，曹宪音廪[1]，古通作廪。《管子·戒》篇云：‘桓公弋在廪。’……徐爰注《射雉赋》云：‘廪，篅中盛饮食处。今俗呼篅名曰仓也。’”“廪”，《广韵》“力稔切”，读音正与《博雅音》“力枕”相同。

（四）揭示讹音

《博雅音》音切中也存在少数因曹宪本人的疏忽而造成的讹音，这些错误比较隐蔽，不易被人发现，而王念孙将音义结合起来，做了不少细致

① “廪”与“力枕”读音相当。

的考证工作，在《疏证》和《博雅音》校文中，针对曹宪的注音错误，王念孙都曾随文做过指误说明，例如：

(17)《博雅音》卷一："亢，乎郎。"

《广雅·释诂一》："亢，极也。"王念孙《博雅音》校文："《广雅》训亢为极，则当音口浪反。"此处王念孙根据意义，指出曹宪的"乎郎"一音并不对应"极"义。按，《周易·乾》："上九：亢龙有悔。"陆德明音义："亢，苦浪反。子夏传云：'极也。'《广雅》云：'高也。'"《慧琳音义》卷十："亢阳，上康浪反。《考声》：'亢，极也。'"《玉篇》："亢，户唐、古郎二切，人颈也。又苦浪切，高也。"都可证曹宪注音确误，而王念孙校订精准。

(18)《博雅音》卷一："券，去愿。"

《广雅·释诂一》："券，极也。"王念孙《博雅音》校文："券极之券，字从力，音巨眷反；契券之券，字从刀，音去愿反。《广雅》训为极，而曹宪音去愿，则是误以为契券字矣。"王念孙在这里结合意义，指出"去愿"一音实则是曹宪将"券"误作"券"而注的讹音。

(19)《博雅音》卷八："覈，苦吊。"

《广雅·释器》："覈，骨也。"王念孙《博雅音》校文："蔡邕注《典引》云：'肉曰肴，骨曰覈。'《广雅》：'覈，骨也。肴，肉也。'义本于此。'覈'即《诗》'殽核维旅'之'核'，不当音'苦吊反'，'苦吊'乃窍字之音也。"此处王念孙根据意义，说明曹宪的"苦吊"一音，其实是他误将"覈"当作"窍"而作的讹音。

(20)《博雅音》卷一："摯，贞二，又至。"

《广雅·释诂一》："摰，解也。"王念孙《疏证》："摰、摯二字音义各别，摰音充世反，与掣同，引也，又解也，字从手，執声。摯音至，又音贞二反，握持也，字从手，执声。《广雅》摰训为解，当音充世反，曹宪音贞二反，又音至，皆失之也。"此处王念孙结合意义，辨析曹宪的"贞二""至"二音，是其误将"摰"当作"摯"所注的讹音。

(21)《博雅音》卷二："趚，七咨，又步末。"

《广雅·释诂二》："趚，猝也。"王念孙《疏证》："趚，从走，朿声，仓卒也，音七咨反，与趚字异。趚，从走，市声，《广韵》与跡同，行貌也，音步末反。《广雅》趚训为猝，当音七咨反，曹宪又音步末反，失之。”王念孙在这里结合意义，指出“越”的又音“步末”，其实是“𧾷”的读音。

（22）《博雅音》卷二：“擖，落合。”

《广雅·释诂二》：“擖，搔也。”王念孙《疏证》：“擖、擸二字音义各别。擖音公八、口八二反，刮也，字从手，葛声。擸音腊，又音猎。《说文》：‘理持也。’字从手，巤声。诸书中擸字或作擖者，皆俗书之误，犹伏腊之腊，俗作臈也。《广雅》擖训为搔，当读公八、口八二反，曹宪读与腊同，失之。”此处王念孙结合意义，辨析曹宪的“落合”一音，是其误将“擖”当作“擸”而注的讹音。

上述王念孙对于相关讹音的辨析，都是紧密结合相应意义进行的，这些校正工作可以帮助我们避免错误的比对。

（五）揭示曹宪音注中存在以直音的形式说明字体关系的情况

《博雅音》博采众家音注，注音情况比较复杂，在曹宪注音中存在的一些“假性音注”，除了根据《广雅》被注字在经籍中或因通假，或因异文所产生的用字而作的注音外，另有一些音注条目是指明字体的。周祖谟先生曾在《读王念孙〈广雅疏证〉简论》一文中提到：“曹宪的《博雅音》除依字注音以外，间或说明字体。”① 事实上，王念孙在给《博雅音》卷四“奖，獎”条做校注时，就已经指出：“獎，俗奖字。曹宪每用俗字为音，取其易晓也。”他在这里明确揭示了《博雅音》音注中存在以直音的形式指示字体关系的“假性音注”现象。

经过系统梳理，我们统计出《博雅音》中有64条音注（含61字）都是以直音的形式指示字体关系的②：

𢾾：敦（卷一）、員：負（卷一）、灋：法（卷一）、欵：款（卷一）、軫：𨋍（卷一）、𥳑：毒（卷一）、椉：乘（卷一）、豔：艷（卷一）、敕：勑（卷一；卷四）、厺：去（卷二）、㮚：栗（卷二）、𨒪：退（卷二）、苝：乖（卷二）、𧨾：誑（卷二）、㙷：執（卷

① 周祖谟：《读王念孙〈广雅疏证〉简论》，《兰州大学学报》（哲学社会科学版）1979年第1期。

② 为准确显示字体关系，本文所示例证皆采用《博雅音》原书文字面貌。

三）、寡：寡（卷三）、弜：弱（卷三）、效：教（卷三）、滐：湊（卷三）、搊：抽（卷三）、霝：零（卷三）、㪔：散（卷三）、𤆍：然（卷三；卷五）、彌：弥（卷三）、迡：遲（卷三）、虘：虐（卷三）、凖：准（卷三）、晃：晃（卷四）、旳：的（卷四）、諭：諭（卷四）、梗：梗（卷四）、很：很（卷四；卷四）、限：限（卷四）、禱：禱（卷四）、擣：擣（卷四）、弊：弊（卷四）、箋：牋（卷四）、衷：表（卷四）、書：書（卷四）、檢：撿（卷四）、𤈦：燼（卷四）、宜：宜（卷五）、淩：凌（卷五）、搯：抽（卷五）、湊：湊（卷五）、還：還（卷五）、更：更（卷五）、摘：擿（卷五）、㠯：以（卷五）、蠢：蠢（卷五）、解：懈（卷五）、慣：愦（卷六）、罔：罔（卷六）、檐：簷（卷七）、絝：袴（卷七）、孰：熟（卷八）、寢：寢（卷八）、翅：翅（卷八）、緣：緣（卷八）、原：原（卷九）、虵：蛇（卷十）

上述音注只是说明字体，对于《博雅音》语音研究的作用不大，我们可以将之视为无效音注而排除在音切比较之外。

三　王念孙《博雅音》校文的个别疏误之处对《博雅音》语音研究的消极影响

周祖谟对王念孙《疏证》和《博雅音》校文做过这样的评价：“王氏既以各种明刻本互校，又采用影宋本以正明本之失，并旁考《说文》、《玉篇》、玄应《一切经音义》、《太平御览》、《集韵》等书，以正唐宋以后传写之误。所校原书伪误错乱脱夺处竟达一千余条，颇费心力，虽有小失，如曹宪音释中‘口音’二字都误改为‘又音’，然大都精确可信。”[①] 关于王念孙将《博雅音》的“口音”误校为“又音”，后来邵荣芬[②]、丁锋[③]、

① 周祖谟：《读王念孙〈广雅疏证〉简论》，《兰州大学学报》（哲学社会科学版）1979年第1期。

② 邵荣芬：《切韵研究》，中国社会科学出版社，1982，第4页。

③ 丁锋：《〈博雅音〉音系研究》，第119页。

雷昌蛟①等学者也都提出过相关批评，尤其丁锋、雷昌蛟在研究《博雅音》语音时，特地将王念孙误校的“口音”一一还原，并跟“正音”一起做过专门讨论。我们也认为将“口音”改为“又音”是王念孙的误校，这样处理带来的消极影响就是，不承认与“正音”具有对立关系的“口音”存在，在一定程度上就会掩盖《博雅音》中某些音类有所区分的重要信息。比如“痨，靡宜，口音无悲”（卷五），正音和口音的对立显示了支、脂韵的区别；“匜，泉，正音旋”（卷七），口音和正音的对立显示了声母从、邪的区别；等等。所以王念孙将曹宪音注中的“口音”误改为“又音”，这种处理方式忽略了曹宪音系中“口音”和“正音”的不同，容易掩盖存在于二者之间的重要的语音差异现象。当然，虽然存在个别消极作用，总体来说还是瑕不掩瑜，王念孙《疏证》和《博雅音》校文的相关注解，在《博雅音》语音研究中参考价值很高。

The Effects of Wang Niansun's *Guangya Shu Zheng* and the Proofreading of *Boya Yin* on the Phonetic Study of *Boya Yin*

Zhang Bing

Abstract: The comparison of Fanqie（反切）was formerly used in the study on the phonetic system in *Boya Yin*（博雅音）of Cao Xian（曹宪）. Similarities and differences were found after comparing Yinqie（音切）of *Boya Yin* with Fanqie of *Guang Yun*（广韵）. However, adopting this method is easy to cause errors in comparison results, if not paying attention to clarifying the special notes in *Boya Yin* that are different from those recorded in *Guang Yun*. Concerning the collection of special notes in *Boya Yin*, *Guangya Shuzheng*（广雅疏证）and the relevant annotations in the proofreading of *Boya Yin* can provide valuable clues.

Keywords: *Guangya Shuzheng*（广雅疏证）; *Boya Yin*（博雅音）; The

① 雷昌蛟：《〈博雅音〉“口音”试析》，《语言研究》1998 年增刊。

Comparison of Fanqie; Correspondence Between Phonetic Notation and Definition

About the Author: Zhang Bing (1977 –), Associate Professor at School of Chinese Language and Literature, Hubei University. Research interests and specialties: Chinese language phonology. Email: 562221682@ qq. com.

《现代汉语词典》第6版词条增删定量分析

张道升* 王 俊**

摘 要 《现代汉语词典》第6版于2012年6月出版，距《现代汉语词典》第5版出版已有7年，在此期间，我国在政治、经济、文化等社会各方面日新月异。与其相伴，语言也是随着社会的发展而不断变化的，其中词汇则更是处于不断变改之中。本论文首先以定量分析的方法将《现代汉语词典》第6版和《现代汉语词典》第5版两部词典的词条相参照并做统计分析，找寻出两部词典在词条方面的增删。据统计，《现代汉语词典》第6版增加条目4347个，删减条目321个。其中，单字条目收录增加475个，删减209个；多字条目收录增加3814个，删减109个。接着研究《现代汉语词典》第6版中关于词条方面的改变及其原因，并对存有争议的词条收录进行论述分析。

关键词 《现代汉语词典》第6版；词条增删；定量分析

基金项目 安徽省哲学社会科学规划一般项目“《汉语大字典》未编码字研究”（项目编号：AHSKY2019D104）

《现代汉语词典》（以下简称《现汉》）自1978年至2012年已经历经五次修订，共出版6版，分别是：1978年第1版、1983年第2版、1996年第3版、2002年增补本（第4版）、2005年第5版和2012年第6版。

---

* 张道升（1976～），博士，合肥师范学院文学院教授，硕士生导师。主要研究方向为汉语言文字学。电子邮箱：zds826@163.com。

** 王俊（1990～），合肥师范学院文学院2013届本科生，主要研究方向为汉语言文字学。

每一次的修订，都是主要对条目进行修订，简言之，即对条目进行增、删、改。[①] 而本文主要选取修订中的增和删作为研究论述对象。

论及词条，为防止概念混淆，有必要同时说明词目的定义。“词目”在《现汉》中的释义为：“辞书中作为注释对象的词语。”而“词条”在《现汉》中的释义为：“辞书中由词目和对词目的注音、解释等组成的一个个的条目。”可以看出，词条包括词目，词目是词条的组成部分。在《现汉》中，词条具体组成部分分别是词目、注音、词类标注和释义，格式一般为：词目+注音+词类标注+释义部分（穿插例词、例句、插图等）。

所谓定量分析，其在《现汉》中的释义为：“分析化学上测定某种物质所含各种成分数量多少的方法。”沿用于此处，即是对《现汉》第6版所含各类词条的增删数量的分析方法。具体方法是划分词条类别，统计出《现汉》第6版相较于《现汉》第5版各类词条增删数据（兼带统计非词语条目增删），并依据统计数据建立图表，最后根据图表数据做分析论述，探讨《现汉》第6版的新变及所透露的信息，还可以促进词典编纂的规范。

一　数据来源、处理及统计对象的选择

（一）数据来源和处理

本文的全部数据都来自于笔者自首至尾将《现汉》第6版和《现汉》第5版两部词典的每个词条逐一相互对照并做记录，进而整理分类，然后统计各类删减的数据。最后，在数据的处理上，主要以制作成表格的形式来说明统计结果，另有一些数据会穿插应用在后文中，不制作成表格。

（二）统计对象的选择

1. 修订对象的选择统计

在“《现代汉语词典》第6版说明”中明确列举出了此次修订的九大

① 参见曹国军《〈现代汉语词典〉（第5版）对语言规范的修订》，《现代语文》（语言研究版）2006年第3期。

主要内容，此次修订对象主要是注音、释义、用例等，主要都是围绕条目做的修订。在前文中提到，词条包括词目、注音、词类标注、释义、用例、用词、插图等部分，那么对于词条的修订，主要内容是增删整个词条（包含分合），以及增、删和改词条的各个组成部分。而本文则是以“增删整个词条（包含分合）”作为统计研究对象来统计数据。实际上，分化（分立）词条亦为增加词条的数量，合并词条亦为删减词条的数量，当然关于词条的分合这一部分将单独分开探讨。

2. 统计对象的分类选择

在将《现汉》第6版和《现汉》第5版两部词典的每个词条以整体词条为单位统计增删数量的过程中，本人参照《现汉》第6版和《现汉》第5版两部词典的“凡例”部分，将数据统计的分类选择如下。

（1）总体分为单字条目与多字条目

《现汉》第6版在条目安排上，总体上分为单字条目和多字条目。其中，单字条目的注释对象分为单个的字和单个的词，多字条目的注释对象分为词语（多为三字及以下）和短语（多为四字及以上）。依照此条目安排，本文在总体上同样划分为单字条目和多字条目两大类。

（2）按照词类

《现汉》第6版在凡例中的“词类标注”中说明：“本词典在区分词与非词的基础上给单字条目、多字条目标注词类”，“多字条目中词组、成语和其他熟语等不做标注”，“把词分为12大类：名词、动词、形容词、数词、量词、代词、副词、介词、连词、助词、叹词、拟声词”。据此，本文只对标注词类的条目做统计，未标注词类的条目不在统计范围之内（另设短语条目一类做数据统计）。

（3）分立条目

在《现汉》第5版凡例中“释义”部分说明“有些单字条目，仅带一个多音词，这个多音词外面加上‘［］’，就附列在单字注中，不另立条目”，但在第6版中则另立条目。例如：

第5版：

叆（靉）ài［叆叇］（àidài）〈书〉形 形容浓云蔽日：暮云～。

第6版：

叆（靉）ài 见下。

【叆叇】（àidài）〈书〉形 形容浓云蔽日：暮云～。

如此，将单字与词语分开注释，实际上增加了词条数量。针对此现象，本文划分“分立条目”一类，在数量上做统计并形成数据，所统计出的数据亦为增加的词条数量。

（4）分化

分化现象在《现汉》第 6 版中是指有一个或一个以上词类标注的单个条目分化为两个或两个以上条目。例如：

第 5 版：

【套装】tàozhuāng 名 指上下身配套设计、用同一面料制作的服装，也有用不同面料搭配制作的。也叫套服。

第 6 版：

【套装】tàozhuāng 名 指上下身配套设计、用同一面料制作的服装，也有用不同面料搭配制作的：职业～。也叫套服。

【套装】tàozhuāng 名 成套产品的组合包装：～产品｜香水～｜杀毒软件～。

本文划分出分化一类，数据统计方法详见表 3。

（5）合并

与分化现象相反，合并现象在《现汉》第 6 版中是指两个或两个以上词目相同且有词类标注（相同词类或不同词类）的条目合并为一个条目。例如“入伙”：

第 5 版：

【入伙】[1]rù//huǒ 动 加入某个集体或集团。

【入伙】[2]rù//huǒ 动 加入集体伙食。

第 6 版：

【入伙】rù//huǒ 动 ①加入集体伙食。②加入某个集体或集团。

本文亦划分出合并一类，数据统计方法详见表 3。

（6）字母词

“字母词”在《现汉》中的释义为：“由西文字母构成或其中包含西文字母的词语的通称，如‘DVD、AA 制’等。”可见字母词是指现代汉语中的外语原形词及其缩略形式以及字母加汉字形式。因此，属于特殊的一类。考虑及此，本文中将字母词的条目划分为一类，做数据统计和分析。

3. 条目在合并、分化后的数量统计选择

前面阐述了分化和合并现象，那么，对它们的数量统计也是有选择的。针对分化现象，数量统计按照词类进行，即统计增加的条目数量，但原第一个词类不算在内。同理，针对合并现象，数量统计也是按照词类进行，即统计删减的条目数量，原第一个也不算在统计范围内。例如：【套装】分化后数量增加一个，【入伙】合并后条目减少一个。

二 统计结果及分析

（一）统计结果

依据前述分类和方法，在统计出各类数据后，统计结果见表1～4（兼类词以第一词性计数，增删数量为括号内数值）。

表1 单字条目与多字条目增删统计表

类别	单字条目	多字条目	字母词	总计
增加数量	475	3814	58	4347
删减数量	209	109	3	321

注："多字条目"一栏由表2、表3中数据（"增加"为括号内数据）相加而得。

表2 各词类条目增删统计总表

词类	名词	动词	拟声词	形容词	副词	连词	数词	代词	介词	助词	量词	总计
增加数量	1418（1402）	850	4	235（227）	41（39）	6	1	1	1	1	2	2560（2534）
删减数量	59	25	0	9	1	1	0	0	0	1	1	97

注："总计"括号内数据为计加入"多字条目"一栏。

表3 分立条目与短语条目增删统计表

类别	分立条目	短语条目	总计
增加数量	669	611	1280
删减数量	0	12	12

注："分立条目"一栏数据也为词条增加数据，"短语条目"一栏中的数据也作计加入表1"多字条目"一栏。

表4 条目的分化与合并统计表

类别	合并条目	分化条目	总计
数量	130	48	178

（二）统计结果分析

1. 单字条目与多字条目

根据表1可以计算出单字条目在增加条目方面占条目总增加数约为10.9%，多字条目约占87.7%；而在删减条目方面，单字条目的删减约占总删减量的65.1%，多字条目则约占34.0%。两相对比，很明显，单字条目的条目增加数量远远少于多字条目，而单字条目的条目删减数量远多于多字条目。究其原因，周荐认为是在20世纪初自白话文普及后，现代汉语使用中基本上是多音节词，而单音节词使用得很少，并且随着社会的不断向前发展，旧有的单字和旧词汇逐渐被淘汰乃至于几乎不再被使用。① 虽然现今《现汉》第6版仍在收录，但收录量不多，因此才造成多字条目的增加量远超于单字条目。

2. 各词类条目

分析表2，各词类条目增加2560条，删减97条，在条目总删减数量上分别约占58.3%、30.2%（按照括号内数值计算），这是相当大的比重。在《现汉》第6版凡例“词类标注”说明的12种词类中，除却标注叹词的条目没有增删的变化，其他11种有词类标注的条目都有一定数量的变化。具体的变化情况如下。

（1）名词条目的增删数量最多，所占比重最大

由表2中数据计算可得：名词类的条目增加数量约占总数的55.3%，超过了半数；而删减的数量约占总数的60.8%，同样也超过了半数。由此可见，在全部有词类标注的条目增删中，名词占有很重要的地位。那么，为何名词会如此重要？第一，社会的不断发展促进语言的新旧更替。随着社会生产力的发展，科学技术在进步，越来越多的新事物、新概念出现，人们在发现、认识并了解它们之后，必定要为其命名，代表它们的新词语便随之产

① 周荐：《汉语词汇结构论》，中华书局，1980，第38页。

生，且名词词性的词语占大多数。第二，众多新事物、新概念的出现，必定会相当比例地代替旧有事物和概念，供人们使用。随之，代表旧事物、旧概念的名词就会被抛弃，极少被使用。[①] 第三，“人们心理特征的影响。某个时期的社会状况会对这个时期人们使用语言的心理产生强烈的影响，人们的思维方式、生活理念、审美情趣、价值观念等会随着社会的变迁和时代的进步添加新的元素”[②]，这就使得新词汇产生。当然，相对的，那些旧有的词语就被舍弃。其中名词性的词语同样占据不小的比重。这些都是促使名词性的条目在《现汉》第6版条目增删的数量上居于首位的重要因素。

（2）动词、形容词和副词条目的增删数量和所占比重居其次

从表2中计算得知，动词类的条目增删所占增删总数的比重分别约为33.5%、25.8%，形容词类的条目增删占比重分别约为9.0%、9.3%，副词类的条目增删所占比重约为1.5%、1.0%。三者相比较，在除去名词类外，动词类的条目增删数量和所占增删总数比重居于第一位，形容词类的居于第二位，副词类的居于第三位。

（3）其他词类条目的增删数量很少，所占比重很小

连词、拟声词、数词、代词、介词、助词、量词等条目的增删数量都是10条以下，所占条目增删比重更是可以忽略不计。至于出现这种现象的原因，当是这些词性的词语经过几千年历史文化的积淀，多已被定性定量化，为人们所惯用，任凭社会如何发展，它们的变化都很小很慢，所以这些词性的条目增删量极少。

总结各词类条目的增删状况可知，在社会发展的同时，语言中名词性的词语变化最快也最大，动词居次。这也从侧面说明，处于不断发展变化的时代和社会环境中的人们对名词和动词词语的使用量和需求量是很大的。[③]

3. 未注明词类的条目（短语条目）

未注明词类的条目在表3中以“短语条目”命名为一栏：一是考虑到这些条目基本上是成语、熟语等，都属于短语；二是虑及为方便读者理

① 张苊文：《历时变化中的现代汉语词汇共时研究》，《现代语文（学术综合版）》2016年第9期。

② 石燕燕：《〈现代汉语词典〉（第五版）新增名词考察》，硕士学位论文，黑龙江大学文学院，2010，第7页。

③ 郭伏良：《新中国成立以来汉语词汇发展变化研究》，河北大学出版社，2001，第39页。

解，使其更加简明且易于解读。从表 3 中可以看出短语条目增加 611 条，删减 12 条，结合表 1 计算得知，在多字条目的增删数量中分别约占 16.0%、11.0%，在条目总删减数量中分别约占 14.1%、3.7%，相比较于注明词类的条目，虽相差很多，但还是占有一定的比重。

4. 分立条目

从表 3 中可以看出分立条目共 669 条，也即增加 669 条条目，数量较多。结合表 1 计算可知，分立条目所增加的条目在条目总增加数上占 15.4%，有一定的比重存在。

5. 分化和合并

分析表 4，可得分化条目 148 条，合并条目 130 条。条目的分化和合并都直接影响到条目数量的增加与减少，由于已在前述，这里不再多做论述。

6. 字母词

从表 1 中可知，字母词条目增加 58 条，删减 3 条，在条目总删减数量中占据比重很小。但由于收录数量问题，引发众多热议，本文第三部分将做详细论述。

三　词条增删分析

本文前两个部分主要是围绕数据做论述分析，立足点在于数量上的变化，进而揭示所透露的信息。此部分将从词条增删的特点、内容等方面着手，结合数据进行阐述，进而研究条目本身。

（一）词条增删特点

1. 重点在于增而不是删

综合观察本文“统计结果”中表 1 ~ 3 可知，增加的条目数量明显远多于删减的条目数量。这是必然的结果，因为新事物的发现比旧事物的消亡速度快，如此便造成增加比删减多的现象。由此可以看出，《现汉》第 6 版的条目增删，重点在于增而不是删。

此次修订遵循《现代汉语词典》引导规范的一贯宗旨，并以通用性为原则，吸收了有关专家学者的最新成果，依照规范标准审慎确定了字形、字音；对字头的简繁、正异关系进行了梳理；还增加单字 600 多个（以地名、姓氏人名及科技用字为主），共收各类单字 1.3 万多个。增收新词语和其他词语近 3000 条，增补新义 400 多项，删除少量陈旧的词语和词义，共收条目 6.9 万多条。

中国辞书学会原会长、《现代汉语词典》第 6 版修订主持人江蓝生介绍，距离上一版修订已过去 7 年，新版词典中的新词新义新用法充分反映了中国新时期特别是近几年来涌现的新事物、新概念、社会生活的新变化和人们的新观念。

增收新词真实地记录了当代社会生活。像源自西方的“父亲节、母亲节、感恩节、情人节”等词语，反映中西文化的交流与融合；“洋插队、落地签证、申根协定”等条目是众多国民走出国门的写照；“低碳、减耗、减排、减碳、新能源、光伏效应、电子污染”等可以看出我国的社会建设正在稳步推进，民众环保意识也大大增强；“北漂、草根、社工、达人、高管、愤青、名嘴、香蕉人、小皇帝、蚁族、月光族、全职太太”等名词直观地反映了一些新的社会群体及其特点；“闪婚、闪离、试婚”等词语反映了传统婚恋观所受到的巨大冲击；“拜金主义、傍大款、买官、贪腐、碰瓷、吃回扣、潜规则、封口费、关系网、冷暴力、霸王条款”等词语反映了进入社会转型期，市场经济在促进生产力发展的同时，也给社会风气和人们的价值观带来一些负面影响。

增加新词义反映社会变迁。一些词语的新义新用法体现了词义的发展变化，也反映出社会的变迁和人们对事物认识的变化。像“奴”的新义有“称失去某种自由的人，特指为了偿还贷款而不得不辛苦劳作的人（含贬义或戏谑意）”，体现了当下不少年轻人的生活状态。江蓝生认为，有的词虽然出现时间短，但符合语法，表现力强，而且能够在词义和用法上填补汉语词汇系统中的空缺，使表达更加丰富多样，这样的词就应该增收。①

2. 内容涉及面广

新增词语涉及社会生活的方方面面。苏新春、廖新玲认为：每个条目所表示的意义都对应存在于自然或社会的某个方面甚至多个方面，涉及诸

① 路艳霞：《〈现代汉语词典〉第 6 版面世　新词收入显人文关怀》，腾讯网，https://edu.qq.com/a/20120716/000047.htm，2012 年 7 月 16 日。

如政治、经济、文化、科学技术、社会生活等众多方面。[①] 理所当然，词条的增删也对应涉及这些方面。例如：

【产业链】chǎnyèliàn 名 指由原材料采购、加工、销售及售后服务等环节配套组成的产业整体：石油～。

【第一桶金】dì-yī tǒng jīn 指创业过程中赚取的第一笔钱（一般数量较大）。

【负资产】fùzīchǎn 名 负债额大于资产总额的部分。

【环比】huánbǐ 动 现在的统计周期与上一个统计周期相比，分为日环比、周环比、月环比、年环比等（区别于“同比”）。

【减排】jiǎnpái 动 减少有害物质的排放量，特指减少二氧化碳的排放量：节能～。

【孤独症】gūdúzhèng 名 自闭症。

【背包客】bēibāokè 名 指背着背包自助旅游的人，也泛指登山、探险等户外活动的参与者。也说背囊客。

【飙歌】biāo//gē 动 两个或两个以上的人在一起起劲儿地比着唱歌：几个人同台～ | 他点名要跟我～。

【不粘锅】bùzhānguō 名 内壁覆有含氟树脂涂层的锅，烹饪时饭菜不易粘在锅底和内壁。

【彩铃】cǎilíng 名 电话上设置的丰富多彩的铃声，如特定的乐曲、音响、问候语等，不同于传统的电话铃声。

【车贷】chēdài 名 以购车为目的，从金融机构获得的贷款。

【纸媒】zhǐméi 名 纸质媒体（对“电子媒体”而言），如纸质报刊等。

3. 单字条目增加的多用于地名、人名、玉石名等

在做统计数据时，发现单字条目中增加的多用于山水地名、人姓名、玉石及相关等，这是一个值得注意的现象。

---

① 苏新春、廖新玲：《现代汉字的范围及其属性标注》，《汉字文化》2001 年第 1 期。

(1) 用于山水地名

用于山水地名的单字条目增加87个，例如：

崡 Hán　古地名，即函谷，在今河南灵宝北。

崴 hán　岚崴（Lánhán），山名。另见261页dǎng。

圢 tǐng　用于地名：上～坂丨南～坂（都在山西）。

哃 tóng　用于地名：响～（在上海）。

梌 tú　用于地名：～圩（在广东）。

峗 wéi　用于地名：～家湾（在四川）。

墕 yān　用于地名：梁家～（在山西）。另见1504页yàn。

漹 yān　用于地名：～城（在四川）。

沇 yǎn　①（Yǎn）沇水，古水名，即济水。②用于地名：～河村（在河南）。

濋 Chǔ　古水名，济水的分流，在今山东定陶一带。

垈 dài　用于地名：封家～丨夏家～（都在江苏）。

垺 fú　用于地名：南仁～（在天津）。

(2) 用于人姓名

用于人姓名的单字条目增加64个，例如：

龢 hé　①见534页“和[1]”。②用于人名，翁同龢，清朝人。

玹 Xián　名姓。另见1475页xuán。

澂 chéng　①见170页“澄”。②用于人名，吴大澂，清代文字学家。

邨 cūn　①见224页“村”。②用于人名。

妧 yuán　用于人名。另见1343页wàn。

婤 zhōu　用于人名，婤姶（Zhōu'è），东周时卫襄公的宠妾。

婫 kūn　用于人名。

禥 qí　①〈书〉同“祺”。②用于人名，赵禥，南宋度宗。

蒨 qiàn　①同“茜”（多用于人名）。②（Qiàn）名姓。

（3）用于玉石及相关

用于玉石及相关的单字条目增加 103 个，例如：

玮 wéi 〈书〉像玉的石头。

珦 xiàng 〈书〉一种玉。

琇 xiù 〈书〉有瑕疵的玉。

玹 xuán 〈书〉①像玉的美石。②玉的颜色。另见 1411 页 Xián。

瑱 tiàn 〈书〉古代挂在冠冕两旁用来堵耳朵的玉石饰物。另见 1655 页 zhèn。

玤 bàng ①〈书〉像玉的美石。②（Bàng）古地名，在今河南渑池。

珹 chéng 〈书〉一种玉。

琡 chù 古代的一种玉器，即八寸的璋。

瑃 chūn 〈书〉一种玉。

玼 cī 〈书〉玉上的斑点。另见 215 页 cǐ。

玼 cǐ 〈书〉玉色明亮。另见 211 页 cī。

瑳 cuō 〈书〉玉色明亮洁白，也泛指颜色洁白。

璒 dēng 〈书〉像玉的石头。

瑖 duàn 〈书〉像玉的石头。

琈 fú 〈书〉玉的色彩。

4. 短语条目中多为收录熟语等

在短语条目中多是收录熟语等，且多与相似的短语条目意义相同，释义部分是同义的短语词目。例如：

【丢盔弃甲】diūkuī-qìjiǎ 丢掉头盔和铠甲。形容打败仗后仓皇逃跑的狼狈相。也说丢盔卸甲。

【丢盔卸甲】diūkuī-xièjiǎ 丢盔弃甲。

【龙生九种】lóngshēngjiǔzhǒng 龙生九子

【名垂千秋】míngchuíqiānqiū 名垂千古

【妙笔生花】miàobǐ-shēnghuā 见 890 页【梦笔生花】

【年深岁久】niánshēn-suìjiǔ 年深日久

【年深月久】niánshēn-yuèjiǔ 年深日久

【轻嘴薄舌】qīngzuǐ－bóshé 轻口薄舌

【求贤如渴】qiúxián-rúkě 求贤若渴

【缺斤少两】quējīn-shǎoliǎng 缺斤短两

【如饥如渴】rújī-rúkě 如饥似渴

【入乡随乡】rùxiāng-suíxiāng 入乡随俗

【舍近图远】shějìn-túyuǎn 舍近求远

【十拿九准】shīná－jiǔzhǔn 十拿九稳

（二）存争议的新增词条

“语言是在社会中应用的，它随着社会的变化而不断发生着变化，哪些词语的出现是稳定的，哪些词语的出现是昙花一现，词典在收词时，必须充分考虑各方面的因素，再将词语收录其中，所收录的词语既要显示出发展性和进步性，又要兼顾普遍性和稳定性。这些复杂的因素就造成了词典在收词上的困难，尤其是规范性词典。”① 如此，便造成不少新增词条引发群众热议。

1. 字母词条目

语言形式及形式的运用，都是互动交际者（participant）可以调用的语言资源（resource）。②《现汉》第6版共收录239个以西文字母开头的词语，新增58个词条。词目多是英语单词缩写，或是西文字母组合汉字。例如增收：

【B2C】指电子商务中企业对消费者的交易方式。［英 business to customer 的缩写，也作 B to C］

【CCTV】中国中央电视台。［英 China Central Television 的缩写］

① 石燕燕：《〈现代汉语词典〉（第五版）新增名词考察》，硕士学位论文，黑龙江大学文学院，2010，第52页。

② 李先银：《自然口语中的话语叠连研究——基于互动交际的视角》，《语言教学与研究》2016年第4期。

【DJ】迪厅、酒吧等场所的音响调音师，也指电台音乐节目主持人。[英 disco jockey 的缩写]

【HDMI】高清晰度多媒体接口。[英 high – definition multimedia interface 的缩写]

【K 歌】K gē 唱卡拉 OK。

【LED】发光二极管。[英 light-emitting diode 的缩写]

【OL】办公室职业女性。[英 office lady 的缩写]

【SPA】水疗。

【Wi-Fi】一种短距离高速无线数据传输技术，主要用于无线上网。[英 wireless fidelity 的缩写]

字母词的收录是受热议的焦点，曾有百余名学者联名举报《现汉》第 6 版收录字母词涉嫌违法，引起一场关于“保卫汉语纯洁性”的大讨论。有些学者专家认为，收录字母词严重破坏汉语的规范性和纯洁性；但有些学者专家认为，这些字母词已经被人民群众熟知和使用，且字母词的出现是中西方语言接触的必然结果，收录是应当的。[①] 随着我们国家改革开放的不断深入，人们和外界接触越来越多，这些词语已越来越多地进入百姓的生活中，成为人们使用语言不可或缺的部分，所以适当的收录是可以的。

2011 年，国家语言资源监测与研究中心的一项问卷调查显示，即使是文化程度较高的网民，对 12 个在媒体上使用频度较高的外语缩略词，如 GDP、4S 店、3G、ATM、GPS 等，也远未达到“知道其大概含义”的程度，普通民众对一些外语缩略词的真正含义更是知之甚少。据介绍，最近为媒体所广泛引用的 PM2. 5 等外语缩略词，与人民群众生活及切身利益息息相关，但许多人并不知道其准确含义。而在第 6 版《现代汉语词典》中，新收了不少这类新兴的洋词儿，并给出了相应的解释。如 CPI（居民消费价格指数）、PPI（工业品出厂价格指数）、PM2. 5（细颗粒物）、ECFA（海峡两岸经济合作框架协议）、FTA（自由贸易协定）等。它们的面世还真为不少人帮了大忙。[②]

---

① 沈孟璎：《浅议字母词的入典问题》，《辞书研究》2001 年第 1 期。

② 路艳霞：《〈现代汉语词典〉第 6 版面世　新词收入显人文关怀》，腾讯网，https://edu.qq.com/a/20120716/000047.htm，2012 年 7 月 16 日。

2. 生僻字词条目

《现汉》第 6 版收录了一些以生僻字词为词目的条目，也存在不少争议。例如“儳 chán　〈书〉杂乱不齐”“晐 gāi　〈书〉兼备；完备”等，有些学者认为这些比较生僻的条目不应当过多收录，《现汉》收录的应是最常用的词条，应当注重通用性和普遍性。

关于外来词、地方方言新词等生僻字词条目收入《现代汉语词典》第 6 版，中国辞书学会会长李宇明说：“第 6 版收入的新词不少具有口语色彩、方言色彩，这是非常有智慧的做法，符合现代语言生活的需要，体现了普通话词汇和方言词汇、口语词汇相互流动的关系。”中央电视台播音员贺红梅说：“我们每天有 30 人次参与播出，每天翻阅词典的次数大约是 12000 次，最多的时候是 27000 次。”据她透露，很多时候播音员在面对新人名、新地名、多音字时会有不少困惑，新版词典的到来，让他们有了最新标准答案。①

语言是社会现实的一面镜子，真实地映射出社会发展的轨迹。② 随着社会的发展，诸如新体制、新制度、新物质、新技术、新工具、新产品、新成果、新思潮、新观念、新风尚的不断出现，汉语在政治、经济、文化、教育、科学技术乃至社会生活的各个方面都涌现出了难以数计的新词语。这些新词语的出现，使《现汉》在收录词条上发生了相应的变化，同时，《现汉》作为一部具有权威性的词典，它在收录词条上的变化自然就比较有代表性地反映了现实社会生活中语言使用的变化状况。③ 有些学者专门对新词语进行研究，如亢世勇、刘海润先生主编的《新词语大词典(1978—2018)》。但古与今是相对的，有些新词语将逐步演变为历史词汇，终会为《现汉》所删除。词条的增与删，将是《现汉》修订的永恒话题。

语言随着社会的发展而不断变化，因此词条增删内容是繁多的。本文对于《现汉》第 6 版的词条增删只是谈了粗浅的看法，我们最终需要的是

---

① 路艳霞：《〈现代汉语词典〉第 6 版面世　新词收入显人文关怀》，腾讯网，https://edu.qq.com/a/20120716/000047.htm，2012 年 7 月 16 日。

② 王俊霞：《汉语新词语的特点及其成因》，《盐城师范学院学报》（人文社会科学版）2006 年第 5 期。

③ 晁继周、单耀海、韩敬体：《关于规范型词典的收词问题》，《〈现代汉语词典〉学术研讨会论文集》，商务印书馆，1996。

材料扎实、逻辑严密、结论可信的语言学研究，传统的基于小数据、中数据的定性研究、实证研究是必不可少的路径，大数据也是通达这一目标的路径之一。① 因此对于《现汉》词条的增删，仍旧需要进一步关注和研究。

The Quantitative Analysis of the Add and Delete in the Deletions of *Modern Chinese Dictionary* (*the Sixth Edition*)

Zhang Daosheng, Wang Jun

Abstract: *Modern Chinese dictionary* (*the Sixth Edition*), published in June 2012, from the fifth edition of *modern Chinese dictionary* published for seven years, during this period, our country in political, economic, cultural and other social aspects is changing. With its companions, language with the development of social various aspects and updated continuously in the replacement, among them vocabulary is also in constantly changing. The article with quantitative analysis method to the sixth edition of *modern Chinese dictionary* and the fifth edition of *modern Chinese dictionary* of two phase reference dictionary entry and statistical analysis to find out the two dictionaries in add or delete entries. According to statistics, *modern Chinese dictionary* increasing 4348 entry, subtract 321 entries. Among them, single character entry included 475, subtract 209; multi-character entry add 3814, 109 cuts. Then to study about the word in the sixth edition of *modern Chinese dictionary* aspects of change and the reasons, and the term of the controversial for discourse analysis.

Keywords: *Modern Chinese Dictionary* (*the Sixth Edition*); The Add and Delete in the Deletions; Quantitative Analysis

About the Authors: Zhang Daosheng (1976 –), Ph. D., Dean and Professor at School of Chinese Language and Literature, Hefei Normal Universi-

① 施春宏:《语言学描写和解释的内涵、原则与路径》，载复旦大学汉语言文字学科《语言研究集刊》编委会编《语言研究集刊》（第十九辑），上海辞书出版社，2017。

ty. Research interests and specialities: Chinese language and philology. E-mail: zds826@163.com.

Wang Jun (1990 –), Undergraduate at School of Chinese Language and Literature, Hefei Normal University. Research interests and specialities: Chinese language and philology.

尹湾汉简《神乌傅（赋）》拾遗

罗　涛*

摘　要　“欲勋南山”中的“勋”字应读为“遁”，迁居、遁居，意思是想要遁居于终南山。“雌往索菆”的“菆”可读为“棷”，义为木柴。“自解不能，卒上傅之”的主语都是雌鸟。所谓“傅”字，严格隶定应该是“付”，读为“附”，古书中也可写作“傅”，都表示附着。“吉凶浮泭，愿与女俱”的“浮泭”可读为“休否”，与“吉凶”对文，表示无论吉凶好坏，都要一起承担。

关键词　尹湾汉简　《神乌傅（赋）》　欲勋南山　卒上傅之　吉凶浮泭

基金项目　教育部人文社会科学重点研究基地重大项目“基于上古汉语语义知识库的历史语法与词汇研究”（项目编号：18JJD740002）

尹湾汉简《神乌赋（赋）》经过整理者及诸多学者的研究，对字词的疏解几乎已经厘清。笔者研读此简，有几点不成熟的看法，就教于方家。

一　欲勋南山，畏惧猴猨

裘锡圭先生把“勋”释读为“循”，并且打上问号，表示不确定。[①]

* 罗涛（1986～），北京大学中文系博士生，主要研究方向为上古汉语、出土文献。电子邮箱：humengzaizu@126.com。

① 裘锡圭：《裘锡圭学术文集·简牍帛书卷》，复旦大学出版社，2012，第262页。

张显成、周羣丽先生把此字隶定为“剿”，读为巢，做巢之意。[①] 周宝宏先生读为“逊”，意为逃遁。[②]

从字形上看，“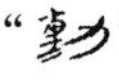”隶定为“勋”应该没有问题，而非“剿”字。读为“逊”，理解为逃遁的话，似与文意不合。简文最开始并未叙述雌雄二乌逃遁，只是说找一个栖居处。此字可读为“遁”，“遁”有迁移、遁居之义。勋，晓母文部；遁，定母文部。二字韵部相同，声母稍远。晓母和舌头音多有联系。虽然和定母的通假不常见，但是也有用例，如“歙”通“慄”，前者为晓母缉部，后者为定母叶部。《说文·辵部》：“遁，迁也。”《广雅·释诂四》：“遁，隐也。”《后汉书·郅恽传》：“南遁苍梧。”“南山”应是指终南山。“遁居南山”乃是古书常辞。《文选·江淹·杂体诗》：“南山有绮皓。”李白《奉饯十七翁》：“刚绮皓不得不遁于南山，鲁连不得不蹈于东海。”

这句话的意思是说，两只乌鸦想要栖遁于终南山，但是又害怕猿猴。所以接着说“去危就安，自府托官”。

二　雌往索菆，材见盗取

裘锡圭先生认为“菆”可当麻秆或草讲，在此疑指用来筑巢的轻小材料。[③] 张显成、周羣丽两位先生读如本字，并根据《广雅·释器》“蓐，谓之菆”的古训，解释为用以铺垫巢的草。[④]

《说文》：“菆，麻蒸也。一曰蓐也。”“菆”字在先秦古书中用为“草”这一义项的情况比较罕见。《玉篇》中有明确的记载，“菆，草也，丛生也”，意思是草丛生。此句简文前面的语境为“道作宫持，雄行求材”，裘先生读“持”为“榯”，“宫榯”指围树而立的棘墙。[⑤] 这个意见可从。既然是“宫榯”，理解为一般的“草”或者“用以铺垫的草”就不太合适。此句简文前后文都提到“材”，显然是木材的意思。我们认为“菆”可读为“棷”。《说文·木部》：“棷，木薪也。”《玉篇·木部》：

① 张显成、周羣丽：《尹湾汉墓简牍校理》，天津古籍出版社，2011，第 147 页。
② 周宝宏：《汉简〈神乌傅〉整理和研究》，《古籍整理研究学刊》1997 年第 2 期。
③ 裘锡圭：《裘锡圭学术文集·简牍帛书卷》，第 263 页。
④ 张显成、周羣丽：《尹湾汉墓简牍校理》，第 149 页。
⑤ 裘锡圭：《裘锡圭学术文集·简牍帛书卷》，第 263 页。

“椒，柴也。”这句话的意思是说，雌鸟去寻找木柴后回来时，看见被盗了。当然，“菆”“椒”本就可以相通，朱骏声《说文通训定声》：“椒，假借为菆。”无论读为本字还是释读为“椒”，虽无本质的区别，但是从文意上考虑，理解为“木柴”似更妥帖。

三 自解不能，卒上傅之

裘锡圭先生认为：“这两句的意思大概是说，雌鸟不能自解其系，雄鸟把她弄到树上帮助她。”[1] 王志平先生读为“辅”，[2] 张显成、周羣丽两位先生隶定为“傅”，读为“辅”，辅助。[3] 意见与裘先生相同。

纵观整篇赋文的叙事体例，如果主语变换的话，一般直接写出来。比如说“雌往索菆”，后面全都是描写雌鸟的行为，直到写“盗鸟不服”，才更换主语为“盗鸟”；再接着更换主语时，记载为“亡鸟曰”；等等。在一个小句中更换主语而且省略的情况几乎没有。如果考虑这一点，此句简文的主语都是“雌鸟”。直到后面“其雄惕而惊”，才变换了主语，描写雄鸟的反应。所以把“卒上傅之”的主语理解为“雄鸟”就不太妥当。

简文中释为“傅”的字其字形作“”，应直接隶定为“付”，读为“附”，附着。《孙子·谋攻》：“将不胜其忿而蚁附之。”古书中又可写作“傅”，《左传·僖公十四年》：“皮之不存，毛将焉傅？”“卒上傅之”中的“上傅”二字为连动结构，“之”指前文提到的“树”，意思是说雌鸟飞上树去并且附着栖息下来。整句话意思是，雌鸟身上的断绳自己不能解开，无可奈何，最终不得已向树上飞去并栖息下来。正因断绳没有解开而直接飞上树，后面就说“缚之愈固”，指雌鸟的断绳束缚得越来越紧。

四 吉凶浮泭，愿与女俱

对于这句简文的理解，有必要把上下文摘录出来：

---

① 裘锡圭：《裘锡圭学术文集·简牍帛书卷》，第264页。

② 王志平：《〈神乌赋〉与汉代诗经学》，载《尹湾汉墓简牍综论》，科学出版社，1999，第14页。

③ 张显成、周羣丽：《尹湾汉墓简牍校理》，第157页。

（雄）顾谓其雌曰：“命也夫，吉凶浮泭，愿与女（汝）俱。”雌曰：“佐＝子＝。”

滕昭宗《尹湾汉墓简牍释文选》对简文做了隶定，但无解释。后来有不少学者对“浮泭”做过阐发，意见主要可归纳为三种。一种是把“泭”释读为“桴”，木筏之意。如虞万里先生认为：“浮泭，指漂泛之舟。《尔雅·释言》：‘舫，泭也。’漂泛之舟浮沉无定，以况吉凶之无常也。”[①] 裘锡圭先生《〈神乌傅（赋）〉初探》认为：“泭，竹木筏。《论语·公冶长》：‘子曰：道不行，乘桴浮于海，从我者其由与?’‘桴’即‘泭’之通用字。敦煌写本《经典释文》，‘乘桴’作‘乘泭’，谓字亦作‘桴’（据黄焯《经典释文汇校》第210页，中华书局，1980）。‘泭’即‘泭’字别体。雄乌的意思是说，不管吉凶，即使乘泭浮海，也跟你在一起。”[②]

周宝宏先生也指出“泭”又写作“桴”，意思是“筏子”，但未做进一步的解释。[③] 万光治先生意见相同，补充了《国语·齐语》“乘泭济河”的书证，解释说：“此以乘筏浮于江海，翻覆只在旦夕之间，喻吉凶未可预料。此段叙雄乌无可奈何，愿以身殉之。”[④] 这种解释与虞万里先生的观点相似。

第二种意见是把“浮泭”释作“孚符”。如王志平先生认为：“孚字训信。泭，当读为符。汉孔臧《鸮赋》：‘异物之来，吉凶之符。’”[⑤]

第三种是把“浮泭”当成一个并列结构。李零先生认为：“疑‘浮泭’是与‘吉凶’类似的词组，含义与‘浮沉’类似，以谐韵改字。”[⑥] 朱晓海先生认为：“‘泭’恐乃‘俯’之借字……‘浮泭（俯）’犹言‘浮

① 虞万里：《尹湾汉简〈神乌傅〉笺释》，载《学术集林》卷十二，上海远东出版社，1997，第217页。

② 原载《文物》1997年第1期，又载《尹湾汉墓简牍综论》（科学出版社，1999）、《中国出土古文献十讲》，后又收入《裘锡圭学术文集·简牍帛书卷》，第265页。

③ 周宝宏：《汉简〈神乌赋〉整理和研究》，《古籍整理研究学刊》1997年第2期。

④ 万光治：《尹湾汉简〈神乌赋〉研究》，《四川师范大学学报》（社会科学版）1997年第3期。

⑤ 王志平：《〈神乌傅（赋）〉与汉代诗经学》，载《尹湾汉墓简牍综论》，第15页。

⑥ 李零：《简帛古书与学术源流》（修订本），生活·读书·新知三联书店，2008，第380页。

沉’、‘仰俯’，与‘吉凶’两种互异状况相应，意谓无论何种情况，或生或死，或福或祸。”①

第一种意见无论是把“浮泭”解释为“漂泛之舟”还是“乘桴浮海”都不妥当。它们与“吉凶”二字联系起来所做的解释于语法不合。“浮桴”的例子，上古典籍中主要有《论语·公冶长》与《国语·齐语》这两个，其余多是因袭沿用。前者表达孔子“道不行”时对子由的看法，后一例证描述“乘桴渡河”这一具体的事件，以写齐桓公之功绩，都与“吉凶”无关，更得不出“吉凶未料”的理解。第二种“孚符”之说，于古无征。根据所举书证把“吉凶孚符”理解成“吉凶之符”之类的意思，在语义上有滞碍，与后面“愿与女（汝）俱”也不能连贯。第三种解释注意到与“吉凶”二字的联系，这种思路及语感是正确的，但在此处以不确定的语气做出的推论，没有详细的论证。

我们认为“浮泭”可释读为“休否”。“浮”上古是并母幽部字，“休”是晓母幽部。二者韵部相同。声母一个是唇音并母，一个是喉牙音晓母，音理可通。《汉书·霍去病传》：“收休屠祭天金人。”如淳曰：“祭天以金人为主也。”张晏曰：“佛徒祠金人也。”师古曰：“今之佛像是也。”② 丁福保《佛学大辞典》：“即浮屠也……《汉武故事》曰：‘毗邪王杀休屠王，以其众来降。得其金人之神，置之甘泉宫，金人皆长丈余。其祭不用牛羊，惟烧香礼拜。上使依其国俗祀之。’鱼豢《魏略·西夷传》：‘哀帝元寿元年，博士弟子景卢，受大月支王使伊存口传休屠经。’即今之佛经也。”阮元也指出：“世言佛教始于后汉，而不知西汉即有其事。其初有‘休屠’之称，后始称‘佛屠’，或称‘佛图’、‘佛佗’，皆一音之转。”“休屠”“浮屠”“佛屠”既然语音相转，“浮”与“休”有关联是讲得通的。

“泭”与“否”之间的关系也比较显豁。从“付”得声的字与从“不”得声的字多有关联，如以下两组例子。③

不与跗。《诗经·小雅·常棣》：“鄂不韡韡。”郑笺：“不当作跗。古

① 朱晓海：《论〈神乌赋〉及其相关问题》，载李学勤、谢桂华主编《简帛研究》，广西师范大学出版社，2001，第469页。

② 班固：《汉书》，中华书局，2000，第2480页。

③ 高亨纂注、董治安整理《古字通假会典》，齐鲁书社，1989，第433~434页。

声不、跗同。"《左传·成公十六年》："有韎韦之跗注。"《诗·小雅·六月》正义引《杂问志》"跗"作"不"。

邳与符。《史记·建元以来侯者年表》"符离"。《汉书·景武昭宣元功臣表》作"邳离"。

《说文》："否，不也。从口从不。"虽然没有说明"否"是从"不"得声，但段玉裁却认为二字"音义皆同"。① 从"不"、从"付"得声之字可通，则"否"与从"付"得声之字可通。泭，滂母侯部；否，并母之部。声母皆为唇音，"之""侯"二部之字可通。

休，美也。《诗·豳风·破斧》："亦孔之休。"毛传："休，美也。""否，不善也。"《庄子·渔父》："不择善否。"成玄英疏："否，不善也。""休"表示庆、善，"否"表示恶、不好之事。"休否"连文，与"臧否""善否"等同，指好或不好的情况。简文"休否"与"吉凶"对文。《神乌傅（赋）》中"吉凶浮泭（休否），愿与女（汝）俱"，意思是无论吉凶好坏，都要和你一起（承担、经历）。

"休否"一词，乃古人之成语。"吉凶休否"在古书中也出现过：

《华氏中藏经》："吉凶休否，皆见其色出于部分也。"

古书中还可以看到很多与"吉凶休否"类似的话。一好一坏，并列成语，诸如生死、得失、兴衰、灾福、寿夭、祸福、穷通等。其例甚繁，下面略举几例与"吉凶"组合的例子。

《荀子·非相》："相人之形状颜色，而知其吉凶妖祥。"

《潜夫论·卜列》："吉凶兴衰，不在宅。"

《汉书·五行志》："古者三代命祀，祭不越望，吉凶祸福，不是过也。"

《论衡·自纪篇》："孔子称命，孟子言天，吉凶安危，不在于人。"

---

① （汉）许慎撰，（清）段玉裁注《说文解字注》，浙江古籍出版社，2014，第584页。

通过上面的讨论，我们认为把“浮泭”释为“休否”在语义上没有滞碍，而且它们的构词方式与前面的“吉凶”相同，都是一好一坏的事物并列，形成对文。另外，“否”是之部，“俱”是幽部。上古之、幽二部语音比较近，可以形成押韵，符合《神乌傅（赋）》的赋体用韵的特点。

雌乌被难后，雄乌说“吉凶浮泭（休否），愿与女（汝）俱”，表示无论吉凶好坏，都要一起承担。这种生死与共的想法遭到雌乌的反对，所以雌乌说“死生有期，各不同时”。将“吉凶浮泭”释为“吉凶休否”，二乌对答之言，互可印证，反映了雌雄二乌在患难中深厚的情感。

除此之外，我们在文献中还看到这样的例子：

> 《潜夫论·救边》：“圣王之政，普覆兼爱。不私近密，不忽踈远。吉凶祸福，与民共之。”

圣王的政治，在于兼爱。无论是吉凶祝福，都要与民相共。这里的“吉凶祸福，与民共之”和《神乌傅（赋）》“吉凶浮泭（休否），愿与女（汝）俱”的句式以及表达方式相近，算是一个旁证。

Discussion on *Shen Wu Fu* of Yin Wan Han Jian

Luo Tao

Abstract: The word “Xun（勋）” in “Yu Xun Nan Shan” should be read as “Dun（遁）”, which means to move and live in Zhongnan Mountain. The word “Zou（菆）” in “Ci Wang Suo Zou” should be read as “Zou（棷）”, which means firewood. The subjects of “Zi Jie Bu Neng, Zu Shang Fu Zhi” are female birds. Strictly speaking, the so-called “Fu（傅）” should be defined as “Fu（付）” and be read as “Fu（附）”, and it can also be written as “Fu（傅）” in ancient books, which means attachment. “Fu Fu（浮泭）” in “Ji Xiong Fu Fu, Yuan Yu Nv Ju” should be read as “Xiu Fou”, echoing with “Ji Xiong”, which means that regardless of the good or bad, it must be undertaken together.

Keywords: Yin Wan Han Jian; *Shen Wu Fu*; Yu Xun Nan Shan; Zu

Shang Fu Zhi; Ji Xiong Fu Fu

About the Author: Luo Tao (1986 –), Ph. D. Candidate at Department of Chinese Language and Literature, Peking University. Research interests and specialties: ancient Chinese and unearthed documents. E-mail: humengzaizu @ 126. com.

介词“于、在”的句法语义特点及“在”替代“于”的句法语义动因

王秀云*

摘　要　汉代以后，介词“于”逐渐衰落，介词“在”成为“于”的主要替代者。这是汉语发展史上一个重要的语言现象。探释介词“在”替代“于”的主要句法语义动因具有语言学价值。文章从历史发展的角度描写了介词“于、在”的主要句法语义特点，在此基础上解释了“在”替代“于”的句法语义动因，认为这种替代主要是句法语义优化的结果。

关键词　在　于　介词替代　句法语义

一　介词“在”替代介词“于”的语言事实认定

汉语史上，“于、在”是两个最重要的表达广义和狭义处所义的介词，是汉语表达处所义的重要词汇标记。不仅“于”和“在”各自的发展演变过程极为波澜壮阔，而且介词“于”和介词“在”之间的关系也极为复杂。汉代以后，“在”开始虚化成介词，此时随着介词“于”的逐渐衰落，介词“在”成为“于”的主要替代者。[①] 这是汉语历史发展中的一个事实。

在考察《史记》中“在”作介词的全部十几个语例后，郭锡良先生指

---

* 王秀云（1986～），湖北大学文学院2017级博士研究生，主要研究方向为汉语言文字学。电子邮箱：wangxy861@163.com。

① 郭锡良：《介词“于”的起源和发展》，《中国语文》1997年第2期。

出：真正的介词“在”到汉代才产生，尽管用例较少，但是意义重大，因为这标记着处所介词“于”和“在”的词汇交替过程从此开始。① 到了六朝时期的《世说新语》中，作处所介词的“于”有 8 次，而“在”已经有 77 次。② 处所介词“在”的使用频率已经远远高于“于”，再加上“向、对、从”等介词也取代了介词“于”的部分功能，因此可以说，魏晋以后处所介词“在”已经占据绝对优势，成为介词“于”的主要替代者。郭锡良指出，唐宋时期，“于、在”的词汇交替过程也许已经基本完成，此后“于”只是作为古语的残留保存在书面语中，一直到现在也没有完全消亡。③ 介词“于”既被“在”等介词取代，又在汉语中长期残留。这种现象被郭锡良称为介词“于”的“死而不葬”现象。究其原因，当是“于”从甲骨文时代到春秋战国时期已经发展成一个功能广泛的介词，能适用于非常广泛的语义系统。这是它的优点，使得处所介词“在”无法完全替代“于”。同时，郭锡良也指出，这种语义广泛适应性也是它的缺点，因为适应性广就必然带有模糊性。

郭锡良考订指出，在甲骨文中，介词“于”是由“去到”义动词虚化而成的。它最先应该是用来介绍行为的处所，扩展为介绍行为的时间，再扩展为引进介绍祭祀的对象（祭祀对象也是一种广义的行为处所），到西周金文中，更是扩展为引进介绍动作涉及的各种对象。郭锡良还统计了《商周青铜器铭文选》中“于”字的出现次数和所在的句法结构状况。④ 为便于理解，我们把相关统计结果列表如下（见表 1）。

表 1 《商周青铜器铭文选》“于”的用法及出现次数

用法	残缺不可认	动词	介词					
			处所		时间	范围	祭祀对象	其他对象
			所在处	到达处				
次数	3	3	109	65	1	14	6	126
小计	6		321					
总计	327							

① 郭锡良：《介词“于”的起源和发展》，《中国语文》1997 年第 2 期。
② 张万起编《世说新语词典》，商务印书馆，1993，第 58 页。
③ 郭锡良：《介词“于”的起源和发展》，《中国语文》1997 年第 2 期。
④ 郭锡良：《介词“于”的起源和发展》，《中国语文》1997 年第 2 期。

我们再来看“于”的句法结构状况（见表 2）。

表 2　《商周青铜器铭文选》“于”的句法结构状况

句法状况	位于动词后	位于宾语后	充当状语		
			处所义	时间义	对象义
用例数（个）	256	68	4	1	1

综合以上分析和表 1、表 2 可知：“于”在上古汉语中主要作介词，也有少数是作动词用的。上古汉语时代，介词“于”主要作处所介词，表示动作行为的所在（发生、进行）之处和动作行为的到达（达到）之处，并且位置大都在动词之后，显示了介词“于”盛行时代的上古汉语属于后置词（postposition）语言。汉代以后，随着动词“在”逐渐虚化为介词，主要表处所义的介词“于”开始衰亡，并逐渐为“在”所取代，于是介词“于”的相关功能以及其他一些新兴的句法语义功能都由介词“在”承担。

需要说明的是，本文认同学界的基本结论，也把“于”和“於”看作“初文”和“后起字”的关系，不再分开论述。例如，何乐士在《左传虚词研究》（修订本）中从语法功能、分布、意义、来源等方面进行了详细的比较，得出“於”为“于”的后起字的结论。① 这一结论在语法学界已经成为定论。其后的一些学者②在认可这一结论的基础上，指出了新兴字“於”比“于”的语法功能更丰富、用法更灵活多样。这种情况也是“后起字”和“初文”之间一般会具有的正常现象。

二　介词“在”替代介词“于”的原因研究述评

郭锡良较早提及介词“在”替代介词“于”这一语言事实，但对替代的原因并没有过多阐释。后来的一些学者③间接论述过这个问题，但是论

① 何乐士：《左传虚词研究》（修订本），商务印书馆，2004，第 101 页。

② 参见王鸿滨《处所介词“于（於）”的衰落与“在”的兴起》，载《汉语史研究集刊》（第六辑），巴蜀书社，2003。

③ 参见时兵《也论介词“于”的起源和发展》，《中国语文》2003 年第 4 期；梅祖麟《介词“于”在甲骨文和汉藏语里的起源》，《中国语文》2004 年第 4 期；霍文杰《上古汉语“在”词性研究》，硕士学位论文，西南大学，2009。

证的系统性不够。王鸿滨按照句式的发展演变史，对每个大的历史阶段中“于”字句和“在”字句的句法结构和表义特点做了粗粒度的简要论述，为阐释介词“在”替代介词“于”的动因奠定了句法语义基础。王鸿滨[①]指出，介词“于”和“在”的差别主要体现在以下几个方面。(1)“数量”方面使用频率不同。“于”为上古汉语处所义的最主要承担者，使用频率为85%，中古则下降为35%，近代则彻底失去了其被高频使用的优势地位。笔者认为，这种差别有助于认定介词“在”替代“于”的语言事实，而不能解释替代的原因。(2)“位置”方面的分布不同。“于+处所”在先秦位于动词后，中古少数有所前移，近代位于述语动词后的情况逐渐减少。相反，上古时期，“在+处所”可用在述语前后，中古时期大部分用在述语之前，近代则绝大部分用在述语前。笔者认为，位置分布的变化属于显性特征，是很容易识别的，但是王鸿滨没有指出位置分布变化的深层语义动因，仍然无法解释介词“在”替代介词“于”的动因。笔者认为，“介词+处所”的位置分布变化，深层原因是语义表达的均衡化及丰富性需求。(3)与新兴句式组合能力及句式的复杂化。处所介词“在”比“于”具有更强的与新兴句式相适应和相协调的能力，介词“在”更能适应新的语法系统。笔者认为，这个原因应该是介词“在”替代介词“于”的深层语义动因之一，但是王鸿滨先生没有说明为什么介词“于”与新兴句式的适应性和协调性较差。笔者认为，其中的原因，主要是介词“于”在早期使用频率很高，本身具有多方面的功能，语言交际负担很重，如果硬要跟新兴句式组合使用就会导致理解接受上的费力，因此在后期就不便于和新兴句式组合使用。(4)语法关系由隐性向显性发展。西汉以后，先秦的动宾结构多由动补结构代替。特别是在双宾语结构中，可以不用介词“于”而把处所名词直接置于直接宾语前后，以间接宾语的形式在意念上补充说明动作行为的有关处所、方位，即以不同的语法形式表达相同的语法关系，这种同一语义的多种表达方式直接导致了介词“于”在中古的衰落。笔者认为，按照王鸿滨的论述，双宾语句的出现、单音节处所名词带方位词导致的双音节化趋势，这些原因使得介词“于”的语法关系的标志

---

① 王鸿滨：《处所介词“于（於）”的衰落与“在”的兴起》，载《汉语史研究集刊》（第六辑），巴蜀书社，2003。

作用逐渐消失，但是却无法解释为什么又兴起了起语法关系标志作用的介词“在”。笔者认为，这个原因仍然跟介词“于”的历史多功能性有关。

总之，我们认为，就汉语介词的历史发展演变而言，介词“在”替代介词“于”，其动因一般跟不同历史时代汉语的句法结构调整和语义表达特点及方式有关。从这个角度说，王鸿滨对介词“在”的兴起和介词“于”的衰落的原因分析是值得肯定的，尽管仍然有以上笔者分析的一些不足。本文主要目的是，在学界已有研究基础上，借助于现代语言学的一些理念，从历史发展的角度出发，对语言内部的句法语义特征进行细粒度描写，分析探释驱动介词“在”替代介词“于”的句法结构和语义表达方面的原因，解释汉语史上介词“在”替代介词“于”这一语言事实背后的句法语义动因及其语言学价值。

三　介词“于、在”的句法语义特点历史考察

下面，我们按照历史发展顺序，把介词“于、在”各自在甲骨文时代、上古、中古、近代的主要句法语义特点通过语例分析的方法列表如下（见表 3）。表中符号“S”代表主语或施事（Subject），“V”代表谓语动词（Verb），“O”代表宾语或受事（Object），“L”代表方所（方位或处所）（Locality），“C”代表补语（Complement），“A”代表形容词或形容词谓语（Adjective），“N”代表名词或名词谓语（Noun），“M”代表语气词（Modal）。

表 3　介词“于、在”的句法语义特点历史状况一览

历史阶段	介词	语例	介词介引的语义范畴	介词结构的句法分布
甲骨文时代	于	甲子卜，其求雨于东方。（集 20173）	处所（方位）	V + O 之后（多用）
		贞：王勿出于敦？（合 7940）	处所（地点）	V 后
		贞：其于六月娩。（合 116 正）	时间	V 前（多用）
		丁亥卜，酒升岁于庚寅。（屯 4318）	时间	V + O 之后
		丁未卜，争贞：王告于祖乙。（合 1538）	祭祀对象	V 后
		丁酉卜，其祷年于岳。（合 27465）	祭祀对象	V + O 之后

续表

历史阶段	介词	语例	介词介引的语义范畴	介词结构的句法分布
甲骨文时代	于	于小乙祷，于祖丁祷。（合 27348）	祭祀对象	V 前
		于示壬告三牛。（屯 783）	祭祀对象	V + O 之前
		三百羌用于丁。（合 295）	动作的受益对象（适用范围）（广义处所）	V 后
	在	在五月隹王六祀。（佚 518）	时间	S + V 之前（多用）
		乙未卜，王在正月。（甲 2247）	时间	V 后
		戊午卜，在潢贞。（通 730）	处所（地点）	V 后
		其告在后祖丁。（甲 722）	祭祀对象	V 后
上古	于	仲子生而有文在其手，曰为鲁夫人，故仲子归于我。（《左传·隐公元年》）	动作的对象（方向标）	S + V 之后
		皆于农隙以讲事也。（《左传》）	时间	V + O 之前
		战于长勺。（《左传》）	处所（地点）	V 后
		鸟兽之肉，不登于俎。（《左传》）	动作涉及的方面（范围）	V 后
		郑于是不敢南面。（《左传》）	原因	V + O 之前
		且虞能亲于桓、庄乎？（《左传》）	比较的对象	V 后
		郤克伤于矢，流血及履。（《左传》）	工具施事	O + V 之后/有标被动句
	在	明日，以表尸之，皆重获在木下。（《左传》）	处所（方所）	V 后/框式介词
		齐女侍者在桑上闻之，以告其主。（《史记·晋世家》）	处所（方所）	V + O 之前/框式介词
		草木在高山之巅，当疾风之冲，昼夜动摇者，能复胜彼隐在山谷间，障于疾风者乎？（《论衡·道虚篇》）	处所（方所）	S + V 之后/框式介词
		兹不穀震荡播越，窜在荆蛮，未有攸厎。（《左传·昭公二十六年》）	处所（活动地域）	S + V 之后
		夫赏，国之典也，藏在盟府，不可废也。（《左传》）	处所	O + V 之后/无标被动句
		或高才洁行，不遇退在下流；薄能浊操，遇在众上。（《左传》）	处所（社会阶层）	V 后（假设复句）
		匄之祖，自虞以上为陶唐氏，在夏为御龙氏，在商为豕韦氏，在周为唐杜氏，晋主夏盟为范氏，其是之谓乎？（《左传》）	时间（朝代）	$V_{系}$ + O 之前

续表

历史阶段	介词	语例	介词介引的语义范畴	介词结构的句法分布
上古	在	君子有三戒：少之时，血气未定，戒之在色；及其壮也，血气方刚，戒之在斗；及其老也，血气既衰，戒之在得。(《论语·季氏》)	动作涉及的方面(事项)	V+O之后
		诸侯所以归晋君，礼也。礼也者，小事大，大字小之谓。事大在共其时命，字小在恤其所无。(《左传·昭公三十年》)	动作行为的方法	V+O之后
中古	于	时于市门中卖缴，故亦谓之缴父。(《搜神记》卷一)	处所（地点）	V+O之前/框式介词
		鸡子于地圆转未止，仍下地以屐齿碾之，又不得，嗔甚，复于地取内口中，啮破即吐之。(《世说新语·忿狷》)	处所（地点/起点）	$V+C_{状态}$之前
	在	盟津河在昆仑山腹壁出，其山举高三千三百六十万里，纵虽卿一生如去，犹不能至。(《敦煌变文集·前汉刘家太子传》)	处所（起点）	V前
		若在道精熟，符录最绝，宇宙之内，无过叶净能者亦。(《敦煌变文集·叶净能诗》)	范围	$A_{双音节谓语}$前
		大德心法无形，通贯十方，在眼曰见，在耳曰闻，在手执捉，在脚云奔。(《祖堂集》卷十九《观和尚》)	方面（角度）	$V_{系}$+O之前
		蛇在皮中动摇良久，须臾不动，乃牵出，长三尺许。(《搜神记》卷三)	处所（承载物）	$V_{双音节}+C_{时间}$之前/框式介词
		家人一时去，独留女在后。(《世说新语·假谲》)	处所（方位）	V+O之后
		至七月七夕，西王母头戴七盆花，驾云母之车，来在殿上。(《敦煌变文集·前刘汉家太子传》)	处所（地点）	V后/框式介词
		又有女子，阴在首，居在扬州，亦性好淫。(《搜神记卷七》)	处所（地方）	V后
		其净能在于侧近店上宿，忽闻哭声甚切。(《敦煌变文集·叶能净诗》)	处所（方位）	V+O+V之前/“在、于”同义连用
		不觉蜘蛛在于其上，团团结就百匝千遭，蝴蝶被裹在于其中，万计无由得出。(《敦煌变文集·叶能净诗》)	处所（方位）	V+O之后、O+被+V之后/框式介词/“在、于”同义连用
		他把两领净席铺在地下。(《元曲选·桃花女三折》)	处所（地点）	S+把+O+V之后/框式介词

续表

历史阶段	介词	语例	介词介引的语义范畴	介词结构的句法分布
中古	在	把我在红尘中埋没。（《元曲选·冻苏秦一折》）	处所（抽象地点）	$V_{双音节}$之前（把＋O＋在＋L＋$V_{双音节}$）/框式介词
		我先在东门上将你那茶车搜过。（《元曲选·马陵道三折》）	处所（地点）	“将＋O＋V＋过”之前（把字句中）/框式介词
近代	于	失去了在“处所介词”中的绝对优势地位，仅文人书信对话中尚有极少用例。		
	在	我自胡乱与他取个学名，留他在家拾些稻头儿，度得嘴儿过罢了。（《魏忠贤小说斥奸书》）	处所	两个“S＋V”之间/框式介词
		端在桌上，与进忠吃。（《魏忠贤小说斥奸书》）	处所（终点）	V后/框式介词
		国家元气在粮，神气在兵。（《魏忠贤小说斥奸书》）	方面（事项）（广义处所）	$N_{双音节谓语}$后
		将那成窑的茶杯别收了，搁在外头去罢。（《红楼梦》41回）	处所（方位）	“V”和“$V_{趋向}$＋$M_{单}$”之间/框式介词
		你今夜还在外头睡去罢咧？（《红楼梦》第109回）	处所（方位）	V＋$V_{趋向}$＋$M_{双}$之前/框式介词
		把关张分付在君王手里，交他龙虎风云会。（杂剧三）	处所（抽象地点）	“把＋O＋$V_{双音节}$”之后（把字句中）/框式介词
		话未说完，众人都笑倒在床上。（《红楼梦》第50回）	处所（地点）	S＋V＋C之后/框式介词
		姨太太带了哥儿姐儿，合家进京，正在门外下车。（《红楼梦》第4回）	处所（方位）	V＋O之前/框式介词且前后均有语义成分

注：甲骨文时代语例后边括号内的注释为甲骨文卜辞的出处和编号。集、合、屯、佚、甲、通，分别是《殷周金文集成》《甲骨文合集》《小屯南地甲骨》《殷墟甲骨辑佚》《殷墟文字甲编》《甲骨文通检》的简称。数字为甲骨文卜辞的编号，数字后边的“正”表示该编号甲骨文卜辞的正面。

四　介词“在”替代“于”的句法语义动因探释

表3基本说明了广义和狭义概念的处所义介词“于、在”的历史句法语

义演变情况。我们认为，“在”替代“于”，主要的动因在句法和语义上，就是因为有句法位置和语义表达的需要，“在”才能最终取代“于”。下面，我们根据表 3 的梳理，着重分析对语言历史发展有重要影响的一些特征，对介词“在”最终替代介词“于”的主要句法语义动因进行探讨和解释。

（一）语义动因

处所介词“于”和“在”在基本语义上区别不大，“在”作为“于”的主要替代者，在历史发展中继承了基本的处所义，无论是狭义的具体的处所义，还是广义的抽象的处所义，二者都可以表达。但是，“在”能最终替代“于”，仍然有语义表达精细化的驱动力。这主要表现在以下三个方面。

1. 框式介词结构导致的语义精细化表达是动因之一

由介词“在”构成的框式介词结构，可以导致语义的精细化表达。这是介词“在”替代介词“于”的语义动因之一。我们知道，汉语是缺乏印欧语那样的形态的语言，尤其是在先秦上古汉语中，汉语的形态更是贫乏，介词“于”是实体名词和处所名词的区别标志，到了西汉时期，随着语义表达精细化、精确化，双宾语句和双音节化逐渐盛行，导致很多单音节名词后面出现了“上、中、下、里、内、外、前、后”等方位词，“于”的形态标志作用逐渐消失。这些方位词要么单独用在处所词之后，要么跟介词“在”构成“在……中/上/里/外”等框式介词，这表面是句法结构的变化，实质上是语义表达细化的形式需求。比如，《元曲选·赵礼让肥（三折）》中的语句：“我把哥哥擒于山寨，触犯着贤士休怪。”这个时代，原本是介词“在”替代介词“于”的时代，可是这里仍然用介词“于”。笔者认为，这里的介词“于”在语义上其实是“在……中”（或其他框式介词）的意思，因为元曲这个时代在这样的句子里原本该用框式介词。可见，介词“于”被后起的框式介词替代，而不是简单地被“简单介词”替代，是语言表达清晰化、精细化的一种表现。

2. 复杂语义成分导致的语义精细化表达是动因之二

汉代以后尤其是近代以来，不仅介词“在”之前出现了副词等复杂语义成分，而且单纯的介词结构发展出复杂的框式介词结构，更有甚者，介词结构或者框式介词结构之后也出现了其他语义成分，这就使得传统的单纯介词结构“在＋L”的表意功能更加强大，所表之意更加精细，导致这种介词结构更适应语言纵深发展的需求。这就说明语义精细化表达的需求促使介词“在”的盛行和“于”的衰落。

3. 介词“在”分担了介词“于”的主要而且最多的语义功能是动因之三

介词“于”承担的众多语义功能被其他众多的介词分担，其中介词“在”分担的最多而且最为主要。比如，“于”的表“比较”的语义功能就由介词“比”来分担，“于”的表“地点、范围、对象、时间、受益者、原因”的语义功能由介词“在”来分担，“于”的表“起点”的语义功能就由介词“从、自”来分担，“于”的表“被动”的语义功能就由介词“为”来分担，“于”的表“凭借”的语义功能由介词“以”来分担，等等。表处所义是介词“于”的核心语义功能，再加上广义的处所义涉及的方面又很多，所以介词“在”成为介词“于”的主要替代者。

（二）句法动因

介词“在”替代介词“于”，在句法方面，概括起来主要有以下三个动因。

1. 句法结构成分的合理分布是动因之一

句法结构成分的分布变化是介词“在”代替介词“于”的主要驱动力。先秦上古汉语中，表示处所的介宾结构“于 + L”一般分布在动词之后，到了中古以后，介宾结构“在 + L”的分布前移到动词之前。笔者认为，介宾结构提前，分布在句子的核心成分“动词（述语）”之前，一般充当状语，这样就把句子核心成分“动词（述语）”之后的位置空出，留给其他成分比如“结果补语”、“趋向补语”、“时间补语”、“数量补语”（也有学者称“数量宾语”）以及“宾语”等使用。这从表 3 的中古以后的相关语例中就可以看出。在表 3 中，中古以后，介词“在”字句中，动词带宾语、带补语的现象明显增多，现代汉语中更是这样。介宾结构“在 + L”的句法位置前移，有利于句法结构成分以“动词（述语）”为中心的均衡分布，使得句子的结构形式更加匀称和谐，而且这也有利于句子语义的便捷表达和理解，避免句子的语义块过于集中在动词（述语）之后。句法成分的位置调整，深层动因还是语言信息表达的需要。郭锡良[①]在谈

① 郭锡良：《介词“于”的起源和发展》，《中国语文》1997 年第 2 期。

到介词“于”的起源和发展时说，“于”字扩展引进祭祀对象，也是由引进处所的用法扩展而来的，祭祀对象也是一种广义的行为处所，这种扩展是有着深刻的语言表达需要的，因为祭祀常常涉及四个对象：谁祭祀、祭祀谁、为什么祭祀（事）、用什么祭祀（物）。笔者认为，郭锡良先生的论断是很中肯的，无疑是正确的科学的判断。其实不仅仅是祭祀的那四个对象，还有祭祀的时间、地点、方式等都是祭祀活动所需的，这些众多的信息，都是表达所需要的，但是这样也会导致句子成分增多、结构加长，于是一些句法单位就需要调整位置，以便句子在句法结构和语义表达与理解上达到和谐状态。总之，为了表意的需要，句法结构单位“于+L”需要前移，为了避免误解，前移以后一般不能保持原貌，所以就需要新的同义近义形式替代。介词“在”同义替代介词“于”就是这种情况。

2. 句式结构的复杂化需要是动因之二

句式结构的复杂化也是介词“在”替代介词“于”的主要历史句法动因。值得指出的是，具有句法性质的句式结构复杂化显然也具有语义性质，既是语义表达丰富性的要求，也是语义表达精细化和特殊化的需要。比如为了表达“强处置义”（把字句）和“强遭受义”（被字句）等特殊的句义，一般的常规句式很难完成这种功能，句式就需要复杂化或者特殊化，于是介词“在”就会和把字句、被字句联合起来，形成较为复杂的句式。因为介词结构可以引入“时间、地点、处置对象的某些具体方面、处置的程度、处置的角度”等语义成分，这样就使得“处置义”和“遭受义”的表达更为精细和精准。两种或者多种句式结构糅合起来使得句式复杂化，这种情况在中古汉语和近代汉语以及现代汉语中都是很常见的。

3. “在+L”的句法位置的历史多能性是动因之三

根据我们的考察，介词“于”在上古汉语中构成的“介宾结构”尤其是表处所义的介宾结构，位于句中的述语（动词）之后，只有表示时间义的“介宾结构”才可位于述语（动词）之前，而且在金文中也是这样。这种情况在中古汉语中有所改变，表处所义的介宾结构“于+L”有的可以前移到述语（动词）之前。和“于”相比，介词“在”构成的介宾结构“在+L”在上古汉语中都有两种位置，既可位于述语（动词）前，形成

“S＋在＋L＋V＋O”结构，也可以在述语（动词）之后，形成“S＋V＋在＋L”。到中古汉语时，表示“达到”性质的处所义的“所至”移至述语（动词）之后，表示静态地点的处所义的“所在”，多数位置仍在述语（动词）之前。总之，从古到今，介宾结构“在＋L”的位置都是多能的，既可位于述语之前，也可位于述语之后，具有极大的灵活性。介宾结构“于＋L”和“在＋L”两相比较，后者代替前者是很自然的事情，因为后者“在＋L”从一开始就具备了前者“于＋L”的所有功能位置。从语言的经济原则来说，这种替代是一种优化。

五　结语

本节首先探讨“在”的介词和动词词性不易区分的认知语义原因，最后总结全文。

管燮初先生的《殷墟甲骨刻辞的语法研究》、陈梦家先生的《殷墟卜辞综述·文法》都将“在”归为时空介词、动词，但是语法学界很多人仍然认为“在”在先秦还是动词。王力先生认为介词“在”大约产生于晋代以后，郭锡良先生否定了先秦甚至甲骨文时代就存在介词“在”的观点，认为汉代以后，“在”开始虚化成介词，它也是早在先秦甚至甲骨文时代就存在的介词“于”的主要替代者。郭锡良认为先秦甚至甲骨文时代的“在”都是动词，还没有虚化为介词。[①] 对此争议，王鸿滨解释说，介词“在”的产生时间不好确定，或者说“在”的词性“介/动”不好区分的原因是，“在”的实词意义是表示“存在”，且与时间特征上的“正在”有种必然的联系，不仅表示一种状态，同时也由于本身负载的时间信息，往往被认为是动词“在”和介词“在”的一种合体。[②] 笔者认为，这种词汇语义的认知分析是有道理的，实词词义“存在”具有“空间”性特征。而“存在”也意味着正在“在”，具有“时间”性特征。而且“存在”的位置既可以是“空间性的”，也可以是“时间性的”；既可以是“具体性的”，也可以是“抽象性的”。因此，正如王鸿滨所言：“‘在’只是一个

① 郭锡良：《介词“于”的起源和发展》，《中国语文》1997年第2期。

② 王鸿滨：《处所介词“于（於）”的衰落与“在”的兴起》，载《汉语史研究集刊》（第六辑），巴蜀书社，2003。

很泛的表示存在于某一地点或者其他任何‘点’的普通介词。”① 我们知道，郭锡良考察指出，“于”最早是“去到”义动词，这和“入、来、至”等“来”义动词的运动方向刚好相反，而且“去－来（往－来）”的方向性区分在认知语义上本就是一个高难度的工作，因此在语义表达的过程中，区别“往来”义动词往往变得有些抽象和空灵，这样一来，当没有实在方向性的表时空“定点”意义的“在（存在、正在）”代替“于”的时候，就变得与动词模糊不清。这是“在”的介词和动词不易区分的认知语义动因。②

本文认为，介词“在”替代介词“于”的主要语义动因是语义表达的精细化、明确化和复杂化需要，具体表现在：为了表义精细化而出现的方位词更容易和介词“在”一起构成框式介词；介词“在”之前和介词结构之后可以出现副词等复杂的语义成分，使得由“在”构成的介词结构的表意功能更丰富、更强大，最终使这种介词结构更加适合语言复杂化发展的需求，从而成为语言中的显著表达式；介词“在”分担介词“于”的语义尤其是处所义的功能最多，最终成为“于”的主要替代者。

句法结构上的替代动因主要表现在：由“在”构成的介宾结构的句法位置前移，有利于句法结构成分以“动词（述语）”为中心的均衡分布，使句子的结构形式更加匀称和谐，避免了句子的语义块过于集中在动词（述语）之后可能导致的语义表达和理解障碍；介词“在”跟把字句、被字句联合（糅合），形成较为复杂的句式，便于表达“强处置义”（把字句）和“强遭受义”（被字句）等特殊的句义，这是一般的常规句式很难完成的；从古到今，由“在”构成的介宾结构既可位于述语之前，也可位于述语之后，这比由“于”构成的介宾结构主要位于述语之后具有更大的多能性和灵活性，从语言的经济原则来说，这种替代是一种句法语义优化。

① 王鸿滨：《处所介词“于（於）”的衰落与“在”的兴起》，载《汉语史研究集刊》（第六辑），巴蜀书社，2003。

② 郭锡良：《介词“于”的起源和发展》，《中国语文》1997年第2期。

Syntactic and Semantic Features of the Preposition "Yu" and "Zai" and Syntactic and Semantic Motivations of "Zai" Replacing "Yu"

Wang Xiuyun

Abstract: After the Han Dynasty, the preposition "Yu" gradually declined, and the preposition "Zai" became the main replacement of "Yu". This is an important linguistic phenomenon in the history of Chinese language development. It is of linguistic value to explore the main syntactic and semantic motivations of the preposition "Zai" replacing "Yu". This paper describes the main syntactic and semantic features of the preposition "Yu" and "Zai" in the historical development, and explains the syntactic and semantic motivations of "Zai" as a substitute for "Yu", and thinks that this substitution is a kind of optimization of syntax and semantics.

Keywords: Zai; Yu; Preposition Substitution; Syntax and Semantics

About the Author: Wang Xiuyun (1986 –), Ph. D. Candidate at School of Chinese Language and Literature, Hubei University. Research interests and specialties: Chinese philology. E-mail: wangxy861@163.com.

语文教学研究

召唤与应答：中学语文教材建设70年的创新路径

——以教科书制度为视角

何永生*

摘　要　在教科书制度视域下，新中国70年中学语文教材建设可划分为国定制、审定制和复归国定制三个时期。70年来，语文教材建设在全面贯彻党的教育方针和落实国家教育政策，努力适应社会发展需要、人的成长需要，发扬传统、借鉴国际母语教育经验，遵循学科发展规律，尊重教师专业发展水平和学习者认知水平诸多方面，进行了很多有益的探索。在坚持学科主体性发展，保持教材相对稳定的同时，在吸纳社会发展、科学技术进步，特别是认知科学领域新成果等方面，积累了不少的经验。实现了语文工具性从属政治社会属性到学科属性的转变，从思维和交流的工具到最重要的交际工具、文化载体和人文性统一的建构与实践的发展。形成了听从召唤、应答各方面诉求、全面兼顾、多方匹适、坚持学科教育与思想培育一役并举、与时俱进、创新发展的突出特点。

关键词　教科书制度　中学语文教材　教材建设　召唤与应答

基金项目　教育部“十三五”教育规划课题“教育学视阈下语文诗与非诗的研究”（项目编号：FHB170615）。

* 何永生（1953～），博士，华中师范大学语文教育研究中心常务副主任、特聘研究员。主要研究方向为中国近现代文化思想史。电子邮箱：1465887131@ qq. com。

70 年来，中学语文教材建设工作在全面贯彻党的教育方针和落实国家教育政策，努力适应社会发展需要、人的成长需要，发扬传统、借鉴国际母语教育经验，遵循学科发展规律，贴近教师专业发展水平和学生认知实际诸多方面，进行了很多有益的探索。在坚持学科主体性发展，保持教材相对稳定的同时，在积极吸纳社会发展、科学技术进步，特别是认知科学领域的最新成果等方面，积累了不少的经验。形成了听从召唤、应答各方、全面兼顾、多方匹适、不断反思、努力“创新”的突出特点。经验与教训皆可为即将全面推广之统编统用新教材建设工作的参考。缕析如兹，求教大方之家。

一　1949～1987年，调适与反复：语文工具性的政治社会属性与学科属性的调谐“国定制”*

“国定制”并非新中国成立后的新生事物，它是以国家的名义，体现执政党意志，由相关教育行政部门审定并配置使用的教材生产和使用制度。其突出特点是强调教材生产、使用的事权归属，重在意识形态的统一性、价值输出的强制性和学科属性的规范性。在语文教材建设上，具体表现为必须坚持“语文教育”和“思想教育”的统一性。1950～1987 年，在“国定制”“一纲一本”“统编统用”制度框架下，由人民教育出版社出版的九套教材，其“创新”总体上表现为在不同时代背景下，探索“双重任务”的结合部与契合点，调谐语文工具性的政治社会属性与学科属性的实践，体现了教材编制主体在应答时代召唤过程中与召唤主体间的不断磨合、调适的努力，且呈现出如下的阶段性特点。

---

* 语文教材“国定制”在国民党时期，由于政治上实际上处于分治状态，语文教材的生产基本上是多元并存的。在国统区有由国民党政府指导、经援，御用学者编写的以宣传“三民主义”和封建买办思想为宗旨，以文言文教学为主，辅以少量时势文献，由官方配置使用的所谓“国定制”教材。也有由市场配置经学者编写，思想内容上以巩固“五四”新文化运动成果，宣扬爱国主义和弘扬民族精神，知识技能上读写并重、文白兼修，通过政府相关部门审查民间选用的所谓“审定制”教材。共产党武装割据的六大根据地，各自因地制宜都有各自生产的宣扬新民主主义、培养爱国主义情操、以白话文为主、侧重“应用语文”能力培养的中等语文教材。见课程教材研究所编著《新中国中小学教材建设史（1949—2000）研究丛书·中学语文卷》，人民教育出版社，2010，第 12 页。

（一）1949～1966年，从多源影响与借鉴到“新语文”教材初成

中华人民共和国成立之后的新教育基本上受到“民国时代的遗产”、“共产党边区的遗产”和“向苏联学习”三个因素的影响。[①] 语文教材要适应新中国的教育形势，面临的“创新”是如何统筹落实新民主主义教育方针，改造五四新文化运动以来遗留下来的教材生产体制、资源，统整、改革六大解放区各自为政的比较简单化的教材生产机制和适应面比较单一的局面，借鉴国外主要是苏联的经验，形成真正适应新中国要求的“新语文”。编制既符合时代特点，又体现语文学科本体性、科学性的教材，不同影响因素之间的矛盾与博弈不仅是客观存在的[②]，而且决定了教材的面貌。这个时期在“国定制”下可以分为前后两个阶段。1949～1966年为一个阶段，即通常所谓的“十七年”，一共生产7部；1977～1987年，一共生产4部。前后总共11部教材。前后两个阶段鲜明的意识形态影响，促进了语文教材建设者主体意识的觉醒，也决定了教材的价值导向、文化面向、目标定位和功能取向。每一套教材的背后都潜蕴着时代风潮下的政治思潮、社会文化和学科本体之间的多维互动与博弈。

50年代前期的两套教材分别承担了不同的历史使命，其“改革”“创新”的面向鲜明突出，在《国语》《国文》向《语文》的蜕变中各自发挥了自己的作用。

1948年3月成立的隶属华北政务委员会的教材编写委员会，实际上是由中共中央宣传部直接领导的一个全国性的教材建设机构，是国家新闻出版署教材局的前身。[③] 5月开始要在新中国成立前夕编写的这套“应急性”的语文教材，以及8月付梓的《初级中学国语课本》《高中国文课本》，伴

① 〔美〕费正清、〔美〕罗德里克·麦克法夸尔主编《剑桥中华人民共和国史（1949—1965）》，王建朗等译，陶文钊等校，上海人民出版社，1990，第196～215页。

② 李云龙：《国家意志与教材实现——新中国成立初期教科书编审路径及启示》，《课程·教材·教法》2019年第12期。

③ 郭戈：《为新中国教科书奠基——华北人民政府教育部教科书编审委员会考述》，《课程·教材·教法》2019年第11期。

随着隆隆炮声和战火投入使用，成为迎接新中国成立的第一套语文教材。[①]

第一套教材（1949）的使命是“易帜”，迎接全国解放。口号是“新中国不能再念‘青天白日满地红’”，目标是“解放军打到哪里，教科书送到那里！”[②] 在特殊的政治和军事斗争背景下，紧锣密鼓的草创工作奠定了此后中国语文教材建设的制度基础、组织基础和人才基础。这套教材虽然仍旧以《国语》《国文》赋名，但其命维新。政治立场转化、课本内容简化、体例简单化、印制简陋（各地因地制宜，分散印刷）是其鲜明的特点，“应急”功能突出，象征意义远大于实际意义。但其所催生的制度架构、组织基础和人才储备却影响深远。

1951 年由中央人民政府出版总署编审局编辑，人民教育出版社出版的初、高中各六册教材在名称上做出了重要的修改，将过去国语、国文分段分级的修习课本修正为“语文”，并对变更做了特别的阐述，所谓“说出来是语言，写出来是文章，文章依据语言，‘语’和‘文’是分不开的。语文教学应该包括听话、说话、阅读、写作四项。因此，这套课本不再用‘国文’或‘国语’的旧名称，改称‘语文课本’”[③]。这套教材影响深远，以至于今，体现了主要编创人员对“五四”以来中国学术界对西方语言学理论和中国传统的音韵学、文字学和训诂学等理论认识的深化与继承，并且在实践中的再一次统整与创新。1953 年版替换了部分选文，修改部分注释和提示。尽管仍然十分简陋，带有明显的过渡性，但在编写过程中所讨论的语文教育“工具性”的问题、“双重性”的问题以及如何平衡与调适两者关系的问题成为至今仍然困扰语文教材建设和语文教学的基本问题。

1954～1964 年是新中国语文教材建设史上最具有戏剧性的时期，十年时间生产两套（第三套、第四套）教材。第三套教材（1956）学苏联，文学、汉语分科；第四套教材时期（1957－1958－1964）中苏交恶，文学、汉语

---

① 人民教育出版社 2010 年出版的《新中国中小学教材建设史》未将本套过渡教材作为自己的第一套教材写入教材史，原因可能是编写和出版单位都属于当时的华北政务委员会，实际上 1949 年 8 月，教科书编审委员会编写的《初小国语课本》《高小国语课本》《初级中学国语课本》《高中国文课本》由新华书店和华北联合出版社联合出版。

② 《中国现代教育家传》编委会编《中国现代教育家传》（第二卷），湖南教育出版社，1986，第 149 页。

③ 中央人民政府出版总署编审局：《初级中学语文课本（第 1 册）编辑大意》，人民教育出版社，1950，第 1 页。

合编。

第三套实行文学、汉语分科编制，受关注程度为新中国成立后之最。启动之初，专委会报告，政治局扩大会议决策，党的宣传工作负责人和教育部主管副部长亲自调研、宣传、布置，然而国际局势和国内政治环境的影响却致教材评价前后呈云泥之别。分科教学草草收场，第四套文学、汉语合编教材匆匆面世。教材在选材上强调反修防修、自力更生和对“新人”的培养。

1956 年 12 月的国务院文教办公会议之后，1957 年 1 月制订的初、高中第一学年第二学期和第二学年第二学期就实施了内容上的精简和教法上的改进。[①] 当年秋季开学停用高中文学课本第一、二册；高一年级暂用初三的文学课本；抽掉高中文学课本第三册艰深的古典作品；补充编入元代杂剧关汉卿《窦娥冤·法场》到清末梁启超《谭嗣同传》等作品；增加一个现代汉语议论文单元，四篇选文分别是毛泽东《什么是知识》、刘少奇《个人和集体》、列宁《伟大的创举》和高尔基《论新人》。

1958 年，在“教育大革命”的形势下，国家决定对中学文学课本、汉语课本进行根本性改编，合编文学、汉语为语文。人教社应急编写供当年秋季使用的十二年制中学语文课本，即第四套语文课本。这套史称“大跃进版”的教材，不仅在选文数量上减少不少，而且内容全面政治化，高中六册选文除了列宁、加里宁、张德生和张文卿外，作者全部是时任中央领导，外加《人民日报》社论和一篇《湖北日报》社论。

（二）1963 年，以“新”标识的“新编语文课本”明确“语文是基本工具”的学科属性

1960 年 6 月 18 日，毛泽东在上海会议作《十年总结》，重新强调实事求是的原则。[②] 国民经济进入“调整、巩固、充实、提高”的时期，各行各业开始检讨反思社会主义建设中的“盲动性”。1959 年、1960 年《教育部关于编写中小学语文通用教材的报告》《关于提高中小学语文教学质量

---

① 课程教材研究所编著《新中国中小学教材建设史（1949—2000）研究丛书·中学语文卷》，第 62 页。

② 中共中央文献研究室编《毛泽东年谱（1949—1976）》（第四卷），中央文献出版社，2013，第 419～420 页。

问题的请求报告》两个报告实事求是地评价了第三套、第四套前后两套教材，认为前者“忽视思想政治教育”“语文基本训练”和后者“把语文课变成政治课”“忽视基本知识教学”都是错误的，这种“摇摆现象”是“语文教学目的不够明确”的表现，并对“语文的性质、语文教学目的、思想政治教育和语文教学关系都做了明确的表述”。在这个认识基础上，根据“缩短年限，提高程度的教改精神”编制了《十年制学校语文教材编辑方案》《十年制学校语文教学大纲草案》。同时，根据国务院和教育部的指令，开始了十二年制中学语文教材的编写。整套书选入课文360篇，提供了满足内容丰富性、题材广泛性、文章典范性要求的容量空间；知识和能力体系也较为清晰，语法、修辞和逻辑三管齐下；思维培养、阅读和写作训练由浅入深，循序渐进，比较好地贴合了教师专业素养和学生认知水平，充分体现了当时资源条件和时限要求下所能达到的最好水平，成为“文革”后拨乱反正、迅速恢复语文教材建设最宝贵的借鉴。

（三）1964～1976年，教材编写半途而废，语文学科消失，更名“政文课”

1964年2月13日，毛泽东发表“春节座谈会上的讲话”，专门谈论教育问题，提出“学制可以缩短”①；4月11日，《人民日报》发表社论——《培养生动活泼的主动的学习风气》；7月14日，教育部印发《关于调整和精减中小学课程的通知》，拟编的语文教材半途而废。

1966年6月13日，中共中央、国务院批转教育部《关于1966－1967学年度中学政治、语文、历史教材处理意见的请求报告》，统编语文教材停印、停发。语文和政治合并为“政文课”，语文教学的任务转向为政治运动服务，课本充分体现“无产阶级的实用性”。在“批判、继承，古为今用”的原则指导下，选文严格仅限于革命导师著作的节选，古代作品非法家不得入内，外国作品严格设限。这种局面一直延续到1977年，中国社会进入拨乱反正的时期。

（四）1977～1987年，“拨乱反正”，新时期语文教材的重建与创新

这个时期中学语文教材建设拨乱反正，重拾1963年的教材编写理念和

---

① 中共中央文献研究室编《毛泽东年谱（1949—1976）》（第五卷），中央文献出版社，2013，第314～315页。

特点，一共生产了1978年试用版、1980年修订试用版和1983年版教材。三版之间起承、修订、完善的关系十分显明，相当于“文革”结束后中学语文教材的1.0版、2.0版和3.0版。总的趋向是适应时代的发展，突出语文学科的特点，加强语文学科培养学生政治思想规律的探索，在内容安排上明显失调，带有明显的过渡性质。

1980年12月，中共中央、国务院决定“中小学学制，准备逐步改为十二年制”[①]，中学语文教材随之开始大的调整。

五年制教材的调整主要表现在基于新的《教学大纲》突出了语文学科本体性特征，提出“双基”目标，重倡“文学教育”。教材面貌整体呈现这样一些特点。第一，在思想政治方面，清除“左”的影响，降低领袖文章和关系领袖文章的占比，修改一些带有个人崇拜色彩的表述。第二，在教材的内容上进行认真而全面的修订。全面并非全盘否定，推倒重来，恰恰相反，“首先是控制更换课文的幅度”，“其次是控制增加课文的数量”。[②] 这样的处理在某种意义上是在落实“语文教材无非是例子”的思想，所以修订集中体现在增强课文的经典性上。第三，课文数量空前增加，区分三种课文。这两个问题是互相关联的。由于采取了保留原有教材的基本篇目、另加新篇目的策略，该套教材初高中课文数量超过了新中国成立后的任何一部教材的规模。“总计课文430课”，区分讲读、课内自读和课外自读三种课文。第四，单元教学设计有了实质性的调整。以往教材的“单元概念只是一般意义上课文的分类方式，白话文以文体区别，文言文集中编排”，“读写训练”“穿插编排”，[③] 整体上缺乏教学安排上的有机性和系统性。第五，增加单元练习，加强作文系统训练，调整“思考和练习”，增强与课文的关联度和问题的整合性，调整注释，强调准确性。第六，以“知识短文”方式呈现的语文基础知识更具系统性。五年制教材这些建设性的成果，为十二年制“普通教材+补充教材”的模式奠定了基础。

---

① 中共中央、国务院：《关于普及小学教育若干问题的决定》，1980年12月3日。

② 课程教材研究所编著《新中国中小学教材建设史（1949—2000）研究丛书·中学语文卷》，第201页。

③ 课程教材研究所编著《新中国中小学教材建设史（1949—2000）研究丛书·中学语文卷》，第261页。

为了落实 1978 年全国教育大会“加速造就人才和提高教育水平”[①] 的精神，满足重点中学语文教学需要，根据六年制重点中学教学大纲编写重点中学实验教材。初中教材 1982 年秋季在全国 29 个省、市、自治区、直辖市 130 多所学校的 250 多个班级展开实验教学。第二年，又新增 120 多所学校的 210 多个班级试教。[②] 教材受到实验师生欢迎，得益于三个方面：第一是“体系新”“体例新”“选文思想解放”“练习扎实多样”；第二是效率高、效益显著；第三是“促进了教法改革”，教师“在教学中获得了成长”。[③] 此外，试教—经验交流—修订—试用—总结交流—比对实验，也是这套教材取得实效、获得好评的重要经验。修订前期的版本叫“试教本”，修订后的版本叫“试用本”。重点高中实验教材的编写借鉴了重点中学初中语文教材的经验，也分为试教和实验推广两个阶段来完成，分别叫“试教本”和“实验本”。整套教材体系完备，特点十分鲜明：（1）能力分级、知识分类、训练分步、教材分编；（2）体例转变，“文选型”转向“训练型”；（3）“说话与写作”独立成编成册，能力层级体系化、指标化。

六年制重点初、高中实验教材基本配套，在某种意义上，具有一些共同的特点：顶层设计站位高，立意远；分编合进，素养指向明确；基本知识系统化，能力分级指标清晰；教法配套关联性强。实验结果是教学效率、效果、效益统一。

1986 年的教学大纲对 1978 年颁布、1980 年修订的十年制教学大纲进行了再修订，进一步阐明了语文学科的性质，“是从事学习和工作的基础工具”，“是学习各门学科必须掌握的基础工具”，对“培养有理想、有道德、有文化、有纪律的社会主义公民具有重要意义”。提出了降低难度，减轻负担（课文总篇数从 300 篇减到 190 篇），增强教学内容弹性、灵活性和适用性，开阔学生视野，考虑学生人生发展的要求。

1989 年，根据国家教委《关于在中小学语文、历史、地理等学科教学

---

① 《中国教育年鉴》编辑部编《中国教育年鉴（1949 ~ 1981）》，中国大百科全书出版社，1984，第 152 页。

② 课程教材研究所编著《新中国中小学教材建设史（1949—2000）研究丛书·中学语文卷》，第 293 页。

③ 课程教材研究所编著《新中国中小学教材建设史（1949—2000）研究丛书·中学语文卷》，第 307 页。

加强思想政治教育和国情教育的意见》，人教社分别以《初级中学课本语文补充教材》《高级中学课本语文补充教材》补充初、高中各 6 册，每学期 1 册。1991 年为落实江泽民对青少年进行近代史、现代史和国情教育的指示和国家教委《中小学加强中国近代、现代史和国情教育的总体纲要（初稿）》精神，人教社对上述两套教材进行内容和体例方面的全面修订，教材名称不变，初、高中各 3 册，每学年 1 册，成为“一纲一本”方针下人教社出版的最后一套语文课本。

二　1991 ~2001年：语文是最重要的交际工具和文化载体，人文精神大放异彩

（一）义务教育法催生初中语文教学新大纲与新教材

1985 年 5 月，中共中央颁布《中共中央关于教育体制改革的决定》。1986 年 4 月 12 日，第六届全国人民代表大会第四次会议通过《中华人民共和国义务教育法》，7 月 1 日起施行。义务教育法强调培养“四有”新人：“国务院教育主管部门应当根据社会主义现代化建设的需要和儿童、少年身心发展的状况，确立义务教育的教学制度、教学内容、课程设置，审订教科书。”① 为贯彻义务教育的课程要求，中学语文教材的衔接工作在制度上落实审定制“一纲多本”，大纲改课标之后为“一标多本”，在内涵上明确了语文是最重要的交际工具和文化载体的思想，语文教材的人文精神大放异彩。

1987 ~ 1992 年，“教学大纲”向“课程计划”演变。1988 年“教学计划（试行草案）”颁布后，经过了五年的试验后正式演变为“课程计划（试行）”。1988 年 6 月，颁布“初级中学语文教学大纲（初审稿）”。1992 年初根据实验教材编写和实验情况修订的“初中语文大纲（试用）”指导教材编写及教学一直延续到 2000 年。2001 年，《义务教育语文课程标准》颁布。1999 年全面修订后的“初中语文教学大纲（试用修订版）”接续至 2004 年新的课程标准实施。

① 何东昌主编《中华人民共和国重要教育文献（1976 ~ 1990）》，海南出版社，1998，第 2415 页。

随着每一次大纲对教学目的的调整、教学要求的改变、教学内容的发展和基本篇目的建议，义务教育体系下的初中语文教材都会相应做出适应性的调整和变化。这些变化体现在三个编写阶段的过程中，呈现在不同版本的教材中，总体上呈现如下的一些特点。

第一，强调“联系生活，扎实、活泼、有序地进行语文基本训练，培养学生正确理解和运用祖国语言文字的能力，在训练的过程中，传授知识，发展智力，进行思想教育”①。第二，以训练的体系化、阶段性、层级性建构教材主要内容的内在逻辑。前一阶段、前一层级，成为后一阶段、后一层级的基础。序列清楚，在整体中见变化。第三，在体例上以生活主题组织单元，“阅读”与“写作、口语”分编合订；每册单元固定，每单元篇目固定，汉语知识集中编排。第四，增加“自由写作实践”和“语文实践生活”。

（二）“审定制”“一纲多本”，初中语文教材 8 + N，异彩纷呈

1986 年，《中国教育改革发展纲要》指出：“中小学教材要在统一要求、统一审定的前提下实行多样化。”1986 年 9 月，全国中小学生教材审定委员会成立。1987 年，《全国中小学教材审定委员会工作章程》《中小学生教材审定标准》《中小学生教材送审办法》发布，“审定制”“一纲多本”为教材建设引入竞争机制和优化动力。

教材审定制打破了人民教育出版社统一编写、出版，全国大部分地区基本共用一种教材的局面，教材生产出现百花齐放的形势。1989 年，国家教委规划义务教育初中语文教材 8 部，而 1992 ~ 1999 年实际审查通过并推荐全国范围内试行的教材多达 15 套。分别是人教版三年制、四年制各一套，广东高等教育出版社版，川教版，北师大版，华东师大和上海徐汇区教育局编写的沪教版，上海市石化总厂和闸北区教育局编写的沪教版，浙教版，开明版，中央教育科学出版社出版的冀教版，桂教版，江苏省中学语文教材组编写的苏教版，四川西昌地区教材编写组编写的川教版，欧阳代娜主编的辽教版，张志公主编的北大版。这些教材分为国家规划内、规

① 课程教材研究所编著《新中国中小学教材建设史（1949—2000）研究丛书 · 中学语文卷》，第 347 页。

划外两类，规划外又包括地方规划和单位及个体编写，一共三种情况。教科书制度的改革和教材建设多样化的实践，符合当时的时代精神和语文教学发展的需要，在新中国教材建设发展史上具有里程碑的意义。

（三）世纪之交语文教育大讨论，强调人文精神

21 世纪初的高中语文教材建设备受关注，有这样几个方面的背景因素。一是“国家把‘以人为本’立国策，社会倡导弘扬人文精神和情怀，教育也强调关注学生的修养和心灵。修订的语文教学大纲以及新制定的语文课程标准都强调加强语文的人文性内涵”[①]。二是要衔接义务教育初中语文教材。三是要回应世纪之交的语文教育大讨论。四是要为普通高中课程改革提供有力的支持。

为落实国家教育战略，国家教委（教育部）对高中教学系统性的改革也一直在有条不紊地进行中。1996 年 3 月，国家教委颁布《普通高级中学课程计划（试验）》，与九年义务教育课程计划相衔接，是编订普通高级中学新教学大纲、编写学科新教材、进行教学试验的依据。[②] 对课程结构实行重大调整，学科类课程分为必修、限定性选修和任意选修三种，活动类课程分为必须参加和自愿参加两种。同时下发实验课程计划，1997 年启动山西、江西、天津市两省一市教改试验。2000 年，《全日制普通高中课程计划（试验修订稿）》颁布实施。2003 年，全国高考时间提前一个月，调整到 6 月 8 日至 10 日。高中语文教学大纲的修订经历了 1996 年“试验版”、2000 年“试验修订版”和 2002 年“正式本”三个阶段。

为了配合普通高中课程改革，2001 年 6 月，教育部印发《中小学教材编写审定管理暂行办法》，实行国家基本要求指导下的教材多元化、多样化政策。多元化有两个方面的含义：一个是教材建设和管理的主体层级化，实行国家、地方、样本三级课程；一个是平行教材建设主体的多元化。多样化也有两个方面的内涵：一个是课程由必修、限制性选修和任意选修带来的结构变化，一个是教材审定制带来的教材丰富性和可选择的空

① 课程教材研究所编著《新中国中小学教材建设史（1949—2000）研究丛书·中学语文卷》，第 347 页。

② 国家教育委员会基础教育司：《全日制普通高中课程计划（试验）学习指导》，人民教育出版社，1997。

间的增大。在这样多重因素叠加促成的背景下，全国通过审定的国家教材一度达到七部之多。分别是人教版、沪教版、苏教版、鲁教版、北师版、粤教版、语文社版。这些教材都属于国家教材，每套教材结构上大同小异，在课标规定和推荐的范围内，在文章上各有选择，在体例上各有特色，体现了不同教材编写主体对课标的理解。此外，在教材市场更是涌现了一批颇具特点的教材，以其鲜明的个性引发了广泛的关注和讨论。

三　思考与启示

广义地讲，语文的外延等于生活的外延。语文学科是集工具性和人文性于一体的学科，与意识形态、历史文化、社会发展、国际文化交往、日常生活有着非比寻常的千丝万缕的联系。语文教材建设作为制度性母语学习的重要资源载体和工具，既不能挂一漏万，也不能包揽无穷。70年的建设历史、创新路径，留下了许多宝贵的经验，也不无遗憾。纪念与反思，仁智之见，各取所需。拙文以为，认真处理好如下的几对关系，不失其要。

第一，价值性与有效性统一的关系。党和政府历来高度重视语文教材的建设，关注教材的价值引导是否与党的教育方针、国家的教育政策、社会的教育期待、民族复兴的神圣使命同频共振。对此，语文教材建设应保持向度上的同一性和一致性，自觉将“为谁培养人”“怎样培养人”“培养什么样的人”的问题作为首要的问题。

第二，统一性与多样性互洽的关系。中国是一个统一的多民族的国家，幅员辽阔，人口众多，文化生态繁富，各民族各地区在几千年历史发展中，无论是统一还是分治，语言文化始终是各族同胞唇齿相依、同生共荣、同辛共悲的血脉。汉语汉文在凝聚各族人民的向心力、培养各族人民的同理心、增进各族人民的国家民族认同感的过程中起到了不可估量的作用。

第三，稳定性与创新性的协同关系。教材的稳定性是以价值观的一贯性、体例的开放性、文选的经典性和教材体系的完备性来保证的。创新性一般以体现时代精神的思想内容，新表达的关键语汇，新的文本形式和文创、文传方式等来体现。改革开放后一段时间探索以补充教材形式以及新课程改革后以国家、地方和校本三级课程建设和管理的形式、多层次性选修课教材建设等，都是在保证稳定性前提下充分满足创新性和教材活力的很好的尝试。这样的课程制度和教材建设机制，在相当程度上保证了随时吸纳社会日新月异的发展成果。

第四，自主性与学习借鉴的双睦关系。现代汉语是在古代汉语、现代白话文和东西方不同语言共同影响下形成的，语文教育是在开放的环境下，在多元文化影响下形成的学科体制。在以汉语汉文为主体的母语教学教材建设中，在学科技术层面，既要处理好文言与古白话、现代白话和当代语言生活的关系，也要处理好汉语言同国内多民族语言以及世界上其他民族语言之间互相影响、彼此吸纳的关系。

第五，统筹发展与重点突出的权准关系。语文教材要想实现与时俱进，创新是硬道理。理论创新、制度创新、组织创新、评价创新、师资培养创新、媒介手段创新等，这些都是语文教材建设创新必不可少的外部环境；学科建设创新、学科教育学理论创新、知识观念创新、信息方式创新、教学方式与学习方式创新、传播方式创新等，都是语文教材创新必不可少的内在动力和支持。进行顶层设计，需要分阶段实施，重点推进，侧面优先，协同发展。只有科学统筹与科学实施，才能系统推进，整体完善。

新时代中学语文教材建设在恢复国定制教科书制度背景下正徐徐展开，愿 70 年中学语文教材建设的未来更加美好。

Call and Answer: Innovative Approaches to the Compilation of Middle School Chinese Textbooks in the Past 70 Years

—From the Perspective of Textbook Mechanism

He Yongsheng

Abstract: From the perspective of textbook mechanism, the compilation of textbooks of mid-school Chinese in the past 70 years has gone through three stages, which are nation-run, self-edit, and nation-run again. In the past 70years, the compilation of textbooks has gone through various explorations, for the editors try to take various factors into consideration, such as the implement the policies of the nation and the ruling party and adoption to the needs of the social development, the level of the teachers, the cognation of the learners. While maintain the advancement of the discipline and maintain stability of the textbooks, they adopt new findings in the society especially in the realm of science and cognitive psychology, and accumulate much experience. The property of Chinese textbooks, which shifts from the subject to politics to an academic discipline, from tools of thoughts and exchange to the most important socializing and culture. The process of compilation of the textbooks shifts from answer the call, to answer the appeals from all sides, adoption to all sides. The exploration features a combination of language education and mind cultivation, goes with the times, and innovates all the time.

Keywords: Mechanism of Textbook Compilation; Middle School Textbook of Chinese; Compilation of Textbooks; Call and Answer

About the Author: He Yongsheng (1953 –), Ph. D. , Executive Deputy Director and Distinguished Research Fellow of Research Center of Chinese Education, Central China Normal University. Research interest and specialities: history of modern Chinese culture and ideology. E-mail: 1465887131 @ qq. com.

名著导读：别样的图书广告与阅读牵引

——浅谈部编初中语文教材“名著导读”的体例及教学利用

刘婷婷*

摘　要　部编初中语文教材把名著阅读纳入教材编排体系，朝着“课程化”方向实施。如何有效引导学生进行名著阅读是老师教学中必须重视的问题。本文对教材中的“名著导读”文本体例进行分析研究，在此基础上以《朝花夕拾》为例，探讨利用导读文本并结合名著特点进行读前激发兴趣、读中指导方法、读后交流提升的推进过程，层层深入，把名著阅读落到实处。

关键词　初中语文　“名著导读”体例　教学利用　《朝花夕拾》

部编初中语文教材把名著阅读纳入教材编排体系，朝着“课程化”方向实施，多在每册书的第三、六单元后推荐名著（必读 1 本，推荐阅读 2 本，一册书共 6 本），并以“名著导读”的形式从名家评论、作品作家介绍、读书方法指导、精彩选篇、自主阅读推荐等角度进行阅读引导，使“名著导读”在现实教学中有所依托。良苦用心旨在提高学生课外阅读的积极性，使他们掌握正确的读书方法，即提高学生的阅读兴趣和阅读能力，引导他们“多读书、读好书、好读书、读整本的书”，从而使他们在大量阅读的基础上提高语文素养。

* 刘婷婷（1984～），硕士，中学高级教师，武汉外国语学校初中部，主要研究方向为中学语文教学。

一 “名著导读”的体例

部编初中语文教材“名著导读”篇目及读书方法训练（见表1）在编排上遵循了中学生认知的发展规律、学习规律和中学语文教学规律，具有鲜明的特点。

表1 初中语文教材“名著导读”篇目及读书方法训练点一览表

册数	必读书目	推荐阅读书目	读书方法训练点
七（上）	鲁迅《朝花夕拾》 吴承恩《西游记》	孙犁《白洋淀纪事》 沈从文《湘行散记》 屠格涅夫《猎人笔记》 李汝珍《镜花缘》	消除与经典的隔膜 精读和跳读
七（下）	老舍《骆驼祥子》 儒勒·凡尔纳《海底两万里》	罗广斌、杨益言《红岩》 柳青《创业史》 阿西莫夫《基地》 J. K. 罗琳《哈利·波特与死亡圣器》	圈点与批注 快速阅读
八（上）	法布尔《昆虫记》 埃德加·斯诺《红星照耀中国》	卞毓麟《星星离我们有多远》 蕾切尔·卡森《寂静的春天》 王树增《长征》 李鸣生《飞向太空港》	科普作品的阅读 纪实作品的阅读
八（下）	傅雷《傅雷家书》 奥斯特洛夫斯基《钢铁是怎样炼成的》	乔斯坦·贾德《苏菲的世界》 朱光潜《给青年的十二封信》 路遥《平凡的世界》 罗曼·罗兰《名人传》	选择性阅读 摘抄和做笔记
九（上）	《艾青诗选》 施耐庵《水浒传》	《泰戈尔诗选》 《唐诗三百首》 刘义庆《世说新语》 蒲松龄《聊斋志异》	如何读诗 古典小说的阅读
九（下）	吴敬梓《儒林外史》 夏洛蒂·勃朗特《简·爱》	钱锺书《围城》 乔纳森·斯威夫特《格列佛游记》 《契诃夫短篇小说选》 夏目漱石《我是猫》	讽刺作品的阅读 外国小说的阅读

（一）篇目选择显匠心

初中三年共推荐36本书，整体来看，在书目选择上兼顾了不同时代、不同风格、不同题材的古今中外经典名著，这为学生在初中阶段能最大限度地扩展课外阅读视野、充分吸收不同时代不同国家文学经典的精华提供了重要参考，有助于促使学生对文学探索产生真正的兴趣。

具体到每一个导读，我们会发现编者在篇目选择上独具匠心："名著导读"篇目注重与单元主题和课内文章的结合，比如七年级上册第三单元的第一篇文章是《从百草园到三味书屋》，名著推荐便是散文集《朝花夕拾》；八年级上册第五单元学习的是科普类说明文，《昆虫记》便作为了拓展阅读；九年级上册第一单元学习诗歌，《艾青诗选》前来补充读诗的方法……单篇文章与整本名著的结合，对选文一致性和关联性的注重，给学生带来了群文阅读的体验，"这一篇"到"这一本"再到"这一类"的层层推进，有助于提高学生的阅读兴趣、巩固有效的阅读方法、开阔阅读视野。

（二）"名家评论"激兴趣

"名家评论"多涉及作品的写作背景、内容特色、创作风格、文学价值等，也有摘自作者自序或作品中的能体现作品思想特色、写作目的的语段。如对于《朝花夕拾》和《昆虫记》，分别摘录了鲁迅和法布尔的文字，这些评介首先拉近了学生与作品、作者的距离，也激发了他们的阅读兴趣。还有些文字充满了诱人深入的悬念，如施蛰存这样评价《傅雷家书》："他的家教如此之严，望子成龙的心情如此之热烈。他要把他的儿子塑造成符合于他的理想的人物。这种家庭教育是相当危险的，没有几个人能成功，然而傅雷成功了。"从评论文字来看，这种家教确实相当"危险"，也非常能引起处于叛逆高峰的初二学生的共鸣，但同时他们也会好奇：这些"家教"的具体体现是什么？傅雷教子成功的原因是什么？带着问题与期待去读书，学生一定会事半功倍。

（三）内容简介知梗概

内容简介部分对创作背景、作者、作品主要内容、写作手法等有简洁精妙的介绍，也根据名著本身的特点有所侧重。比如说对小说《骆驼祥子》就着重介绍了主人公“小人物”祥子的起落和其他人物群像，对小说三要素之一的人物进行了凸显。纪实性作品《红星照耀中国》则重点分析了一个外国作家的创作起因：“中国共产党人究竟是什么样的人?”“共产党怎样穿衣？怎样吃饭？怎样娱乐？怎样恋爱？怎样工作?”这样的起因具有鲜明的时代特点，激发兴趣的同时也能在潜移默化中对学生进行价值观引领，此外还对创作过程进行了详细介绍，更能体现纪实性作品“真实性”的特点。而对现代诗《艾青诗选》进行介绍时则把重点放在诗人的创作与时代的关系，不同创作阶段的意象选择、语言特点上，体现了诗歌不同于其他文学体裁的独特性，也彰显了诗人的个性魅力。因而，“内容简介”突出重点和有所侧重的介绍对学生在自主阅读中有意识地关注重点和特色做出了指引。

（四）读书方法指迷津

让学生学会读书是语文教育的重要目标之一。部编教材总主编温儒敏教授在《“部编本”语文教材的编写理念、特色与使用建议》一文中指出：“部编本”改变了“名著选读”“以往那种‘赏析体’写法，注重‘一书一法’，每次‘名著选读’课，都引导学生重点学习某一种读书的方法”①。根据作品本身的特点和学生学习的需要，导读针对每一本名著都介绍了一种读书方法，引导学生在阅读过程中能够有意识地运用、掌握、落实读书方法，从而提高他们的读书能力。

每个年级的读书方法侧重点有所不同。七年级强调基本功，如精读、跳读、圈点批注等，对七年级上册的《西游记》，给出的阅读方法指导是“精读和跳读”，不仅告诉学生怎么精读、细读、精思、鉴赏，还告诉学生在什么样的情况下精、跳读——“根据兴趣或读书目的的不同”“阅读长篇著作时可结合使用”，从而让学生明白这两种读书的方式有一个共同的目的：抓重点深入解读，跳读无关内容而提高效率。还有圈点批注之法，导读中给出了批注示例：批注画圈的符号如何个性设置、经典重读时如何

① 温儒敏：《“部编本”语文教材的编写理念、特色与使用建议》，《课程·教材·教法》2016 年第 11 期。

注意标注顺序、应该圈点什么样的内容等。随着年级的升高、阅读能力的提高，八、九年级侧重于各种类型名著的阅读方法：如读纪实作品要梳理书中事实的前因后果、发展线索，读科普作品要体会这一类作品中蕴含的科学思维、理念及精神，读讽刺作品要体会批判精神、欣赏讽刺笔法……这些方法都具体细致，有很高的指导价值。

（五）专题探究探深度

“导读”根据名著的具体内容，设计3个（只有《骆驼祥子》是4个）“专题探究”，专题探究根据文本特点从不同角度设计问题，注重听说读写等形式的多样性。在具体的教学过程中可以把专题作为驱动学生个体阅读或群体共读的任务，也可以看作帮助学生走进文本、读深文本的辅助手段。九年级下册《儒林外史》的导读所推荐的三个专题是：故事会、讽刺艺术探究、续写故事。有对听说读写能力的关注，由浅入深的梯度安排又兼顾了不同层次学生学习的个性需求，不至于让有些同学面对更高层次的探究“望书兴叹”。

煞费苦心的编者不仅指明了探究方向，对探究方法也给了详尽的指导。比如对于“讲故事”，《西游记》中的“取经故事会”，《儒林外史》中的“故事会”，都提醒在讲故事前要列出简要提纲，讲时要抓住生动的细节、体现的情感等。而在人物个性鲜明的作品中，又多涉及对形象特点的品评，如《钢铁是怎样炼成的》之“保尔·柯察金的成长史”、《红星照耀中国》之“领袖人物和红军将领的革命之路”、《简·爱》之“探究简·爱的形象”。编者提醒注意人物的坎坷起伏经历与其中的重要节点及其对性格养成的作用，这对分析人物形象有指导意义。在“写”的训练上也呈现出不同的角度，比如法布尔对昆虫的描述洋溢着对生命的尊重，而且他的语言幽默、行文活泼，大量拟人手法的运用给人一种情趣盎然的感觉，所以《昆虫记》的专题中就有“跟法布尔学写作”，学生可以学习去写自己喜欢的小动物，不仅学习他的文学表达方式，也学习他热爱生命、科学严谨的态度；《西游记》中的“创作新故事”是个关于模仿与超越的专题，通过分析小说情节发展的结构模式并加以模仿，可以发挥天马行空的想象力，模仿与创造能力都能得以训练；而《儒林外史》中的“续写故事”则给了一定的限制：对那些出场后旋即退场不再出现的人物以后的生活及结局进行创造想象，这个续写既要注意到文本中人物之前的性格特点，不能脱离原著，也需要“通过富有意味的细节来塑造人物”。难度就有所提升，当然也更能激起感兴趣同学的创造力。

相似专题的持续出现及同中存异的设计，润物无声中把学生领上了一条渐渐熟悉又时时呈现不同风景的阅读之路。

（六）精彩选篇感精彩

“精彩选篇”部分只存在于七年级上、下册中，选取名著中一个精彩的部分，如《朝花夕拾》中的《五猖会》，《西游记》中的《孙行者一调芭蕉扇》，《骆驼祥子》中对祥子的介绍，《海底两万里》中海底漫步的奇妙，用精彩段落调动学生对整本书阅读的兴趣。

对于“精彩选篇”部分为什么不在八、九年级继续保留，笔者猜想它在七年级已经完成了自己的使命：以一篇的精彩激起学生探寻一本书的美妙的阅读期待，进而促使学生形成良好的阅读习惯。这美好设想的实现很大程度上取决于在具体的教学中老师对精彩选篇的运用，这既是挑战，也能让老师的教育智慧得以体现。

（七）自主阅读扩眼界

对热爱阅读和渐渐爱上阅读的同学来说，读完一本书后总有点意犹未尽的感觉。“自主阅读推荐”部分推荐两部与必读书同类型的名著，既增加了推荐阅读的数量，也为学生对作品的个性化选择提供了更广阔的空间。

“名著导读”这一体例的设计，构成了比较完整的指导学生读书的基本线索和内容框架，形成了规范、操作性强，同时开放、有弹性的教学组织形态，很好地实现了把课外阅读纳入教材体制的意图，也使名著导读的教学实施真正有所依托。

二 “导”之有效的方法探究

激发兴趣、传授方法是“名著导读”设置的改革方向（温儒敏语），而“导读”二字把教师和学生在这一环节各自的任务区分得很清楚，教师的“导”，最终指向学生的“读”。如何“导”之有效让学生“读”出滋味？

（一）现状

部编教材中“名著导读”的地位不容忽视，但在实际教学中还是存在一些不尽如人意的现象。

（1）教师自己不阅读，缺乏自己的阅读体验，没有从容的底气去“导”读，“导”环节缺失而直接布置读文本的任务，部分学生缺少读书的兴趣。

（2）“导”侧重于讲文学常识、文学概念、书本上的知识，或者过于强调阅读方法，这种由外至内的阅读方式削弱了文本本身所能带来的愉快阅读体验。

（3）在名著纳入中考范围的压力下，以习题集的形式取代了学生的自主阅读，变成了对名著知识点的背记，违背了“名著导读”课设置的初衷。

良好阅读兴趣与阅读习惯的缺失，功利性的阅读目的，名著本身的难度……都会成为学生不阅读或假阅读的杀手，在此情况下，有法有效的“导”的重要性就越发体现出来了。

（二）“导”读三步

根据自己的阅读体验，明确文本的重点和难点。教师还要考虑到学生实际接受的差异性，在“导”的过程中提出不同层级的问题进行激发兴趣驱动，同时把“名著导读”文本里的阅读方法具体化，阅读方法可以参考文本确定训练的重点但又不能仅局限于文本。需要注意的是，在阅读过程中，老师虽然起到一定的引导作用，但还是应该以平等的阅读者身份参与阅读与交流，不包办、不代替，尊重学生自己的阅读体验，保护他们的阅读兴趣。

“导读”还应该是一个贯穿阅读始终的持续性过程。读前激发兴趣最为重要，要让学生有打开书本的内在驱动力；读中的“导”也不可缺失，要指导学生对训练阅读的方法进行落实，注意及时解决学生阅读过程中出现的问题以便能顺利推进，也要在参考“专题探究”或自主选择自己感兴趣话题的基础上进行有深度的研读，完成对文本由浅入深的理解；读后可以进一步解决学生的疑难问题，修正错误理解，并提供平台来让他们展示阅读成果，交流阅读感受，提升阅读层次，在阅读中得以成长。阅读除了增长知识、习得方法，更重要的是发展思维、塑造人格、涵养精神，而这些仅靠学生的能力有时难以达到，需要老师适时的帮扶和引导。

下文以《朝花夕拾》导读为例，探讨一下在不同阶段引导的重点与方法。

1. 文本解读与学情把握

《朝花夕拾》，“朝花”在这里指用散文回忆的童年到青年的往事，“夕拾”点出了作者的创作时间。透露着淡淡的伤感与眷念意味的书名告诉我们，这是一本回忆性的文章，少年纯真与中年芜杂、前尘与今事互相交织，有自然情趣、人间亲情、民间传说、民俗表演、异邦求学交友……中年意识和童年体验相互碰撞，撞出了美好的淡淡的怀念与忧愁，也撞出了犀利深刻的反思。

对于初一的孩子来说，交织着温馨回忆与理性批判的《朝花夕拾》并不是轻而易举就能读懂的，读出兴味更是难上加难。但是少年事、中年语，爱憎从容、润泽温情的文字成就的至情至性的散文过于经典，每个学生都不应该错过，所以导读的推荐标题是“消除与经典的隔膜”。

要消除“隔膜”，首先要明白学生与鲁迅的“隔膜”在哪。最明显的应该是语言表达方式。鲁迅的语言带有 20 世纪 20 年代书面语的特点，又有点文白夹杂，有着文言到白话转型期的特点，加上有些词语陌生化、特殊化的个性化使用，让人读起来不那么顺畅，容易产生疲倦感。解决这个问题，只能静下心去慢慢读，个别不理解又不影响整体理解的可以跳过，慢慢地发现鲁迅极具个性化的表达具有的韵味与张力。其次是作品的创作背景。鲁迅很擅长言在此而意在彼，不了解创作背景也很难理解作者的真正意图。比如《狗·猫·鼠》看上去是一篇谈动物的文章，而实际上却鞭挞了具有与“猫”类似习性的一类人，如当时社会上的一些“正人君子”。而文章中大量引号的使用，都有所指，如果不明白背景就会难以理解作者本意。解决这个问题可以借助课后阅读，也可以借助网络查阅更具体的资料。如果考虑到阅读流利性的问题，也不妨暂时跳过，葆有阅读的兴趣更为重要。再次是作品涉及丰富的文化历史知识，作者对典故传说信手拈来，如果文化常识较薄弱，就会读不懂，也很难将整本书阅读到底。好在《朝花夕拾》作为作者唯一的散文集，理解上虽有一定的难度，但阅读起来也并不是无从下手，那么如何利用导读课消除“隔膜”，从而走进经典呢？

2. 读前导——激发兴趣，给学生以期待，启动学生的读

初一学生对鲁迅的作品接触不多，在学了《从百草园到三味书屋》的基础上，初识了天真调皮、无忧无虑的童年鲁迅，这对他们走进《朝花夕拾》是有激励和促进作用的。激发兴趣可以有多种方式。

（1）借助文本本身

①借助课本插画。选取书本中若干有趣的插画，如老鼠娶亲、活无常、死有分、郭巨埋儿、曹娥投江寻父尸等，让学生描述图片内容，然后依据图片在文章中寻找对应情节。这种方法主要是让学生初步感知文本中相对简单有趣的部分，让他们能在此基础上继续深阅读，探究较复杂的部分。

②借助文章里的故事。你知道猫和狗是怎么成为仇家的吗？这本书里有答案：

> 动物们因为要商议要事，开了一个会议，鸟、鱼、兽都齐集了，单是缺了象。大家议定，派伙计去迎接它，拈到了当这差使的阄的就是狗。“我怎么找到那象呢？我没有见过它，也和它不认识。”它问。“那容易，”大众说，“它是驼背的。”狗去了，遇见一匹猫，立刻弓起脊梁来，它便招待，同行，将弓着脊梁的猫介绍给大家道：“象在这里！”但是大家都嗤笑它了。从此以后，狗和猫便成了仇家。

文章中有趣的故事、有趣的人物很多，不妨进行加工，讲述给学生听，激起学生阅读整本书的好奇心与求知欲。

（2）借助“名著导读”文本

①借助名家评论。“导读”文本里分别引用了鲁迅和王瑶的一段话，鲁迅的这段话来自《小引》：“我有一时，曾经屡次忆起儿时在故乡所吃的蔬果：菱角、罗汉豆、茭白、香瓜。凡这些，都是极其鲜美可口的；都曾是使我思乡的蛊惑。后来，我在久别之后尝到了，也不过如此；惟独在记

忆上，还有旧来的意味留存。他们也需要哄骗我一生，使我时时反顾。”这样独特体验的原因是什么？你想不想感受“哄骗作者一生”、使其“时时反顾”的记忆中的人、事、物？有魅力的东西，无人能挡。

而王瑶的评价兼顾了写作特点和文本的社会价值意义：“《朝花夕拾》在平静朴素的叙述中渗透了作者真挚的感情，在简洁洗练的文笔中有深长的韵味；虽为个人回忆，但有丰富深刻的社会内容。在为数众多的现代散文创作中，它的艺术成就是创造性的，并且具有一定的典范意义。”相对概括和抽象的评价，给学生阅读探究留下了更大的思考空间。

②师生共读“精彩选篇”。《五猖会》里有热闹有趣、令人期待的迎神赛会，有孩子期待、急切与兴奋的心情，也有被父亲强迫背诵《鉴略》的扫兴、痛苦的感受，选材和感受跨越时空仍能引起今日孩子的共鸣：这样的父亲如今是不是还存在？自己是不是也有过相同的境遇与感受？

（3）其他方法

①由已知到未知。在读这本书之前，学生已经学过其中的《从百草园到三味书屋》，文中提到的讲美女蛇故事的长妈妈，也在这本书的其他篇章里反复出现，想更全面地认识她吗？

②设置简单问题驱动。比如从内容的角度：列出书中作者回忆了哪些人物，这些人物和作者的关系是什么，概括出与这些人物相关的事件。从写法的角度：画出每篇中不是作者回忆内容的部分，思考这些内容和回忆内容的关系。

不管是哪种激发兴趣的方式，其目的都是激发学生想读的欲望，让他们扎扎实实去“悦读”。先初读整本书，尝试把书读“薄”，再在此基础上深入阅读，把书读“厚”。

3. 读中导——方法，给学生以指点，推动学生的读

“读中导”最重要的是根据名著本身的特点去落实读书方法，同时也读出作品的意味。这个阶段的读，不能是一遍草草了事，教师最好给出每一篇或每一章节的阅读目标，目标的制定要考虑文本特点、由易到难的过程等，在此基础上运用合适的读书方法。

（1）绘制地图感全书

《朝花夕拾》的十篇文章按时间先后顺序排列，以《从百草园到三味书屋》为过渡，前五篇以叙述童年时代生活为主，从三味书屋开始走向少年、走向社会，重点展现了几个人生片段。这也给了我们启示：这本书的篇与篇之间不是孤立的，在引导学生阅读这本书时，在关注片段回忆的基础上，也要注重整体把握。

给学生布置梳理鲁迅从童年到青年的生活道路和成长经历的任务，可以以地点为轴，也可以以时间为序，绘制鲁迅的青少年时代经历。在了解了篇目的主要内容之后，再在时间或地点图上正确归放，这一过程会让学生发现单篇之间的内在联系，进而观察到篇目的顺序与鲁迅成长顺序之间的关系，对鲁迅青少年时代成长经历有个整体感知。

（2）串联人物析形象

对全书有个整体感知之后，书本里形形色色极具特点的人物不难吸引大家的注意，仔细分析之后，发现这些人物之间也有一定的关联性，不妨尝试把他们进行关联或比较阅读，也让学生有整本书的意识。

①两位女性。讲美女蛇故事的长妈妈是学生熟悉的人物，除了《从百草园到三味书屋》，她还在《狗·猫·鼠》《五猖会》《二十四孝图》《阿长与〈山海经〉》里出现过，不妨从读长妈妈开始。长妈妈本是旧式妇女中最平常的一个，但在《朝花夕拾》的十篇文章中她出场了五次，如果她仅仅是一个保姆，鲁迅对她的印象绝对不会如此深刻，长妈妈到底是怎样的一个人？作者是怎样塑造了这个人物形象？又想表达怎样的情感？以《阿长与〈山海经〉》为主带动另外四篇，梳理各篇中描述她的语句，精读、泛读相结合，使用圈点批注的读书方法，对阿长进行全面探究：踩死我隐鼠的长妈妈，懂得各种古怪仪式的长妈妈，能对《二十四孝图》任意一幅图画滔滔不绝讲一段故事的长妈妈，给我讲美女蛇故事、长毛故事的长妈妈，记着给我买来我念念不忘的《山海经》的长妈妈，她不仅是一位愚昧、善良、爱孩子的保姆，更是民间风俗文化的载体、人性不泯的见证。

除了长妈妈之外，还有一个是作者重点写的女性：衍太太。她怂恿小孩吃水缸里冬天结的薄冰；她鼓励孩子在院子里打旋，孩子摔倒了，却又当着孩子的面在家长面前冒充好人；她教唆少年鲁迅偷母亲的财物，虽然鲁迅没有听从，但后来传出鲁迅偷东西的“流言”，这给少年鲁迅带来了精神创伤，也成为他决心“走出S城”的最初心理原因。

二者一善一恶，关联比较阅读，很有意味。

②两位先生。同为作者老师的寿镜吾先生和藤野先生，可比较的点也

非常多，作者是怎么描写他们的？他们对鲁迅有怎样的影响？鲁迅对他们的情感一样吗？如果对“两位女性”部分进行了详细的对比阅读指导，这一部分可以放手让学生自己去寻找、体悟。

③其他角度。《五猖会》《父亲的病》都写到了父亲，也可以关联阅读；除此之外，同为写看戏体验的《五猖会》《无常》可以进行比较阅读；还可以把涉及鲁迅人生关键转折点的篇目进行对比，比如《从百草园到三味书屋》《琐忆》《藤野先生》，探讨鲁迅从顽童到学童、从绍兴到南京、从南京到日本、从日本回绍兴的心路历程，进而让学生理解鲁迅不同阶段的经历。篇与篇之间的关系时时刻刻提醒我们这本书是作为整体存在的以及整体阅读的意义，所以关联阅读很有必要。

（3）把握情感感爱憎

鲁迅对自己青少年经历过的事、遇到过的人，多年后的情感沉淀又是怎样的呢？

我们可以在“串联人物析形象”的基础上，先把情感体现明显的文本分类，笼统说主要是爱憎两大类，当然爱憎的具体表现又是非常丰富的。再联系文章的写作手法特色，比如欲扬先抑、反语、对比等进行详细分析，对有些体现复杂情感的人物可以单独探讨，比如说范爱农。这个过程需要学生使用圈点批注、跳读与精读相结合的方法去协助完成。学生积极主动去思考，就能深层次理解文本，读出自己的体验。

4. 读后导——交流，给学生以展示，提升学生的读

经过初读、多遍精读，文章终于读完了！读懂了吗？它又在我们的生命里留下怎样的痕迹？读完后的交流很有必要。

（1）问题深化思考

交流前，从局部到整体，针对该书的重难点提出一些问题，激励学生在任务驱动下再思考，并借问题来评估学生接受的程度。这些问题对个人来说有一定的难度，因此也可采取把题目编号分类的方法通过小组合作来完成，在交流阶段进行展示探讨。

①《狗·猫·鼠》：这篇文章仅仅是在讲动物吗？“猫”有没有其他隐喻意义？

②《阿长与〈山海经〉》：作者对阿长的态度经历了怎样的变化？

③《二十四孝图》：作者看了这本书，对于自己想做“孝子”的计划

完全绝望了，为什么？

④《五猖会》：让自己记忆深刻的是会的内容吗？如果不是，那又是什么？

⑤《无常》：你觉得作者笔下的“无常”可爱吗？为什么？

⑥《父亲的病》：你认为父亲是病死的吗？

⑦《从百草园到三味书屋》：回忆起百草园和三味书屋，作者的感情是一样的吗？

⑧《琐忆》：衍太太是怎样的人？从哪里可以看出来？

⑨《藤野先生》：作者既然感激怀念藤野先生，为何不给藤野先生写信呢？

⑩《范爱农》：范爱农是怎样的人？从哪里可以看出来？

⑪作者为什么要“从记忆中抄出这些人和事”？

⑫有人说这部书的主题是“救救孩子”，你怎么看？

（2）专题探究展示

“专题探究”中对问题本身的选择体现了分析与综合、辨析与比较、质疑与探索等更高级别的思维能力，这个过程也可以说是学生消除与经典隔膜的最后一层，用自己的眼光、心跳去感悟、去思索、去对话，自己也在不知不觉中获得成长。《朝花夕拾》“名著导读”文本里给了三个专题：“鲁迅的童年”“鲁迅笔下的那些人物”“鲁迅的儿童教育观念”。在对文本进行精读深思的情况下，可以发现这几个专题虽然体现了一定的层级性，但总的来说难度都不大，可供不同层次的同学选择、探究、展示，收获满满的成就感。不满足于此的同学可以自己选择专题，比如“鲁迅笔下的女性形象”“鲁迅笔下的孝与不孝”“鲁迅文中讽刺手法的运用”“鲁迅的理性批判”等都可以作为补充来深化学生的思考，提高他们的思维能力。也许，对有些同学来说，用回忆童年琐事的方式记录成长的《朝花夕拾》，还有很多暂时不懂的地方，不过，这有什么关系呢？重要的是我们已经打开它了，研究它了，喜欢它了。不懂的，暂时交给时间与阅历吧。

展示完成后，作为引导的主体老师，不要忽视了积极的评价和反馈，可以对优秀笔记、优秀个人和小组进行表扬激励，并总结有效经验，为下一本书的打开做准备。

每本名著都有自己的特质和适合的阅读方法，所以导读策略也各不相同，但在导读和阅读过程中一定要尊重学生的认知特点和个性阅读体验，激发其阅读兴趣，一步一个脚印，把名著阅读落到实处。愿每一位学生都能够行吟在经典阅读的路上，用经典涵养我们性情和心智，明媚成长！

Distinctive Book Adverts and Reading Traction in Introductory Reading of Classics

—A Brief Analysis of the System and Utilization of the Introductory Reading of Classics in Junior Middle School Chinese Textbooks Edited by the Ministry of Education

Liu Tingting

Abstract: The Junior Middle School Chinese Textbooks Edited by the Ministry of Education brought the reading of classics into the whole textbook arrangement system in order to carry out a better curriculum integration. The key to which every teacher should attach great importance is how to lead students to read classics. This essay is going to analyze the text style of Introductory Reading of classics. Apart from that, it will exemplify the following points with the classic *Dawn Blossoms Plucked at Dusk* for the sake of making classic reading more practicable: arousing students' interest in pre-reading; guidelines in while-reading; discussing the progradation in post-reading.

Keywords: Junior Middle School Chinese; Introductory Reading of Classic; Teaching Utilization; *Dawn Blossoms Plucked at Dusk*

About the Author: Liu Tingting (1984 –), granted as a Master Degree student and entitled as Senior Teacher in middle schools, working in Wuhan Foreign Languages School and orienting in Chinese education research in secondary schools.

《中文论坛》征稿启事

《中文论坛》（*Forum of Chinese Language and Literature*）是由湖北大学文学院主办的涵盖中文学科各研究领域的学术辑刊，旨在成为开展学科建设、展示学术成果、鼓励学术争鸣、深化学术交流、推动学术发展的平台。欢迎学界同人不吝赐稿。有关事项说明如下。

一、本刊为半年刊，定期在每年7月、12月出版，投稿截止日期分别为每年6月底和11月底。

二、所有来稿请遵守学术规范和学术道德，请勿一稿多投。所有来稿均不退还，请自留底稿。来稿者若一个月未接到用稿通知，可自行处理。

三、来稿由湖北大学文学院组织专家评审，论文选用后本刊向作者支付稿酬及提供样刊两本。

四、一般稿件篇幅以控制在15000字以内为宜，特别约稿可在20000字左右。所有稿件均须为电子文本，请寄：zwlt_hubu2015@126.com。

五、稿件必备项：标题、作者简介、内容提要、关键词（以上四项均应包括中、英文两种形式）、正文及注释。

六、作者简介一般应包括出生年、学位、职称、研究方向，主要学术成果及电子邮箱。

七、注释采用页下注方式。以下简列几则示例，其他文献注释请参照此类格式标注。

（宋）欧阳修：《欧阳修集》，中华书局，2001，第1637页。

张清华：《“中国经验”的道德悲剧与文学宿命》，《当代作家评论》2012年第4期。

陈平原：《陈平原自述：我们和我们的时代》，广东政协网，2013年2月1日，http://www.gdszx.gov.cn/zxkw/tzgj/2012/12/201302/t20130201_72478.htm。

《中文论坛》编辑部

图书在版编目(CIP)数据

中文论坛. 总第10辑 / 湖北大学文学院，《中文论坛》编辑委员会编. -- 北京 ：社会科学文献出版社，2021.7

ISBN 978 - 7 - 5201 - 8725 - 1

Ⅰ. ①中… Ⅱ. ①湖… ②中… Ⅲ. ①汉语 - 文集 Ⅳ. ①H1 - 53

中国版本图书馆CIP数据核字(2021)第143673号

中文论坛　总第10辑

编　　者 / 湖北大学文学院　《中文论坛》编辑委员会

出 版 人 / 王利民
责任编辑 / 周　琼
文稿编辑 / 李月明

出　　版 / 社会科学文献出版社 · 政法传媒分社 (010) 59367156
地址：北京市北三环中路甲29号院华龙大厦　邮编：100029
网址：www.ssap.com.cn
发　　行 / 市场营销中心 (010) 59367081　59367083
印　　装 / 三河市龙林印务有限公司

规　　格 / 开　本：787mm × 1092mm　1/16
印　张：19.75　字　数：316千字
版　　次 / 2021年7月第1版　2021年7月第1次印刷
书　　号 / ISBN 978 - 7 - 5201 - 8725 - 1
定　　价 / 89.00元